Journalistische Praxis

Reihe gegründet von
Walther von La Roche, München, Deutschland

Reihe herausgegeben von
Gabriele Hooffacker, Leipzig, Deutschland

Der Name ist Programm: Die Reihe Journalistische Praxis bietet ausschließlich praxisorientierte Lehrbücher für Berufe rund um Journalismus und Medien. Praktiker aus Redaktionen und aus der Journalistenausbildung zeigen, wie's geht, geben Tipps und Ratschläge. Alle Bände sind Leitfäden für die Praxis – keine Bücher über ein Medium, sondern für die Arbeit in und mit einem Medium. Walther von La Roche begründete die Reihe 1975 mit der „Einführung in den praktischen Journalismus" (heute: „La Roches Einführung in den praktischen Journalismus"). Seit 2013 erscheinen die Bücher bei SpringerVS.

Die gelben Bücher mit ihren Webauftritten geben allen, die journalistisch tätig sind oder sein wollen, ein realistisches Bild von den Anforderungen redaktionellen Arbeitens und zeigen, wie man sie bewältigt. Lehrbücher wie „Recherchieren", „Informantenschutz", „Frei sprechen" oder „Interviews führen" konzentrieren sich auf Tätigkeiten, die in mehreren journalistischen Berufsfeldern gefordert sind. Andere Bände führen in das professionelle Arbeiten bei einem Medium ein (die Klassiker zu Radio-, Fernseh- oder Online-Journalismus). Es gibt Bücher zu journalistischen Techniken („VR-Journalismus", „Mobiler Journalismus" oder „Social Media für Journalisten"), und zu Berufsfeldern wie Pressearbeit und Corporate Media („Pressearbeit praktisch") oder redaktionellem Arbeiten für Unternehmen oder Institutionen („Gebrauchstexte schreiben").

Jeden Band zeichnet ein gründliches Lektorat und sorgfältige Überprüfung der Inhalte, Themen und Ratschläge aus. Sie werden regelmäßig überarbeitet und aktualisiert, oft in weiten Teilen neu geschrieben, um der rasanten Entwicklung in Journalismus und Medien Rechnung zu tragen. Viele Bände liegen inzwischen in der dritten, vierten, achten oder noch höheren Auflagen vor wie La Roches „Einführung" selbst. Allen Bänden gemeinsam ist der gelbe Einband. Deshalb ist die Reihe unter Lehrenden, Studierenden und angehenden Journalistinnen und Journalisten auch als „Gelbe Reihe" bekannt.

Weitere Bände in der Reihe http://www.springer.com/series/11722

Winfried Göpfert
(Hrsg.)

Wissenschafts-Journalismus

Ein Handbuch
für Ausbildung und Praxis

6., überarbeitete und aktualisierte Auflage

Hrsg.
Winfried Göpfert
Berlin, Deutschland

ISSN 2524-3128 ISSN 2524-3136 (electronic)
Journalistische Praxis
ISBN 978-3-658-17883-3 ISBN 978-3-658-17884-0 (eBook)
https://doi.org/10.1007/978-3-658-17884-0

Die Deutsche Nationalbibliothek verzeichnet diese Publikation in der Deutschen National-bibliografie; detaillierte bibliografische Daten sind im Internet über http://dnb.d-nb.de abrufbar.

Springer VS
© Springer Fachmedien Wiesbaden GmbH, ein Teil von Springer Nature 1986, 1987, 1995, 1996, 2006, 2019
Ursprünglich erschienen bei Econ Verlag, Berlin 2006
Das Werk einschließlich aller seiner Teile ist urheberrechtlich geschützt. Jede Verwertung, die nicht ausdrücklich vom Urheberrechtsgesetz zugelassen ist, bedarf der vorherigen Zustimmung des Verlags. Das gilt insbesondere für Vervielfältigungen, Bearbeitungen, Übersetzungen, Mikroverfilmungen und die Einspeicherung und Verarbeitung in elektronischen Systemen.
Die Wiedergabe von allgemein beschreibenden Bezeichnungen, Marken, Unternehmensnamen etc. in diesem Werk bedeutet nicht, dass diese frei durch jedermann benutzt werden dürfen. Die Berechtigung zur Benutzung unterliegt, auch ohne gesonderten Hinweis hierzu, den Regeln des Markenrechts. Die Rechte des jeweiligen Zeicheninhabers sind zu beachten.
Der Verlag, die Autoren und die Herausgeber gehen davon aus, dass die Angaben und Informa-tionen in diesem Werk zum Zeitpunkt der Veröffentlichung vollständig und korrekt sind. Weder der Verlag, noch die Autoren oder die Herausgeber übernehmen, ausdrücklich oder implizit, Gewähr für den Inhalt des Werkes, etwaige Fehler oder Äußerungen. Der Verlag bleibt im Hinblick auf geografische Zuordnungen und Gebietsbezeichnungen in veröffentlichten Karten und Institutionsadressen neutral.

Verantwortlich im Verlag: Barbara Emig-Roller

Springer VS ist ein Imprint der eingetragenen Gesellschaft Springer Fachmedien Wiesbaden GmbH und ist ein Teil von Springer Nature
Die Anschrift der Gesellschaft ist: Abraham-Lincoln-Str. 46, 65189 Wiesbaden, Germany

Vorwort zur 6. Auflage

*„Alle Wissenschaft ist nur eine Verfeinerung
des Denkens des Alltags."*
Albert Einstein, 1936

„Wichtig ist, dass man nicht aufhört zu fragen."
Albert Einstein, 1955

Alltagsbezug und Neugier waren für Einstein wichtige Motivationen für die Beschäftigung mit Wissenschaft. Er selbst bemühte sich, seine wissenschaftlichen Erkenntnisse allgemeinverständlich darzustellen. Vermutlich hätte er die neuesten Entwicklungen im Wissenschaftsjournalismus teils amüsiert, teils skeptisch beurteilt.

Der Wissenschaftsjournalismus hat sich in den vergangenen Jahren dramatisch gewandelt. Insbesondere die Veränderungen, die sich im neuen Super-Medium Internet vollziehen, stellen Wissenschaft und Journalismus vor neue Herausforderungen. Die althergebrachte Einteilung der Medien in Print-Medien und die verschiedenen elektronischen Medien wirkt antiquiert. Neue Seh- und Hörgewohnheiten entstehen, neue Plattformen und Mediatheken stellen Inhalte bereit, die von den Usern abgerufen werden können, wie es ihnen beliebt: wann man will, wo man will und womit man will.

Die klassischen Medien sind tot, es leben die neuen, klassischen Medien. Denn wenn auch das Sendeumfeld anders ist, wenn auch die Medienrezeption insgesamt in viele neue Gewohnheiten zersplittert, es stellen sich doch die immer gleichen Fragen:

- Welche Inhalte sind für das betreffende Medium besonders geeignet?
- Wie lässt sich zu einem trockenen Thema eine packende Geschichte erzählen?
- Wie lassen sich die Spezifika der jeweiligen Medien nutzen, um emotionale Stimmungen zu erzeugen oder dramaturgische Effekte zu unterstützen?

Gerade wenn ich ein Super-Medium wie das Internet zur Verfügung habe, sollte ich souverän entscheiden: Wie und wo bringe ich am effektvollsten meine Inhalte unter? Manches verlangt nach O-Ton-Passagen, anderes lebt von Geräuschen und Musik. Wieder anderes sind reine Mitteilungen oder Daten, die herunter geladen und ausgedruckt werden sollen, Daten, mit denen man interagieren kann. Welche Bilder haben einen eigenen Aussagewert, wann lohnt es sich, Bewegtbilder einzusetzen?

Die neuen Medien bieten eine Fülle von Möglichkeiten, doch die Ergebnisse sind nicht immer überzeugend. Allzu oft geschieht der Einsatz unterschiedlicher Medien scheinbar zufällig oder nach einem sturen Schema. Oft werden große Chancen einer mediengerechten Aufbereitung vertan, weil die Macher es nicht besser wussten. Man muss die unterschiedlichen Medien kennen, um über ihren Einsatz entscheiden zu können. Die Werkstattberichte in diesem Handbuch liefern dazu Beispiele und Erfahrungsberichte.

Die vorliegende Neuauflage des Handbuchs „Wissenschaftsjournalismus" wurde völlig überarbeitet. Der Werkstatt-Charakter des Buchs wurde weiterentwickelt. Gestandene Wissenschaftsjournalisten berichten aus der Praxis und geben ihre „Erfolgsgeheimnisse" preis. Leitlinie für die Autoren war es, ihre Beiträge so praxisnah und „journalistisch" wie möglich und zugleich so theoretisch abgesichert wie nötig zu schreiben.

Eine Einstiegshilfe möchte der vorliegende Band sein. Er richtet sich

- an alle, die sich für das Berufsfeld Wissenschaftsjournalismus interessieren – und zwar an Absolventen und Absolventinnen „harter Fächer" ebenso wie an Studierende der Journalistik oder Publizistik und an Redaktionsvolontäre und Nachwuchsjournalisten;
- an berufserfahrene Journalisten und Journalistinnen sowie an PR-Leute forschungsnaher Institutionen, die mehr über die Praxis des Wissenschaftsjournalismus wissen wollen;
- an Lehrende der Journalistik und Kommunikationswissenschaften sowie Ausbildungsredakteure, die nach geeigneten Arbeitshilfen suchen;
- an Wissenschaftler, Techniker, Ärzte, Lehrer, kurz: an alle Experten, die einen Beitrag zur Popularisierung von Forschung und Wissenschaft leisten können – sei es, indem sie Journalisten Auskünfte geben, sei es als Autoren, die sich selbst in den Medien zu Wort melden möchten.

Nicht zuletzt ist es auch ein Buch für all jene Wissenschaftsjournalisten, die sich mit ihrem Beruf auseinandersetzen und sich die Neugier bewahrt haben, noch etwas lernen zu wollen.

Berlin, im Frühjahr 2019
Winfried Göpfert

Inhalt

I Einführung

Was ist überhaupt Wissenschaftsjournalismus?
Alles, nur nicht langweilig, trocken und unverständlich 3
Winfried Göpfert

Wissenschaftler und Journalisten
Nicht unbedingt beste Freunde, aber sie verstehen einander immer besser 9
Hans Peter Peters und Arlena Jung

II Berufsperspektiven

Wissenschaftsjournalismus als Beruf
Reich werden die wenigsten, aber für viele ist es der schönste
Beruf der Welt 21
Klaus Meier

Medien und andere Arbeitsfelder
Nicht überall, wo Wissenschaft drauf steht, ist auch Wissenschaft drin 29
Klaus Meier

Freie Journalisten
Frei, kreativ – und unsicher 45
Sascha Karberg

Der Boom der Wissensmagazine
Wird jetzt das Thema Wissenschaft verramscht? 59
Interview mit Ranga Yogeshwar

III Inhalt und Form

Reportage, Feature, Magazingeschichte
Formate und Konzepte 65
Winfried Göpfert

Eine Geschichte „bauen"
... keine Angst vorm leeren Blatt 77
Astrid Dähn

Wissenschaft im Lokalen
Letzte Chance, das Lokale nicht zu unterschätzen 93
Tanja Kotlorz

Wissenschaft im Radio
... denn Radio ist Kino im Kopf 101
Frank Grotelüschen

Wissenschaft im Fernsehen
Infos auf fünf Ebenen 115
Winfried Göpfert und Anahita Parastar

Wissenschaft im Netz
Das Internet als chancenreiches Risikofeld 129
Volker Lange

IV Themen, Zahlen und Interessen

Medizin und Gesundheit
Ein Kapitel für sich 143
Winfried Göpfert

Auswahlkriterien für Wissenschaftsthemen
Warum das eine in der Zeitung steht, und das andere nicht 151
Markus Lehmkuhl

Zahlenspiele
So lügt man mit Statistik 161
Günther Rager und Bernd Weber

Risiken der Statistik
Fehler machen selbst Statistiker 169
Bärbel-Maria Kurth

Kommunikation für die Wissenschaft
*Die Presse- und Öffentlichkeitsarbeit in wissenschaftlichen
Einrichtungen hat sich enorm verändert* 183
Mirjam Kaplow

Sponsoring, Schleichwerbung, Bestechung
... wenn Öffentlichkeitsarbeit Journalismus ersetzt 193
Winfried Göpfert

Defizite im Wissenschaftsjournalismus
Fehlerhaftes und Fehlendes 199
Markus Lehmkuhl

Autoren 211

I
Einführung

Was ist überhaupt Wissenschaftsjournalismus?

Alles, nur nicht langweilig, trocken und unverständlich

Winfried Göpfert

Zusammenfassung

Wissenschaftsjournalismus ist die journalistische Berichterstattung über die Wissenschaften. Journalismus berichtet neutral und unabhängig, PR ist interessengeleitet. Das Wissenschaftsressort galt früher als Kleinressort. Bei Tageszeitungen fand es sich in der Regel überhaupt erst in Blättern, die eine Auflage von über 100.000 haben. Inzwischen gab es einen regelrechten Boom an Wissenschaftsberichterstattung. Die Wissenschaft trat aus dem Schatten des Elfenbeinturms heraus. In den wissenschaftlichen Organisationen und Unternehmen wurde die Abteilung „Presse und Öffentlichkeitsarbeit" ausgebaut und die Medien entwickelten neue Formate und neue Plätze für die Präsentation von Wissensthemen. Gegenüber dem Fachjournalismus lässt sich Wissenschaftsjournalismus nicht trennscharf abgrenzen. Während der „normale" Journalist eher Generalist ist und sich an die breitere Öffentlichkeit wendet, ist der Fachjournalist allemal ein Spezialist. Meist ist seine Arbeit auf spezielle Zielgruppen, sprich: auf ein Fachpublikum gerichtet.

Schlüsselwörter

Ressort, Wissenschaftsjournalismus, Wissensjournalismus, Fachjournalismus, Zielgruppe

Wissenschaftsjournalismus ist die journalistische Berichterstattung über die Wissenschaften. Das umfasst alle Fachdisziplinen, wie sie an großen Universitäten gelehrt werden, also auch die Geistes- und Sozialwissenschaften. Auch Randgebiete gehören dazu, wie Wissenschaftspolitik und Wissenschaftsethik oder anwendungsorientierte Berichte beispielsweise aus Technik und Medizin. Ein Bezug zu wissenschaftlicher Methode oder auf die Erkenntnisse wissenschaftlicher Forschung muss dabei spürbar sein.

Wichtiger als die inhaltliche Grenzziehung ist die formale Festlegung des Begriffs „journalistisch". Journalismus steht in deutlichem Gegensatz zur Öffentlichkeitsarbeit (PR – Public Relations). Journalismus berichtet neutral und unabhängig, PR ist interessengeleitet.

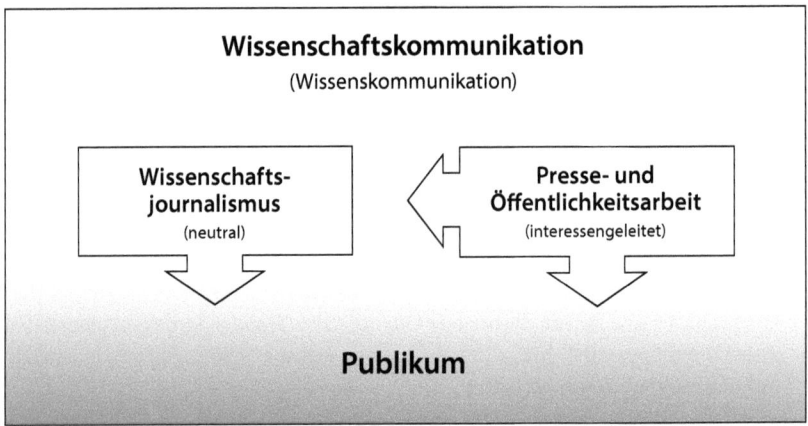

Wissenschaftskommunikation ist der Oberbegriff und umfasst jedwede Kommunikationsform, die journalistische wie die PR-Arbeit. Die früher häufigere Bezeichnung „Presse- und Öffentlichkeitsarbeit" verdeutlichte die unterschiedlichen Zielgruppen: Pressemitteilungen und Pressekonferenzen waren die Hauptmittel der Kommunikation mit Pressevertretern. Mit den Mitteln der Öffentlichkeitsarbeit wurde das Publikum direkt angesprochen: Tage der offenen Tür, Hinweise für den Katastrophenfall, Image-Broschüren und Produkt-Prospekte, Werbegeschenke.

Copyright: Winfried Göpfert

Doch wie sind Blogs zu beurteilen, die von Wissenschaftlern betrieben werden? Wenn sie die eigenen Arbeiten vorstellen, wird man sie zur PR rechnen. Wenn sie über andere Arbeitsgruppen berichten, womöglich aus anderen Fachdisziplinen, arbeiten sie dann wie Journalisten? Vielleicht ähnlich, aber ganz unabhängig sind sie nicht. Sie sind im Hauptberuf noch immer Wissenschaftler.

Heutzutage nutzt die PR auch journalistische Wege, um ihre Standpunkte in der Öffentlichkeit stärker zur Geltung zu bringen: Webseiten, Blogs, PR-Anzeigen in Form journalistischer Beiträge. Durch diese Täuschung sollen die PR-Botschaften mehr Aufmerksamkeit erreichen und von der Glaubwürdigkeit des Journalismus profitieren.

▶ Sobald die Rezipienten aber durchschauen, dass die Presse einseitige Botschaften im Interesse bestimmter Geldgeber verbreitet, wird der Presse nicht mehr geglaubt. Dann verliert der Journalismus sein höchstes Qualitätsmerkmal, seine Glaubwürdigkeit.

Diese und weitere Feinheiten sind zu berücksichtigen, wenn man definieren will, ob das, was sich in den Zeitungsspalten und Online-Texten, in den Radio- oder Fernsehsendungen als Wissenschaftsjournalismus darbietet, auch Wissenschaftsjournalismus ist.

Nicht überall, wo Wissenschaftsjournalismus draufsteht, ist auch Wissenschaftsjournalismus drin. Oft genug steht nicht einmal „Wissenschaftsjournalismus" drauf, sondern nur „Wissen".

▶ „Wissensjournalismus" wird heute mehr oder weniger gleichgesetzt mit „Wissenschaftsjournalismus". Der Begriff hat sich durchgesetzt, weil er einfacher ist.

Mit Wissenschaft haben die normalen Menschen in der Regel wenig oder gar nichts zu tun. Wissenschaft ist ihnen fremd. Das lockt die Leser eher nicht an. Wenn dagegen in der Überschrift oder in der Ressort-Bezeichnung der Begriff „Wissen" auftaucht, dann fühlt sich doch eine größere Zahl angezogen, ist interessiert und wissbegierig. Unter einer Rubrik „Wissen" kann sich jeder gleich etwas vorstellen. Die Bezeichnung weckt Sympathien. Jeder will gern mehr wissen. Inhaltlich ist der Begriff „Wissensjournalismus" eher unglücklich weil fehlinterpretierbar.

Um den „richtigen" Wissenschaftsjournalismus-Begriff streitet man sich heute kaum noch, man sieht die Sache pragmatisch. So verwenden auch wir den Begriff

„Wissensjournalismus" und setzen ihn mit dem Begriff „Wissenschaftsjournalismus" gleich. Auch in der Praxis werden keine großen Unterschiede gemacht. Meistens sind die Ressorts sowieso eher durch einen fachlichen Zuschnitt eingegrenzt. Dann spiegeln sich in der Ressort-Bezeichnung Vorlieben der speziellen Redaktion. Sie konzentrieren sich beispielsweise auf Medizin oder Umwelt oder Technik oder auch die Geistes- und Sozialwissenschaften.

Sicher könnte der Wissenschaftsjournalismus noch viel häufiger die Kluft zwischen den zwei (oder drei) Wissenschaftskulturen überwinden, also zwischen den Naturwissenschaften auf der einen Seite und den Geisteswissenschaften auf der anderen Seite. Daneben wären noch die Sozialwissenschaften zu berücksichtigen. Wissenschaftsjournalistisch interessant sind gerade die Themen, die zum Beispiel ethische Fragen aufwerfen. Querschnittsthemen also, zu denen sowohl die Natur- als auch die Geistes- und Sozialwissenschaften etwas beizutragen haben.

Das Wissenschaftsressort galt früher als Kleinressort. Bei Tageszeitungen fand es sich in der Regel überhaupt erst in Blättern, die eine Auflage von über 100.000 haben. Nicht einmal alle öffentlich-rechtlichen Hörfunk- oder Fernsehanstalten leisteten sich eine eigene Wissenschaftsredaktion; bei den privaten Radio- und Fernsehstationen hieß es regelmäßig: Fehlanzeige.

Inzwischen gab es einen regelrechten Boom an Wissenschaftsberichterstattung. Die Wissenschaft trat aus dem Schatten des Elfenbeinturms heraus. In den wissenschaftlichen Organisationen und Unternehmen wurde die Abteilung „Presse und Öffentlichkeitsarbeit" ausgebaut und die Medien entwickelten neue Formate und neue Plätze für die Präsentation von Wissensthemen.
Es waren die privaten Fernsehsender, die als erste tägliche Wissensmagazine zur besten Sendezeit einführten. Sie beschäftigten sich mit sehr alltagspraktischen Dingen („Wie kommen die Kronkorken auf die Flaschen?") und man kann schon fragen, was das noch mit Wissenschaft zu tun hat.
Aber Wissenschaftsthemen finden sich beileibe nicht nur auf den Spezialseiten und in den ausgewiesenen Wissenschaftssendungen oder -magazinen der Hörfunk- und Fernsehsender.

Wissenschaftsberichterstattung außerhalb des Ressorts hat zunehmend an Bedeutung gewonnen. Das Spektrum reicht von seriösen Beiträgen, die von Wissenschaftsjournalisten aufgrund von wissenschaftlichen Veröffentlichungen verfasst wurden, bis hin zu obskuren Meldungen zum Beispiel über angebliche Wunderheilungen, wie sie mitunter von unseriösen PR-Agenturen lanciert werden.

Bedeutsamer aber sind Berichte, die wissenschaftliche Fragestellungen *auch* berühren, in deren Mittelpunkt aber politische, wirtschaftliche oder umweltpolitische Aspekte stehen. Sie werden von Journalisten bearbeitet, die meistens keine spezielle wissenschaftliche Qualifikation besitzen und sich selbst – auch wenn sie ein Studium hinter sich haben – nur selten als Wissenschaftsjournalisten bezeichnen würden.

Gegenüber dem Fachjournalismus lässt sich Wissenschaftsjournalismus nicht trennscharf abgrenzen. Während der „normale" Journalist eher Generalist ist und sich an die breitere Öffentlichkeit wendet, ist der Fachjournalist allemal ein Spezialist. Meist ist seine Arbeit auf spezielle Zielgruppen, sprich: auf ein Fachpublikum gerichtet.

Nicht jeder Fachjournalist ist ein Wissenschaftsjournalist: Der Sportredakteur, der bei einer Zielgruppen-Zeitschrift für Windsurfer arbeitet, oder der Kommunalpolitik-Experte, der ein Fachblatt wie den „Städtetag" redigiert, würde sich kaum als Wissenschaftsjournalist titulieren. Gleichwohl gibt es kaum einen Fachjournalisten, der nicht auf seinen Bereich bezogene, wissenschaftliche Erkenntnisse nutzt und seinen Lesern nahe bringt.

Umgekehrt gibt es Wissenschaftsjournalisten, die über alle möglichen Disziplinen berichten – und gerade deshalb kaum als Fachjournalisten zu bezeichnen sind. Wer sich dagegen auf ein Berichterstattungsfeld wie Medizin oder Ökologie spezialisiert, wird sich zu recht Wissenschafts- *und* Fachjournalist nennen dürfen – selbst wenn er vorwiegend für ein breitstreuendes Medium wie das Fernsehen oder eine Tageszeitung schreibt.

Wissenschaftsjournalismus reicht also vom klassischen Wissenschaftsreport über Eiskernbohrungen in der Arktis und den daraus ableitbaren Erkenntnissen zur Entwicklung des Weltklimas bis hin zum Bericht auf der Lokalseite über die Auseinandersetzungen um die neue Müllverbrennungsanlage, deren Abgasgrenzwerte unterschiedlich interpretiert werden. Hinzuzurechnen sind auch Ernährungstipps oder Umfrageergebnisse, wenn in diesen Beiträgen auf wissenschaftliche Methoden oder wissenschaftlich abgesicherte Erkenntnisse zurückgegriffen wird.

Wissenschaftler und Journalisten
Nicht unbedingt beste Freunde, aber sie verstehen einander immer besser

Hans Peter Peters und Arlena Jung

Zusammenfassung

Umfragen zeigen: Das Verhältnis von Wissenschaftlern zu Journalisten, früher oftmals beklagt, ist wesentlich besser als sein Ruf. Und das gilt trotz teils unterschiedlicher Auffassungen über die Art der Beziehung. Manche Wissenschaftler erwarten vom Journalismus, dass er als ihr Sprachrohr fungiert, sie bei der Durchsetzung ihrer Interessen unterstützt. Journalisten betrachten sich dagegen als verantwortliche Autoren ihrer Berichte, sie sehen Wissenschaftler als ihre „Informationsquellen".

Nach ihrem professionellen Selbstverständnis insistieren Journalisten auf Distanz zu den Objekten ihrer Berichterstattung, auf ihrer Autonomie und auf ihrer Kontrollfunktion als vierte Gewalt. Wissenschaftsjournalisten sind keine bloßen Übersetzer oder Informationsvermittler. Sie interessieren sich vor allem für solche Vorgänge in der Wissenschaft, die außerwissenschaftliche Relevanz etwa für Politik, Wirtschaft, Moral oder Alltagswelt besitzen.

Die überwiegend positiven Erfahrungen beider Professionen miteinander lassen sich damit erklären, dass Wissenschaftler und Journalisten in vielen Punkten recht kompatible Vorstellungen über Kommunikation mit der Öffentlichkeit besitzen und aufeinander angewiesen sind.

Schlüsselwörter

Kommunikationsverhalten, Wissenschaftsberichterstattung, Medienkontakte von Wissenschaftlern, Medialisierung der Wissenschaft, Prokrustes-Tendenz.

Es ist an der Zeit, einige liebgewordene Vorstellungen und Vorurteile über den Wissenschaftsjournalismus und das Verhältnis von Wissenschaft und Journalismus aufzugeben.

Weitaus unproblematischer als oft kolportiert ist das Verhältnis von Wissenschaftlern und Journalisten bei der Wissenschaftsberichterstattung. Obgleich es eine ganze Reihe von Faktoren gibt, die die Kommunikation zwischen Wissenschaftlern und Journalisten erschweren (siehe unten), zeigen systematische Befragungen, dass sowohl Wissenschaftler als auch Journalisten ihre Erfahrungen bei Kontakten mit der jeweils anderen Seite in den meisten Fällen positiv bewerten.

Überwiegend zufrieden äußerten sich 2011 in einer Online Befragung etwa 1.500 deutsche Wissenschaftler eines breiten Querschnitts von Disziplinen (einschließlich der Sozial- und Geisteswissenschaften) über ihre Kontakte zu Journalisten.[1] 62 % der Wissenschaftler mit Medienkontakten in den letzten drei Jahren bewerteten ihre Kontakte als „überwiegend gut", nur 3 % als „überwiegend schlecht". Die übrigen Wissenschaftler gaben neutrale oder gemischte Erfahrungen an. Dieses Ergebnis überwiegend positiver Bewertungen von Journalistenkontakten entspricht auch internationalen Erfahrungen wie aus einer Befragung von Lebenswissenschaftlern aus Deutschland, Frankreich, Großbritannien, Japan und den USA hervorgeht.[2]

Eine vergleichbare Befragung von wissenschaftlichen Experten und Journalisten im Berichterstattungsfeld „Klimawandel" im Jahr 2002/03 ergab sogar noch wesentlich höhere Zufriedenheitsurteile: 78 Prozent der befragten Wissenschaftler und 92 Prozent der Journalisten bezeichneten ihre Erfahrungen im Allgemeinen als „überwiegend gut", die übrigen berichteten über ein ausgeglichenes Verhältnis guter und schlechter Erfahrungen.[3]

Dass Wissenschaftler nach Medienauftritten Kollegenschelte befürchten, mag in Einzelfällen zutreffen, ist nach der erwähnten Befragung von 2011 jedoch keinesfalls die Regel. Im Gegenteil: Die Wissenschaftler, die in den Medien erwähnt wurden,

---

1 Hans Peter Peters, Das Verhältnis von Wissenschaftlern zur öffentlichen Kommunikation. In Beate Dernbach, Christian Kleinert und Heribert Münder (Hg.), *Handbuch Wissenschaftskommunikation* (Springer VS, Wiesbaden 2012), 331–339.
2 Hans Peter Peters, Dominique Brossard, Suzanne de Cheveigné, Sharon Dunwoody, Monika Kallfass, Steve Miller und Shoji Tsuchida, Science communication: Interactions with the mass media, Science, 321(5886), S. 204–205.
3 Hans Peter Peters / Harald Heinrichs, *Öffentliche Kommunikation über Klimawandel und Sturmflutrisiken: Bedeutungskonstruktion durch Experten, Journalisten und Bürger* (Forschungszentrum Jülich 2005), S. 113.

berichten überwiegend von positiven Reaktionen auf diese Medienauftritte. Es gibt keine Belege dafür, dass *scientific communities* den Kontakt von Wissenschaftlern mit den Medien systematisch negativ sanktionieren. Allerdings existieren Erwartungen, wer, wie und zu welchen Themen in welchen Kanälen öffentlich kommuniziert. Rödder spricht daher von einer Ambivalenz der *scientific communities* in Bezug auf Medienkontakte ihrer Mitglieder. Die einschlägigen Erwartungen sind dabei durchaus nachvollziehbar wie beispielsweise, dass Wissenschaftler, die sich zu bestimmten Themen äußern, eine besondere wissenschaftliche Kompetenz für diese Themen besitzen.[4]

Wissenschaftsorganisationen wie Hochschulen und außeruniversitäre Forschungseinrichtungen spielen eine bedeutende Rolle für die Motivation von Wissenschaftlern zu Medienkontakten. Weit überwiegend begrüßen sie Medienkontakte von Forschern. Abhängig vom jeweiligen Organisationstyp, vom Forschungsbereich und der Leitungsposition des jeweiligen Wissenschaftlers nehmen sie jedoch auch Einfluss auf diese Kontakte, indem z. B. eine „Abstimmung" mit der Öffentlichkeitsarbeit oder mit Vorgesetzten vor Medienkontakten erwartet wird. Im internationalen Vergleich sind in Deutschland die Institutshierarchien besonders einflussreich, während in den angelsächsischen Ländern die Abteilungen für Öffentlichkeitsarbeit stärkeren Einfluss auf Medienkontakte nehmen.

Die These von der „Medialisierung der Wissenschaft" (Weingart) unterstellt, dass Wissenschaft aus Gründen ihrer Legitimation stark an Medienpräsenz interessiert ist und daher in ihrem Kommunikationsverhalten gegenüber Medien, aber auch bei innerwissenschaftlichen Entscheidungen mit Relevanz für die Herstellung von Wissen, zunehmend Medienkriterien verwendet.[5] Auf der Ebene der einzelnen Wissenschaftler äußert sich die Medialisierung beispielsweise in der Erwartung, dass mediale Sichtbarkeit nützlich ist: für die Wissenschaft insgesamt, für den Zugang zu Ressourcen und für die eigene Karriere. Die gute Seite dieser Erwartung ist, dass sie eine starke Motivation für Medienkontakte darstellt – selbst für

---

4 Hans Peter Peters, Scientific sources and the mass media: Forms and consequences of medialization. In Simone Rödder, Martina Franzen und Peter Weingart (Hg.), *The Sciences' Media Connection – Public Communication and its Repercussions*, (Springer, Dordrecht 2012), S. 217–239; Simone Rödder, The ambivalence of visible scientists. In Simone Rödder, Martina Franzen und Peter Weingart (Hg.), *The Sciences' Media Connection – Public Communication and its Repercussions* (Springer, Dordrecht 2012), S. 155–177.

5 Peter Weingart, Die Wissenschaft der Öffentlichkeit: Essays zum Verhältnis von Wissenschaft, Medien und Öffentlichkeit (Velbrück, Weilerswist 2005), S. 28ff.

Wissenschaftler, denen diese Kontakte an sich eher lästig sind. Die Kehrseite ist, dass Wissenschaftler häufig bei ihren Medienkontakten sehr strategisch vorgehen und der Wunsch nach Medienpräsenz unter Umständen zur Ausblendung von Unsicherheiten bzw. Übertreibungen der Signifikanz bzw. Anwendungsnähe von Forschung führen, um sich und ihre Forschung gegenüber den Medien attraktiv darzustellen.

Eine zentrale Funktion des Wissenschaftsjournalismus besteht in der Auswahl derjenigen wissenschaftlichen Forschung und sonstiger Ereignisse, für die sich auch Nichtwissenschaftler interessieren könnten. D. h. der Journalismus interessiert sich in erster Linie für die Vorgänge in der Wissenschaft, die außerwissenschaftliche Relevanz etwa für Politik, Wirtschaft, Moral oder Alltagswelt besitzen.

Wissenschaftsjournalisten sind keine bloßen Übersetzer der Wissenschaft. Zum einen verkennt die Übersetzungs-Metapher die Tatsache, dass der Wissenschaftsjournalismus angesichts der hochgradigen Spezialisierung der Wissenschaft im Regelfall nicht direkt auf wissenschaftliches Wissen zugreifen kann sondern selbst auf kompetente Interpreten angewiesen ist. Zum anderen orientieren sich Journalisten de facto nicht am zentralen Qualitätskriterium einer guten Übersetzung, nämlich Werktreue, sondern nutzen Äußerungen von Wissenschaftlern relativ frei für die eigenen „Storys". Auch billigen sie den Wissenschaftlern, deren Informationen sie verwenden, nicht den Status von Autoren zu, denen bestimmte Rechte zukommen (z. B. das Recht der „Autorisierung" einer Übersetzung).

Beobachtung der Wissenschaft nach außerwissenschaftlichen Gesichtspunkten ist vielmehr die Grundlage des Wissenschaftsjournalismus.[6] Durch die journalistische Beobachtung wird in der Öffentlichkeit ein Bild der Wissenschaft gezeichnet, das von ihrer Selbstbeschreibung abweicht. Dieses Vorgehen des Journalismus darf nicht als Defizit oder Qualitätsproblem missverstanden werden. Es ist die Strategie, durch die ein breites Laienpublikum Zugang zur Wissenschaft erhält.

Mit Auslandskorrespondenten in kulturell fremden Ländern vergleicht der Fernsehjournalist Aart C. Gisolf deshalb zu Recht Wissenschaftsjournalisten. Sie berichteten wie Auslandskorrespondenten über die fremde Kultur „Wissenschaft" – und zwar aus der Perspektive der Kultur, für die sie berichten und nicht aus der, über die sie berichten. Ebenso wie Auslandskorrespondenten bei ihrer Beobachtung auf

---

6   Matthias Kohring, Wissenschaftsjournalismus: Forschungsüberblick und Theorieentwurf (UVK, Konstanz 2005)

einheimische Führer angewiesen sind, die sie auf interessante Orte und Vorgänge aufmerksam machen und ihnen deren Bedeutung und Hintergründe erläutern, benötigen auch Wissenschaftsjournalisten solche „einheimischen" Interpreten.

Auslandskorrespondenten wie Wissenschaftsjournalisten beobachten als Fremde eine fremde Kultur, selbst wenn sie mit der Zeit ein gewisses Verständnis für die fremde Kultur entwickeln. Zynisch hat der verstorbene US-Journalist Victor Cohn, früher Wissenschaftsjournalist der Washington Post, diese oftmals arrogant erscheinende Position formuliert: „Scientists are to journalists what lab rats are to scientists."

Wissenschaftsjournalisten haben eine doppelte Aufgabe: Zunächst müssen sie die Wissenschaftler im Interview oder Recherchegespräch dazu animieren, eine mediengerechte „Botschaft" zu formulieren. Dazu dienen der Frage-Antwort-Dialog zwischen Wissenschaftlern und Journalisten und das Feedback, mit dem Journalisten ihren Gesprächspartnern signalisieren, ob ihre Äußerungen bereits für sie verständlich und nach den medialen Kriterien relevant bzw. interessant sind.

Ferner müssen Journalisten dieses „Material" prüfen, bewerten und ggf. durch Äußerungen anderer Akteure ergänzen. Sie müssen das durch Recherche gesammelte Material in eine medien- und formatgerechte Form bringen, vereinfachen, Erklärungen hinzufügen und schließlich eine „Story" daraus machen. Dabei müssen die Äußerungen der Wissenschaftler kontextualisiert werden, d. h. in einen Zusammenhang gebracht werden der auch außerwissenschaftlich Sinn macht.

Die wissenschaftlichen Inhalte in Alltagssprache reformulieren müssen größtenteils jedoch die Wissenschaftler selbst. Oft in Kooperation mit den Pressestellen nehmen sie einen Großteil der journalistischen „Konstruktion" bereits vorweg – und besitzen damit erheblichen Einfluss auf die Berichterstattung. Sie antizipieren in vielen Fällen die Nachrichtenwerte der Medien, benutzen dem Publikum vertraute Metaphern und Vergleiche, bewerten und schlagen Handlungskonsequenzen vor. Letzteres kommt vor allem dann vor, wenn wissenschaftliche Forschung praktische Bedeutung besitzt und ein Bedarf an wissenschaftlicher Expertise (im Sinne einer Beratung der gesellschaftlichen Praxis) besteht. Die mediale Bedeutungskonstruktion erfolgt also nicht allein durch Journalisten sondern unter Beteiligung von Wissenschaftlern und ggf. weiteren Akteuren.

Inhaltliche Vorerwartungen der Journalisten spielen bei der Beobachtung der Wissenschaft eine wichtige Rolle. Diese Erwartungen beziehen sich beispielsweise auf journalistische Beitragskonzepte, also Vorstellungen über die Struktur der „Story".

Mögliche Folgen:

- Dies kann zur gezielten (einseitigen) Auswahl von Informationsquellen nach deren mutmaßlicher Meinung führen.
- Auch werden unter Umständen Fragen gestellt, bei denen vom Interviewpartner eine bestimmte Richtung der Antwort erwartet wird. Im Extremfall kann der Eindruck entstehen, dass Journalisten nur etwas ganz Bestimmtes hören wollen.
- Schließlich können Beitragskonzepte zu einer einseitigen Selektion von Teilen einer Antwort bzw. zu einer verzerrenden Interpretation von Antworten führen. Die konkreten Antworten der Interviewpartner sollen in das Beitragskonzept eingepasst werden. Den Informationsquellen sollen bestimmte Rollen zugewiesen werden, die die Dramaturgie erfordert (z. B. Wissenschaftler als Kritiker der existierenden Regulierungspraxis für ein Risiko).

In der griechischen Mythologie gibt es die Figur des Prokrustes, der seine Gäste entweder streckte oder ihnen die Füße abhackte, bis sie genau in sein Bett passten. In Analogie dazu lässt sich die Tendenz des Journalismus, Antworten von Interviewpartnern je nach den dramaturgischen Erfordernissen auszuwählen und zu editieren, als Prokrustes-Tendenz bezeichnen.

In den meisten Fällen dürfte die Prokrustes-Tendenz nicht auf einer bewussten Verfälschung von Aussagen, sondern eher unbewusst auf einer schemagesteuerten Wahrnehmung beruhen. Man hört bevorzugt das, was man hören möchte bzw. zu hören erwartet. Fairness gegenüber den Informationsquellen und Qualität der Berichterstattung gebieten es aber, die Prokrustes-Tendenz durch journalistische Sorgfalt und Selbstkritik zu begrenzen. Dazu gehört die Bereitschaft, Beitragskonzepte zu modifizieren, wenn sich bei der Recherche neue Gesichtspunkte ergeben, oder aber Gesprächspartner zu suchen, die die dramaturgisch benötigte Position tatsächlich einnehmen.

Wissenschaftler treten in verschiedenen Rollen öffentlich in Erscheinung. Bei der Popularisierung von Forschungsergebnissen sind sie „Lehrer", die ihr Wissen mit einem breiten Laienpublikum teilen wollen. Als „Experten" wenden sie wissenschaftliches Wissen auf praktische Fragen und Probleme an, informieren beispielsweise über neue Diagnose- und Therapieverfahren in der Medizin, warnen vor den Gesundheitsrisiken des Rauchens, erklären Ursachen und Konsequenzen des Klimawandels. Häufig werden Wissenschaftler auch zu „Advokaten" politischer Standpunkte oder von Technologien: Sie warnen, erheben Forderungen, unterstützen oder kritisieren politische oder administrative Entscheidungen. Gelegentlich sind sie auch „Interessenvertreter" in eigener Sache, etwa wenn es um Forschungsförderung geht oder um die politische Regulierung gesellschaftlich umstrittener Forschungsbereiche, wie die Forschung an menschlichen embryonalen Stammzellen.

Mit den idealisierten Normen der Wissenschaft vertragen sich die genannten Rollen nicht immer. Relativ unproblematisch ist die Rolle des öffentlichen „Lehrers", die von Wissenschaftlern häufig – allerdings kontrafaktisch – in Analogie zur Rolle des Hochschullehrers verstanden wird.

In den anderen öffentlichen Rollen verlässt der Wissenschaftler jedoch den Bereich seiner primären Zuständigkeit – der Unterscheidung von „wahr" und „falsch" – und begibt sich in den Bereich gesellschaftlicher Werte und politischen Handelns.

Trotz gelegentlicher verbaler Distanzierung unter Verweis auf die Zuständigkeitsgrenzen der Wissenschaft zeigt die Kommunikationspraxis, dass Wissenschaftler auch bei der öffentlichen Diskussion von Wert- und Entscheidungsfragen munter mitmischen und sich keineswegs auf ihr Kerngeschäft beschränken, nämlich die Feststellung von Wahrheit. Der Journalismus ermutigt Wissenschaftler dazu, Äußerungen zu machen, die über die Grenzen des wissenschaftlich Legitimierten hinausgehen. Er fördert die Grenzüberschreitungen der sich öffentlich äußernden Wissenschaftler und unterstützt damit die Produktion problembezogener wissenschaftlicher Expertise.

Wissenschaftler als Experten benötigen im Vergleich zu Wissenschaftlern als Forscher zusätzliche Qualifikationen. Außer spezieller Fachkompetenz sollten Experten ein breites Überblickswissen besitzen und ihre spezifische Forschung einzuordnen wissen. Gute Experten zeichnet außerdem aus, dass sie ihr Wissen anwendungsorientiert und entscheidungsrelevant präsentieren.

Wer sich als Experte zu Problemen äußert, tritt als Berater auf. Unabdingbar für Berater ist ein Verständnis des Problems aus Sicht der Klienten. Die zu Beratenden fordern zu Recht eine nicht unkritische, aber doch sympathisierende Antizipation ihrer Werte und Interessen. Der „neutrale Experte" ist daher ein problematisches Konzept.

Dies gilt gleichermaßen für den Wissenschaftler, der in den Medien medizinische Ratschläge gibt, wie für den, der sich zu politischen Fragen wie dem Klimawandel, der Sicherheit gentechnisch modifizierter Nahrungsmittel oder dem Einsatz von Solarenergie äußert.

Unterschiedliche Kommunikationsnormen und Qualitätskriterien gelten in den professionellen Kulturen von Wissenschaft und Journalismus. Dies drückt sich in unterschiedlichen Präferenzen für Formen und Inhalte öffentlicher Kommunikation aus. Im Vergleich zu Journalisten tendieren Wissenschaftler beispielsweise stärker zu einem seriösen, sachlichen, vorsichtigen und belehrenden Kommunikationsstil.

Journalisten dagegen erwarten entschiedene Botschaften, bewertende Stellungnahmen und sie bevorzugen einen unterhaltenden Kommunikationsstil.

In der Frage der Rollenverteilung im Kommunikationsprozess gibt es zudem einen klaren Gegensatz zwischen Wissenschaftlern und Journalisten: Journalisten betrachten sich als verantwortliche Autoren ihrer Berichte, sie sehen Wissenschaftler als ihre „Informationsquellen".

Wissenschaftler hingegen betrachten oftmals sich selbst als die eigentlichen Autoren und Journalisten entsprechend als ihre Vermittler.

Journalisten schulden nach ihren Berufsnormen ihren Quellen eine faire Behandlung (z. B. korrekte Zitierung), aber nicht mehr – insbesondere kein Mitspracherecht über die Art der Berichterstattung. Sie sind ausgesprochen sensibel gegenüber allen Forderungen der Wissenschaftler, die sich als Zensurversuche interpretieren lassen (z. B. die Forderung nach Gegenlesen), während es aus Sicht der Wissenschaftler lediglich darum geht, ihre Autorenrechte wahrzunehmen.

Interessenkonflikte zwischen Wissenschaftlern und Journalisten: Dabei geht es im Kern um die gegensätzlichen Erwartungen, ob Wissenschaftsjournalismus der Unterstützung der Wissenschaft dient oder autonome Ziele verfolgen soll. Wissenschaftler erwarten vom Journalismus, dass er als ihr Sprachrohr fungiert, sie bei der Durchsetzung ihrer Interessen unterstützt und ihnen die Kontrolle über ihre Kommunikation mit der Öffentlichkeit belässt.

Nach ihrem professionellen Selbstverständnis insistieren Journalisten dagegen berechtigterweise auf Distanz zu den Objekten ihrer Berichterstattung, auf ihrer Autonomie und auf ihrer Kontrollfunktion als vierte Gewalt.

Die Sinngrenze zwischen Wissenschaft und Öffentlichkeit schließlich macht – wie oben erläutert – eine einfache „Übersetzung" wissenschaftlicher Inhalte durch den Journalismus unmöglich. Was Sinn hat innerhalb der Wissenschaft, hat nicht notwendig Sinn in der Öffentlichkeit.

Journalisten müssen eine semantische Verbindung zwischen dem Gegenstand ihrer Berichterstattung und den Relevanzkriterien der Alltagswelt herstellen und außerdem das Vorwissen des breiten Publikums bedenken. Das führt zu Bedeutungsunterschieden zwischen der wissenschaftlichen und der journalistischen

Darstellung eines Forschungsvorhabens oder -ergebnisses. Diese Bedeutungsdifferenzen werden von Wissenschaftlern (und manchen Kommunikationsforschern) oftmals als Genauigkeitsproblem des Journalismus interpretiert.

Das klassische Problem der „Genauigkeit" im Wissenschaftsjournalismus bleibt aus Sicht der Wissenschaftler trotz hoher allgemeiner Zufriedenheit mit dem Journalismus bestehen. Wissenschaftler monieren in den Berichten, in denen ihre Aussagen verarbeitet sind, häufig Fehler, Ungenauigkeiten, sinnentstellende Kürzungen und Bedeutungsveränderungen, die sich etwa daraus ergeben, dass ihre Äußerungen in einen anderen Kontext gestellt werden. Allerdings sind die von Wissenschaftlern monierten Fehler nur selten gravierend. In der eingangs erwähnten Wissenschaftler-Befragung von 2011 beurteilten Wissenschaftler die Korrektheit der journalistischen Darstellung nach ihrem jeweils letzten Medienkontakt. 42 % der Wissenschaftler fanden in dem Beitrag kleinere sachliche Fehler; weniger als 4 % monierten gravierende sachliche Fehler.

Diese Fehler und Bedeutungsveränderungen lassen sich als journalistische Defizite bei der Behandlung wissenschaftlicher Themen auffassen, aber auch als Nebenfolgen notwendiger Anpassungen der wissenschaftlichen Inhalte an die Erfordernisse öffentlicher Kommunikation. Die expliziten Fehler sind sozusagen nur die Spitze eines Eisbergs von Sinnverschiebungen, die sich aufgrund der Unterschiedlichkeit von wissenschaftlicher Welt und Alltagswelt ergeben (siehe auch Kapitel „Defizite im Wissenschaftsjournalismus").

Trotz der „Unwahrscheinlichkeit von Kommunikation" (Luhmann) kommt es jedoch – wie eingangs gezeigt – zu befriedigenden Interaktionen, sowohl auf der Beziehungsebene wie auf der Inhaltsebene der Kommunikation. Diese generelle Zufriedenheit mit dem Wissenschaftsjournalismus deutet darauf hin, dass es sich bei den meisten monierten Fehlern entweder um weniger bedeutende Aspekte handelt, die die wesentliche Botschaft nicht berühren, oder dass die sich ergebenen Sinnverschiebungen von den Wissenschaftlern resignierend hingenommen, als notwendig akzeptiert bzw. sogar begrüßt werden, wenn sie ihren Interessen dienen.

Die überwiegend positiven Erfahrungen lassen sich damit erklären, dass Wissenschaftler und Journalisten – mit Ausnahme der Kontrolle der Kommunikation – insgesamt recht kompatible Vorstellungen über die Kommunikation mit der Öffentlichkeit besitzen. Viele Wissenschaftler akzeptieren inzwischen die medialen Darstellungsregeln für Wissenschaft und antizipieren sie sogar oft in ihren Informationsangeboten an die Journalisten. Die Anpassung der Wissenschaft an die Medien geht in manchen Bereichen so weit, dass sie Besorgnis auslöst. Wie oben erwähnt, spricht Peter Weingart von der „Medialisierung" der Wissenschaft und verweist auf problematische Konsequenzen wie z. B. die Abkehr von der Orientierung an den „*peers*".

Zur Überwindung von Kommunikationsproblemen trägt auch die allgemeine soziale Kompetenz der beteiligten Personen bei. Der Umgang mit anderen professionellen Kulturen und mit Interessenkonflikten ist in unserer sozial hoch differenzierten Gesellschaft weit verbreitet. Wir verstehen, dass andere soziale Systeme anderen Logiken gehorchen und stellen uns darauf ein – manchmal verständnisvoll, mitunter auch kopfschüttelnd.

Eine starke Co-Orientierung zeigt sich jedenfalls bei der Analyse von Interaktionen zwischen Wissenschaftlern und Journalisten – trotz aller Gegensätze, die eine solche Co-Orientierung eigentlich unwahrscheinlich machen. Vermutlich ist ein treibender Faktor für kooperatives Verhalten die gegenseitige Abhängigkeit von Wissenschaft und Journalismus. Der Journalismus ist bei der Beobachtung der Wissenschaft auf kompetente „einheimische" Führer und Interpreten angewiesen, die Wissenschaft zur Vertretung ihrer Interessen in der Mediengesellschaft zunehmend auf Publizität.

II
Berufsperspektiven

Wissenschaftsjournalismus als Beruf
Reich werden die wenigsten, aber für viele ist es der schönste Beruf der Welt

Klaus Meier

Zusammenfassung

Wissenschaftsjournalisten sollten frühzeitig lernen, interdisziplinär zu denken, auch wenn man sich später vielleicht auf wenige Themen konzentrieren muss. Zu dieser Sachkompetenz kommt die Fachkompetenz: Journalisten müssen ihr eigenes Fachgebiet gut kennen. Das besteht zum einem aus dem „Handwerk": Recherche, Texten und Redigieren, zum anderen aus Grundkenntnissen des Mediensystems und der Kommunikationstheorie. Wichtig sind Kenntnisse der Mediensituation vor Ort: welche Zeitungshäuser gibt es, wo sind die nächsten Radio- und Fernsehanstalten, welche Blogs, welche chanels gibt es? Wo beschäftigen sich welche Redaktionen mit welchen Themen?

Es gibt eine Reihe von Indizien dafür, dass junge Journalisten, die sich auf Naturwissenschaften und Medizin konzentrieren, sehr gute Chancen für einen Berufseinstieg haben. Vermutlich wird der Bedarf an Wissenschaftsjournalisten in den nächsten Jahren noch weiter zunehmen, weil Wissenschaftsthemen in den Medien generell an Bedeutung gewinnen.

Schlüsselwörter

Journalistische Kompetenz, Sachkompetenz, Fachkompetenz, Generalisten, Spezialisten, Studium, Fachstudium, Praktikum, Volontariat, Arbeitsproben, crossmedial, Plattformen, Ausspielkanäle.

„Dieser Beruf ist Abenteuer pur", sagt Wolfgang C. Goede über seine Arbeit als Wissenschaftsjournalist. In mehr als 20 Jahren bei der Zeitschrift P.M. habe er sich noch nie gelangweilt. „Das ist, wie wenn man als Kolumbus unterwegs ist und ständig Neues entdeckt." – So wie dem erfahrenen Zeitschriftenmacher geht es vielen Wissenschaftsjournalisten. Sie lieben den Umgang mit wissenschaftlichen Erkenntnissen, müssen sich aber nicht wie die Wissenschaftler selbst auf ein enges Fachgebiet konzentrieren und jahrelang auf neue Erkenntnisse hinarbeiten, sondern erfahren oder recherchieren immer wieder Neues aus vielen unterschiedlichen Disziplinen.

Wissenschaftsjournalisten sollten deshalb frühzeitig lernen, interdisziplinär zu denken; sie sollten schon in Studium und Ausbildung Wissen aus allen möglichen Fachgebieten aufsaugen – auch wenn man sich später vielleicht in der journalistischen Berichterstattung auf einige Fachgebiete konzentrieren muss.

Was müssen Wissenschaftsjournalisten wissen und können? – Die alte Frage nach der journalistischen Kompetenz wird grundsätzlich mit einer Einteilung in *Fach*- und *Sach*kompetenz beantwortet:[1]

Fachkompetenz: Journalisten müssen – wie alle akademischen Berufe – ihr eigenes Fachgebiet gut kennen. Das besteht zum einem aus dem „Handwerk": Recherche, Themenauswahl, Texten und Redigieren, die Darstellungsformen des jeweiligen Mediums (das „Story-Telling"). Hinzu kommt, dass man sich sicher im Medienumfeld bewegen können muss: Dazu gehören Grundkenntnisse des Mediensystems sowie der wirtschaftlichen und rechtlichen Grundlagen des Journalismus. Es stärkt die Innovationsfähigkeit des Journalisten, wenn er weiß, wie Medien generell funktionieren (Medientheorie), wie sie genutzt werden und wirken oder wie Redaktionen optimal organisiert werden und wie sie Zielgruppen bedienen (Redaktionsmanagement und -marketing). Der Umgang mit digitalen Medien und Plattformen – wie auch mit Social Media – ist inzwischen in vielen Redaktionen selbstverständlich: von der Recherche via Facebook oder Twitter bis zur Kommunikation mit einem aktiven Publikum.

Journalisten tragen Verantwortung; sie sollten sich ihrer Rolle in der demokratischen Gesellschaft bewusst sein und die ethischen Grenzen ihres Berufes reflektieren.

Sachkompetenz: Journalisten müssen über die Sache, über das Themengebiet Bescheid wissen, über das sie berichten. Wie tief oder breit das Sachwissen gerade im Wissenschaftsjournalismus sein sollte, hängt vom Medium und der Zielgruppe

---

1 Vgl. u.a. Klaus Meier, Journalistik (UVK, Konstanz, 4. Auflage 2018, S. 233–237).

ab. Spezialisierte Fachzeitschriften haben hier tiefer gehende Ansprüche für genau ein Fachgebiet – Wissensmagazine in Print und Fernsehen sowie Redaktionen im allgemeinen Journalismus, die Themen aus Wissenschaft und Forschung aufgreifen (vgl. das Kapitel „Medien und Märkte des Wissenschaftsjournalismus"), legen eher Wert auf ein breites wissenschaftliches Wissen. Zu diesem Ergebnis kam eine Befragung von 35 leitenden Wissenschaftsjournalisten von Zeitungen, Zeitschriften, Radio und Fernsehen.[2]

Generalisieren oder spezialisieren? Haben *Generalisten*, die ein breites Grundverständnis für wissenschaftliches Wissen mitbringen, bessere Chancen im Medienmarkt der Zukunft oder *Spezialisten*, die sich in ein oder zwei wissenschaftlichen Disziplinen hervorragend auskennen? Die Antwort auf diese Frage ist eindeutig: 28 Redaktionsleiter legten sich auf den Generalisten fest – einer auf den Spezialisten. Sechs meinten, das lasse sich so nicht sagen. Ein „Wissen über die gesellschaftliche, politische und wirtschaftliche Bedeutung der Naturwissenschaften" wurde von den befragten Journalisten zudem höher eingestuft als ein naturwissenschaftliches Grund- oder Spezialwissen.

Wie eignet man sich diese Kombination an Kompetenzen an? – Es gibt an der Universität Dortmund einen spezialisierten Studiengang, der Wissenschaftsjournalisten ausbildet und der dabei von Anfang an versucht, die nötigen Kompetenzen zu integrieren. Ähnliche Konzepte haben die Studiengänge „Wissenschaft – Medien – Kommunikation" am Karlsruher Institut für Technologie, Technikjournalismus an den Hochschulen Bonn/Rhein-Sieg und Nürnberg sowie die Vertiefungsrichtung Wissenschaft und Daten am Studiengang Onlinejournalismus der Hochschule Darmstadt. Aber generell gilt die Regel: Viele Wege führen in den Journalismus. Wer andere Wege beschreitet, muss selbst dafür sorgen, in beiden beschriebenen Gebieten fit zu werden.

Wer zum Beispiel ein Fachgebiet studiert, über das er später berichten möchte (etwa Medizin), der sollte schon während des Studiums Kontakte zu Redaktionen knüpfen: Praktika machen und freie Mitarbeit anbieten. So kann zumindest das Handwerk eingeübt und trainiert werden. Journalistik- und medienwissenschaftliche Literatur sollte man sich dann im Selbststudium aneignen. Die Fachkompetenz kann man zudem in einem Masterstudium (Wissenschafts-)Journalismus oder Journalistik vertiefen.

---

2 Klaus Meier/Frank Feldmeier, Wissenschaftsjournalismus und Wissenschafts-PR im Wandel. In: Publizistik, 2/2005, S. 201–224.

Außerdem sollte man schon als Student ein Interesse für interdisziplinäre Zusammenhänge entwickeln. Um im Beispiel zu bleiben: Gesundheitspolitik, Finanzierung des medizinischen Systems oder auch die Finanzierung, Einordnung und Relevanz von wissenschaftlichen Studien (Stichwort Pharmaindustrie) ist wesentlich für die spätere Tätigkeit eines Medizinjournalisten.

Lesen, lesen, lesen – das gilt für alle Ausbildungswege. Mindestens eine überregionale Tageszeitung, einige populäre Wissenschaftszeitschriften und journalistische Websites gehören zum Lektüre-Pflichtprogramm von Wissenschaftsjournalisten – auch bei Radio und Fernsehen. Kritisches Lesen schult einerseits die eigene Sprache und Ausdrucksfähigkeit. Andererseits muss man über aktuelle Themen Bescheid wissen und mitreden können.

Ohne abgeschlossenes Studium schafft kaum ein junger Journalist den Sprung in die Redaktion. Dies gilt insbesondere für Wissenschaftsjournalisten, die nicht nur mit wissenschaftlichen Ergebnissen umgehen, sondern bei der Recherche wissenschaftliche Experten fachlich sicher befragen müssen. Zentral für die spätere Arbeit als Wissenschaftsjournalist ist ein fundiertes Grundlagenwissen: von der Terminologie bis zur Denkweise eines Fachgebiets. Wie denken und arbeiten Wissenschaftler? Wie kommen sie zu neuen Erkenntnissen?

Spezialwissen, das man im Studium lernt, ist dagegen meist so detailliert, dass man es außerhalb eines engen Fachjournalismus kaum direkt nutzen kann; es veraltet zudem oft schnell. Viel wichtiger ist es deshalb, schon als Student wissenschaftliches Wissen zu vernetzen – untereinander und nicht zuletzt mit gesellschaftlichen Rahmenbedingungen für Wissenschaft und Forschung. Warum macht mein Professor ein bestimmtes Forschungsprojekt? Wer finanziert es?

Man wird als Journalist nicht genau das wiedergeben, was man im Studium gelernt hat, sondern bei Wissenschaftlern im In- und Ausland, in wissenschaftlichen Veröffentlichungen oder auf Kongressen aktuell recherchieren. Gute Wissenschaftsjournalisten haben sich im Laufe ihres Berufslebens ein eigenes Experten-Netzwerk aufgebaut. Damit kann man nicht früh genug anfangen.

Wie finde ich einen Praktikumsplatz im Journalismus? Angehende Journalisten müssen schon bei der Suche nach dem ersten Praktikum Neugier, Findungsvermögen, Offenheit und ein hohes Maß an Hartnäckigkeit beweisen. Das sind Tugenden, die im Journalismus grundsätzlich gefragt sind.

Der Einstieg fällt im Lokaljournalismus leichter: Dort kann man das Handwerk trainieren und sich auf Augenhöhe mit dem Leser begeben: Wer im Lokalen schlecht recherchiert, spürt dies oft schon am nächsten Tag, wenn wütende Anrufe oder E-Mails von Lesern eintreffen. Wer als wissenschaftlich vorgebildeter Journalist in der Lokalredaktion arbeitet, kann sich oft ein Themenfeld erschließen, das nicht beackert wird und sich so für die Redaktion unentbehrlich machen. Freilich muss man sich des Publikums bewusst sein und das Wissen für den Alltag der Leser relevant machen (vgl. das Kapitel „Wissenschaft im Lokalen").

Informieren Sie sich, an wen Sie eine Bewerbung um Praktikum oder Volontariat richten müssen: In großen Häusern gibt es eigene Ausbildungsabteilungen (vor allem bei ARD und ZDF); bei kleineren Medienunternehmen ist die Chefredaktion der richtige Ansprechpartner, im Lokalen meist der Lokalchef.

Arbeitsproben sind eine wichtige Anlage zur Bewerbung. Sammeln Sie in Praktika oder freier Mitarbeit gute Stücke, die Sie später vorlegen können. Legen Sie sich dabei ein Spektrum an Themen und Darstellungsformen zu. Gerade angesehene Redaktionen von ARD und ZDF, von „Süddeutscher Zeitung" oder „Bild der Wissenschaft" legen bei der Auswahl der Nachwuchsjournalisten Wert auf gute Arbeitsproben. Bei der Bewerbung geht Qualität vor Quantität: drei bis sechs gute Arbeitsproben reichen.

Auch für eine Bewerbung um die begehrten Volontariatsplätze sind Arbeitsproben wichtig. Rundfunkanstalten, Tageszeitungen, Zeitschriften und Online-Medien vergeben Volontariate nur nach entsprechender journalistischer Vorerfahrung.

Wer sich um ein Praktikum oder ein Volontariat bewirbt, sollte das betreffende Medium genau kennen – die Website, die Sendung, die Zeitung oder Zeitschrift. Welche Themen werden dort bearbeitet? Welche Stil- und Darstellungsformen eingesetzt? Gibt es Konkurrenz-Medien? Wenn Sie sich gut auskennen, können Sie nicht nur in einem ersten Vorstellungsgespräch brillieren, sondern schon zu Beginn des Praktikums gute Vorschläge in die redaktionelle Arbeit einbringen.

Im Praktikum Aufträge gewissenhaft und zuverlässig zu bearbeiten – das ist selbstverständlich. Belohnt werden Hartnäckigkeit und Eigeninitiative: Bringen Sie eigene Themenvorschläge in die Konferenzen ein. Wer sich schon während des Praktikums profiliert, hat gute Chancen anschließend der Redaktion als freier Mitarbeiter verbunden zu bleiben.

Überlegen Sie, welches Medium, welche Zugangsweise zu Themen Ihnen liegt: Wem das „Story-Telling" des Fernsehens gefällt, für den ist vielleicht „Galileo" genau die richtige Redaktion – oder das ZDF oder eine der ARD-Rundfunkanstalten. Beim

Fernsehen ist es wichtig, das Finden von Bildern und das Erzählen in Bildern zu trainieren. Radiofans, die Wortbeiträge zu wissenschaftlichen Themen gerne hören, können sich in den ARD-Redaktionen umschauen. Wer die Form der schriftlichen Reportage liebt und diese Form auch oft trainiert hat, der kann vielleicht bei einer der neuen Wissenszeitschriften landen. Wer in einem wissenschaftlichen Fachgebiet firm ist und darin bleiben möchte, der sollte sich eher an eine Fachzeitschrift wenden. Gerade die Fachzeitschriften bieten ein großes Berufsfeld, das oft unterschätzt wird (vgl. das Kapitel „Medien und andere Arbeitsfelder").

Die klassischen Ressorts Politik/Nachrichten, Wirtschaft, Kultur, Sport und Vermischtes/Boulevard können für Wissenschaftsjournalisten nicht nur gute Einstiegschancen, sondern auch attraktive Arbeitsplätze bieten. In der erwähnten Studie[3] meinten die befragten Redaktionsleiter überwiegend, dass der Bedarf an Journalisten mit naturwissenschaftlichen Kenntnissen auch in den Ressorts außerhalb der klassischen Wissenschaftsressorts zunehmen wird. Wer zum Beispiel als Politikjournalist die wissenschaftlichen Hintergründe von Zika-Virus, Ebola oder Vogelgrippe schnell recherchieren und verständlich beschreiben kann – der kann die Aktionen der Politiker besser einordnen und den Lesern eine vernünftige Risikoeinschätzung an die Hand geben.

Crossmediales Arbeiten ist seit einigen Jahren ein Schlagwort der Medienbranche, das durchaus Auswirkungen auf die journalistischen Tätigkeiten hat.[4] Crossmediale Redaktionen müssen verschiedene Medien – man sagt auch: *Plattformen* oder *Ausspielkanäle* – in ihre Arbeitsabläufe integrieren: Zeitung, Internet und mobile Kommunikation zum Beispiel oder auch Tageszeitung, Internet und ein lokaler Radio- oder Fernsehsender werden dann parallel aus einer Redaktion beliefert. Nicht alle Journalisten in diesen Redaktionen arbeiten mehrmedial.

Es gibt aber den Trend, dass Reporter vor Ort nicht nur auf dem Notizblock notieren, sondern auch O-Töne fürs Internet oder den Radiosender aufnehmen oder sogar ein paar Video-Sequenzen drehen. Beispiele für solche Lokaljournalismus-Modelle gibt es in Österreich, der Schweiz, in Skandinavien und in den USA. Der aktuell arbeitende Wissenschaftsjournalist schreibt dann zum Beispiel zunächst eine Kurzfassung fürs Internet, liefert O-Töne für den regionalen Radiosender und textet dann erst für die Zeitung. Oder Rundfunkanstalten legen

---

3 Ebd., S. 216.
4 Vgl. Klaus Meier, Crossmedialität. In: Klaus Meier/Christoph Neuberger: Journalismusforschung. Stand und Perspektiven (Nomos, Baden-Baden, 2. Auflage 2016).

alle Redaktionen, die sich mit einem Themengebiet – wie Wissenschaft, Aktuelles oder Sport – beschäftigen zusammen; in dieser Redaktion werden dann alle einschlägigen TV- und Radio-Sendungen und Online-Kanäle betreut. Wer im Laufe der Ausbildung mehrere Medien kennen lernt, bringt für crossmediale Redaktionen Vorteile mit.

Wie sehen die Zukunftschancen für Wissenschaftsjournalisten aus? Der Journalismus und die Medienbranche generell sind durch eine hohe Konkurrenzsituation geprägt. Tausende junge Menschen streben jedes Jahr in die Redaktionen – die Arbeitsplätze für Journalisten haben dagegen abgenommen: Zwischen 1993 und 2005 sank die Zahl der hauptberuflichen Journalisten in Deutschland von 54.000 auf 48.000[5] und danach auf 41.250 im Jahr 2015.[6] Dabei kommt es darauf an, wie man Journalismus definiert: Die Bundesagentur für Arbeit wendet eine viel weitere, weniger auf aktuelle Nachrichten bezogene Definition an und bezieht andere Berufsfelder wie zum Beispiel Schriftsteller oder Lektoren für Bücher mit ein und kommt auf stetig steigende Zahlen (im Jahr 2017 auf über 156.000 Arbeitsplätze im Bereich „Redaktion und Journalismus").[7] Wer in den Journalismus will, muss sich auf einen harten Konkurrenzkampf gefasst machen. Wer sich darauf einlässt, Interesse und Engagement zeigt und seine Nischen findet, hat aber durchaus gute Chancen.

Über die genaue Zahl der Wissenschaftsjournalisten gibt es keine Studie, allerdings wissen wir aus verschiedenen Befragungen von Redaktionen, dass in den vergangenen zehn bis 15 Jahren die Zahl der Arbeitsplätze für Wissenschaftsjournalisten bei deutschen Medien gestiegen ist. Es gibt sogar eine Reihe von Indizien dafür, dass junge Journalisten, die sich auf Naturwissenschaften und Medizin konzentrieren, sehr gute Chancen für einen Berufseinstieg haben. Die in der erwähnten Studie[8] befragten Journalisten meinten in der Mehrzahl, dass der Bedarf an Wissenschaftsjournalisten in den nächsten Jahren noch weiter zunehmen werde, weil Wissenschaftsthemen in den Medien generell an Bedeutung gewinnen.

---

5 Vgl. Siegfried Weischenberg/Maja Malik/Armin Scholl, Die Souffleure der Mediengesellschaft. Report über die Journalisten in Deutschland (UVK, Konstanz 2006, S. 36).
6 Vgl. Nina Steindl/Corinna Lauerer/Thomas Hanitzsch, Journalismus in Deutschland. In: Publizistik, 4/2017, S. 401–423.
7 Vgl. https://statistik.arbeitsagentur.de/Statischer-Content/Arbeitsmarktberichte/Berufe/generische-Publikationen/Broschuere-Akademiker.pdf, S. 122–125.
8 Klaus Meier/Frank Feldmeier, Wissenschaftsjournalismus und Wissenschafts-PR im Wandel. In: Publizistik, 2/2005, S. 212–215.

Weiterführende Literatur

Gabriele Hooffacker/Klaus Meier: La Roches Einführung in den praktischen Journalismus. Mit genauer Beschreibung der Ausbildungswege Deutschland, Österreich, Schweiz (Journalistische Praxis, VS Verlag für Sozialwissenschaften, Wiesbaden, 20. Auflage 2017)

Claudia Mast (Hrsg.): ABC des Journalismus. Ein Handbuch (Herbert von Halem Verlag, Köln, 13. Auflage 2018)

Elke Ahlswede: Praktikum! Wegweiser Journalismus (UVK, Konstanz 2010)

Medien und andere Arbeitsfelder
Nicht überall, wo Wissenschaft drauf steht, ist auch Wissenschaft drin

Klaus Meier

> **Zusammenfassung**
>
> Fünf Welten des Wissenschaftsjournalismus lassen sich unterscheiden: Die klassische Wissenschaftsberichterstattung in den Tageszeitungen und den Wissenschaftsmagazinen des öffentlich-rechtlichen Rundfunks. Die Erläuterung des wissenschaftlichen Hintergrundes zu Themen der allgemeinen Medienagenda. Wissenschaft zur Unterhaltung – in vielen Quizsendungen, ja sogar in der Samstagabendshow. Wissenschaft als Basis vieler Ratgebersendungen und schließlich zielgruppenorientierter Wissenschaftsjournalismus, der sich an spezielle Publikumsgruppen wendet mit *Special-Interest-Medien* und *Fachmedien*.
>
> Obwohl der Medienmarkt eng umkämpft ist und Zeitschriften zwischen 1998 und 2018 Auflageneinbußen bis zur Hälfte hinnehmen mussten, wurden seitdem mehrere neue Titel aufgelegt. Mehrere überregionale und große regionale Tageszeitungen haben eine *tägliche* Wissenschaftsseite eingeführt. Im Radio gibt es heute weniger feste Wissenschaftssendungen als noch vor einigen Jahren – dafür liefern die Wissenschaftsredaktionen anderen Redaktionen Sendebeiträge zu. Im Fernsehen gibt es einen interessanten Wandel: vom „Belehrfernsehen" zum „Erzählfernsehen". Die neuen Formate gehen vom Zuschauer und seinen aktuellen Fragen aus – und nicht von aktuellen Forschungsergebnissen.

> **Schlüsselwörter**
>
> Wissensformate, Nutzwertjournalismus, news to use, Special-Interest-Medien, Fachmedien, Lesespaß, Newsroom, Newsdesk, Einschaltmedium, Nebenbeimedium, Podcast, Videopodcast

Zika-Virus, Ebola, Vogelgrippe, Klimawandel, Erd- und Seebeben, Raumfahrt, genveränderte Lebensmittel, Forschung mit embryonalen Stammzellen, Kernkraft und erneuerbare Energien, neue Heilmethoden gegen Krebs, Alzheimer und Parkinson, missglückte Arzneimitteltests an Menschen, Ernährungs- und Fitness-Tipps – das sind nur einige willkürlich aufgezählte Wissenschaftsthemen in den Medien. Das Interesse der Menschen an diesen Themen nimmt zu und das Wissen, wie komplexe naturwissenschaftliche Zusammenhänge unseren Alltag beeinflussen, gewinnt an Bedeutung. Seit der Jahrtausendwende haben die Medien die neue Lust auf Wissenschaft erkannt: Niemals zuvor gab es so viele Wissensformate in Radio, Fernsehen und Internet, Wissenschaftszeitschriften und Wissensseiten in Zeitungen oder Gesundheits-Apps fürs Smartphone. Zugleich gewinnen Themen aus Naturwissenschaft, Technik und Medizin ressort- und programmübergreifend an Bedeutung – von den allgemeinen Nachrichten über Politik, Kultur, Wirtschaft und Sport bis zum Lokalen.

Die fünf Welten des Wissenschaftsjournalismus. Mit der zunehmenden Bedeutung von Wissensthemen in den Medien hat sich auch der Wissenschaftsjournalismus selbst verändert. Konnte der Kommunikationswissenschaftler Stephan Ruß-Mohl in früheren Auflagen dieses Buches noch von zwei oder drei Welten sprechen,[1] so stellen wir jetzt mindestens fünf Welten fest:

1. Wissenschaftsberichterstattung im traditionellen und engeren Sinn,
2. Themen der aktuellen Medienagenda,
3. Wissensvermittlung als Spaß und Unterhaltung,
4. Nutzwert, Rat und Orientierung,
5. Zielgruppenorientierter Wissenschaftsjournalismus.

Die Wissenschaftsberichterstattung im traditionellen und engeren Sinn folgt den Geschehnissen in der Welt von Forschung und Wissenschaft, in der *scientific community*. Forschungsprojekte und Forschungserfolge sind Auslöser der journalistischen Berichte. Die Journalisten verfolgen wissenschaftliche Tagungen und Publikationen in den großen *Journals* wie „Science" und „Nature". Früher ging es

---

[1] Vgl. u.a. Stephan Ruß-Mohl (Hrsg.), Wissenschafts-Journalismus. Ein Handbuch für Ausbildung und Praxis (Journalistische Praxis, List 2. Aufl. 1987, S. 35); Winfried Göpfert/Stephan Ruß-Mohl (Hrsg.): Wissenschafts-Journalismus. Ein Handbuch für Ausbildung und Praxis (Journalistische Praxis, List, 4. Aufl. 2000, S. 31).

überwiegend darum, möglichst neutral die Sprache der Wissenschaft für Laien verständlich zu übersetzen. Heutzutage achten Wissenschaftsjournalisten vielmehr auf Nachrichtenwert, Publikumsinteresse und gesellschaftlichen Kontext: Die Welt von Forschung und Wissenschaft muss kritisch beobachtet und spannend aufbereitet werden; eventuelle Konflikte sollen recherchiert und thematisiert werden.[2] Orte für diesen traditionellen Typ Wissenschaftsjournalismus sind nach wie vor die Wissenschaftsseiten großer Tageszeitungen (z. B. „Süddeutsche Zeitung", „Frankfurter Allgemeine Zeitung" oder „Welt") und die Magazinsendungen im öffentlich-rechtlichen Hörfunk (z. B. „Forschung aktuell" im Deutschlandfunk oder „Leonardo" auf WDR 5) und Fernsehen (z. B. „nano" auf 3sat) oder traditionelle populärwissenschaftliche Zeitschriften (z. B. „Spektrum der Wissenschaft").

Themen der aktuellen Medienagenda stehen in der zweiten Welt im Mittelpunkt – und zwar wenn wissenschaftliche Aspekte zur Lösung von Problemen oder zur Erklärung von Sachverhalten beitragen können oder wenn sie gar Auslöser von politischen und kulturellen Debatten sind. Über Viren klärt dieser Typ von Wissenschaftsjournalismus nicht dann auf, wenn Wissenschaftler neue Erkenntnisse präsentieren oder neue Forschungsergebnisse in Fachjournalen veröffentlicht werden, sondern wenn gerade die Vogelgrippe grassiert und infizierte tote Wildvögel auch in Deutschland eingesammelt werden oder wenn aufgrund einer Zika-Epidemie in Brasilien eine Verlegung der Olympischen Spiele gefordert wird. Können diese Viren auf einheimische Nutztiere übertragen werden? Stellen sie eine Gefahr für Menschen dar? Kann sich eine Pandemie, eine weltweite Seuche, entwickeln? – Das sind dann die Fragen, welche die Öffentlichkeit interessieren und für deren Beantwortung Journalisten wissenschaftliche Experten befragen.

Über biologische Ursachen von Muskelrissen und deren optimale medizinische Versorgung wird berichtet, wenn ein wichtiger Abwehrspieler der Fußball-Nationalmannschaft daran leidet. Forschungen im Bereich der erneuerbaren Energie werden thematisiert, wenn der Ölpreis steigt oder Störungen in einem Kernkraftwerk bekannt werden. Das Themenfeld „Energie" gehört spätestens seit der Nuklearkatastrophe von Fukushima und dem darauf folgenden Beschluss zum deutschen Atomausstieg zum Dauerthema in den Medien. Und die Dauerdebatte zur Begrenzung des Klimawandels befeuert dieses Themenfeld zusätzlich.

---

2 Vgl. Matthias Kohring: Wissenschaftsjournalismus. Forschungsüberblick und Theorieentwurf (UVK, Konstanz 2005).

Über die Möglichkeiten der Stammzellforschung gibt es ein Special, wenn im Bundestag über Risiken, ethische Bedenken und rechtliche Reglementierungen debattiert wird. Erd- und Seebeben sowie die Problematik ihrer wissenschaftlichen Vorhersage sind Themen in den Nachrichten und sogar im Boulevard-Journalismus, wenn ein Vulkan ausbricht oder ein Tsunami hunderte Menschen in einem Tourismusgebiet tötet – wie im Dezember 2004 in Südasien – oder Auslöser einer Nuklearkatastrophe ist – wie im März 2011 in Japan.

Platz für derartige Themen bieten zwar zunehmend auch die Wissenschaftssparten und -sendungen, vor allem aber die Ressorts und Sendungen für Politik, Vermischtes, Kultur, Wirtschaft oder Sport.

Wissensvermittlung als Spaß und Unterhaltung konnte man sich jahrzehntelang nicht in den Medien vorstellen – zu trocken, staubig und langweilig hatte man den Schulunterricht in Erinnerung. Es gab zwar schon lange die „Sendung mit der Maus" (ARD) und „Löwenzahn" (ZDF) für Kinder und Zeitschriften wie „P.M." für das Kind im Mann, bei denen neben dem Bildungs- auch der Unterhaltungsfaktor durchaus relevant ist. Doch erst mit dem Erfolg von Günther Jauch und „Wer wird Millionär?" wurde Wissen als Basis für Unterhaltungsformate vor allem im Fernsehen entdeckt. Auch die erste *tägliche* Wissenschaftssendung im deutschen Fernsehen – „Galileo" auf „Pro Sieben" (seit 1998) – vermittelt Wissen spaßig und unterhaltsam – und war aufgrund des großen Erfolgs ein Trendsetter. Thematisiert wird nur, was sich als Story in spannenden Bildern zeigen lässt und was als relevant im Alltagsleben der Zuschauer vermutet wird.

Sogar reine Unterhaltungsshows lassen sich inzwischen mit Wissensthemen füllen: Die Sat.1-Show „Clever! Die Show, die Wissen schafft" (2004 bis 2013) übernahm mit Live-Experimenten und Studioaktionen Edutainment-Elemente der ehemaligen ZDF-Sendung „Knoff-Hoff-Show" (1986 bis 1999), ging dabei aber noch einen Schritt weiter in Richtung Unterhaltung. Moderiert wurde die Sendung nicht von einem renommierten Wissenschaftsjournalisten wie Joachim Bublath, der das Konzept für „Knoff-Hoff" entwickelt hatte und für sein Wirken 1997 das Bundesverdienstkreuz erhielt, sondern von der Boulevard-Moderatorin Barbara Eligmann (ehemals RTL-„Explosiv") und dem Komiker Wigald Boning.

Ähnliche Konzepte verfolgen die Sendungen mit dem Arzt und Kabarettisten Eckart von Hirschhausen seit 2010 in der ARD: „Frag doch mal die Maus" und „Hirschhausens Quiz des Menschen".

Die Macher der neuen Unterhaltungs-, Infotainment- und Edutainment-Formate bezeichnen sich nicht immer als „Wissenschaftsjournalisten" – auch wenn sie Themen aus dem Bereich Naturwissenschaft, Technik oder Medizin regelmäßig bearbeiten oder bei Forscherinnen und Forschern recherchieren. So spricht zum Beispiel Christoph Steinkamp, Programm-Manager „Wissen" in der Chefredaktion von „ProSieben" und verantwortlich für „Galileo", lieber vom „Wissensmagazin" statt vom „Wissenschaftsfernsehen": „Natürlich berichtet Galileo auch über Wissenschaftler, ihre Arbeit und ihre Ergebnisse – besucht Forschungsabteilungen aller größeren Unternehmen im In- und Ausland. Doch Wissenschafts-TV muss mehr als das sein." Ein Wissensmagazin müsse emotional sein – und relevant für das Alltagsleben der Zuschauer. Der Erfolg gibt Steinkamp recht: Die Sendezeit wurde im Oktober 2005 von 30 Minuten auf eine Stunde verlängert – und die Einschaltquote bleibt seitdem über mehr als ein Jahrzehnt hinweg nach Angaben des Senders inder Zielgruppe konstant. Galileo experimentiert digital mit Virtual Reality und lädt zu Mitmach-Dokus per App ein. 2017 krönte der Deutsche Fernsehpreis den Pioniergeist von „Galileo" in der Kategorie „Bestes Infotainment".

Nutzwert, Rat und Orientierung bietet der vierte Typ: Themen aus Medizin, Psychologie und Pädagogik werden so präsentiert, dass sie das Publikum unmittelbar im Alltag verwenden kann: Zehn Tipps für eine gelungene Partnerschaft – Gesunder Sex – Wieviel Computer/Smartphone verträgt mein Kind? – 13 Auswege aus dem E-Mail-Chaos – Fünf Regeln beim Sonnenbad – Checkliste gefährliche Zecken – Deutschlands beste Mediziner – Ist Biokost wirklich besser? – Welches Fitness-Programm ist gut für mich?

Der „Nutzwertjournalismus" ist ein zunehmendes und breites Feld in den Medien[3] – und nur, wenn die Journalisten dafür bei wissenschaftlichen Experten recherchieren, können wir tatsächlich von Wissenschaftsjournalismus sprechen. Aber generell hat die Umsetzung von aktuellen Recherchen im Wissenschaftsbetrieb in „News to use", Tipps und Checklisten zugenommen.

Klassische Themen dieses wissenschaftsorientierten Ratgeberjournalismus sind Medizin und Psychologie, klassische Formate die Gesundheitsmagazine in Print und Fernsehen – wie zum Beispiel die ZDF-Sendung „Gesundheitsmagazin PRAXIS" (1964 bis 2005), die Sendung „Praxis – das Gesundheitsmagazin" des Rundfunks Berlin-Brandenburg rbb oder die monatliche Zeitschrift „Apotheken-Umschau", die von Apotheken gekauft und kostenlos an ihre Kunden verteilt wird -- mit einer (sehr hohen) Auflage von über neun Millionen.

---

3   Vgl. Christoph Fasel: Nutzwertjournalismus (UVK, Konstanz 2004).

Der zielgruppenorientierte Wissenschaftsjournalismus wendet sich nicht an die Allgemeinheit, sondern an eine spezielle Publikumsgruppe, die durch gemeinsame Interessen verbunden ist. Man unterscheidet zwischen *Special-Interest-Medien* (Zeitschriften, Sendungen und Websites) und *Fachmedien* (Zeitschriften und Websites). Special-Interest-Medien machen Hobbys oder spezielle Interessen zum Thema – in Zeitschriften oder Sendungen für Autofans und Motorradfreaks, Gartenfreunde, Computernutzer, Freizeitsportler, Fitness-Fans usw. Bei aller Popularität genügen sie durchaus auch wissenschaftlichen Ansprüchen. So sitzt beispielsweise die Redaktion der Zeitschrift „Sterne und Weltraum" im Max-Planck-Institut für Astronomie in Heidelberg.

Fachzeitschriften wenden sich an eine spezielle Berufsgruppe – zum Beispiel an Journalisten (z. B. „Journalist", „Medium Magazin"), Krankenschwestern (z. B. „Die Schwester Der Pfleger"), Mitarbeiter in chemischen Laboren (z. B. „Laborpraxis"), in der Verkehrsbranche (z. B. „Logistik heute") usw.

Die Zahl solcher Fachzeitschriften und Internet-Portale liegt alleine in Deutschland im fünfstelligen Bereich. Einer der international größten Verlage ist „Springer science + business", bei dem 3000 Zeitschriften der Themenfelder Wissenschaft, Technik, Medizin, Wirtschaft und Verkehr erscheinen (z. B. die „Ärzte Zeitung"). Je fachlich spezialisierter das Medium, umso wissensintensiver ist der Gegenstandsbereich und umso wichtiger ist eine fachlich fundierte Vorbildung der Redakteure. Häufig spricht man dann nicht vom Wissenschaftsjournalismus, sondern vom Fachjournalismus.[4]

Ein besonderer Typ Fachzeitschrift gehört allerdings nicht mehr zum Journalismus: Für wissenschaftsinterne Journale der *scientific community* mit meist geringer Auflage arbeiten keine Journalisten, sondern Wissenschaftler publizieren darin selbst ihre Forschungsergebnisse (z. B. „Journalism Studies" oder „Publizistik" für die Journalistik oder „Nature", „Lancet" und „Science" für Naturwissenschaft und Medizin). Einige Zwitter bewegen sich zwischen Fachjournal und populärem Wissenschaftsmagazin: für die Naturwissenschaften zum Beispiel der englische „New Scientist", für die Journalistik die deutsche „Message online".

---

4 Vgl. Deutscher Fachjournalisten-Verband (Hrsg.): Fachjournalismus. Expertenwissen professionell vermitteln (UVK, Konstanz, 2. Auflage 2010).

Wissenschaft zum Staunen, Verstehen, Nutzen, Gruseln und Wohlfühlen – auf diese Formel könnte man die aktuellen Trends bringen. Die genannten Welten des Wissenschaftsjournalismus kommen meist nicht getrennt in den Medien vor: Journalistische Formate kombinieren verschiedene Typen von Wissenschaftsjournalismus. Die Grenzlinie ließ sich noch nie präzise ziehen – und sie verschwimmt immer mehr, je populärer wissenschaftliche Themen werden.

Beispiele für Mischformate, die sich aus den fünf Welten je nach Konzept mal mehr mal weniger stark bedienen, findet man nicht nur im Fernsehen, sondern auch bei Zeitschriften: Die im Dezember 2004 gegründete Zeitschrift „Zeit Wissen" erscheint sechsmal pro Jahr und bietet weniger trockene Berichte über neue Forschungserkenntnisse als vielmehr spannend erzählte Reportagen über Themen wie Gesundheit, Psychologie, Umwelt, Gesellschaft, Forschung und Technik. Der Schwerpunkt liegt demnach auf dem Typ 3 (Lesespaß), wobei die Typen 2 (aktuelle Aufhänger) und 4 (Nutzwert) je nach Themenlage hinzukommen. „Lesegenuss" und „opulente Optik" sind die Schlagwörter des Konzepts. Daneben will man Wissen zum Mitreden vermitteln – nach dem Motto „Wusstest Du schon, dass...".

Der Unterhaltungs- und Nutzwert brachte schon seit den 90er Jahren Wissenschaftsthemen häufiger auf die Titelseiten von Publikumszeitschriften wie „Focus", „Spiegel" und „Stern". Trendsetter war das neue Magazin „Focus", das von Anfang an eine Leserschaft ansprach, die stark an populärer Wissenschaft mit hohem Nutzwert interessiert ist: In den ersten zehn Jahren dieser Zeitschrift zwischen 1993 und 2004 kamen 150 Titelgeschichten (im Schnitt jeder vierte Titel) aus dem Spektrum von Medizin, Psychologie, Sexualforschung, Archäologie, Umwelt, Klima und Kosmologie.[5] Im Laufe der Zeit zog der „Spiegel" nach: Seit mehr als einem Jahrzehnt kommen bis zu einem Drittel der „Spiegel"-Titelgeschichten aus dem genannten Themenspektrum.

▶ **Der folgende Überblick über die Medien des Wissenschaftsjournalismus** kann nicht vollständig bis ins Detail sein, sondern soll vor Augen führen, wie groß das Spektrum der Möglichkeiten für Wissenschaftsjournalisten ist. Wir beginnen mit den Printmedien (Zeitschriften, Tageszeitungen), stellen Wissenschaft im Radio und im Fernsehen vor und enden schließlich bei den Online-Magazinen und bei speziellen Angeboten für Kinder.

---

5   Vgl. Gabriele Miketta/Martin Kunz: Titel, Timing, Emotionen – was bei Zeitschriften wirklich Auflage bringt. In: Kerstin von Aretin/Günther Wess (Hrsg.): Wissenschaft erfolgreich kommunizieren (Wiley-VCH, Weilheim 2005, S. 47–63.)

Den Markt der Wissenschaftszeitschriften dominiert in Deutschland traditionell der Verlag Gruner + Jahr (G+J) mit „Geo" und „P.M.". Während „Geo" (Hamburg) schon seit der Gründung im Jahr 1976 auf längere Reportagen und hochwertige Fotos nicht nur aus Wissenschaft und Technik setzt, wendet sich „P.M." (München) mit eher kurzen Texten und vielen Fotos und Grafiken an Männer mit einem Faible für Technik, Weltraum und Psychologie. Das Magazin trägt noch immer nicht nur die Initialen, sondern auch die Handschrift des Gründers Peter Moosleitner (1978). Es war ursprünglich eher für Jugendliche konzipiert, ist inzwischen aber mit der Zielgruppe gealtert und wird überwiegend von 20- bis 49-Jährigen gelesen. Sowohl „Geo" als auch „P.M." haben wissenschaftsnahe spezialisierte Schwestertitel wie „Geo Wissen", „Geo Epoche" oder „P.M. History".

Obwohl der Zeitschriftenmarkt eng umkämpft ist und die etablierten Magazine zwischen 1998 und 2016 Auflageneinbußen um im Schnitt gut die Hälfte hinnehmen mussten (von 1,4 Mio. auf 0,7 Mio.; vgl. Tabelle), wurden seitdem mehrere neue Titel aufgelegt (vgl. Tabelle). Wie G+J mit dem „National Geographic" hat der Heise Verlag mit „Technology Review" eine us-amerikanische Lizenz für den deutschsprachigen Markt erworben. In diesen Zeitschriften werden zum Teil Geschichten aus den USA übersetzt, aber auch originäre deutsche Reportagen und Berichte veröffentlicht.

Etablierte Zeitschriften	Auflage 1/98*	Auflage 1/06*	Auflage 1/16*
Bild der Wissenschaft	123.000	108.000	79.000
Geo	552.000	453.000	238.000
Natur (bis 2010 natur+kosmos)	99.000	84.000	53.000
P.M.	438.000	398.000	164.000
Psychologie heute	85.000	87.000	80.000
Spektrum der Wissenschaft	118.000	94.000	65.000
Sterne und Weltraum	17.000	18.000	17.000
Summe	1,43 Mio.	1,24 Mio.	0,70 Mio.

Neue Zeitschriften	erste Ausgabe	Auflage 1/06	Auflage 1/16
National Geographic	1999	244.000 *	145.000 *
Gehirn & Geist	2002	29.000**	20.000**
Technology Review	2003	40.000 *	19.000 *
SZ Wissen	2004	70.000**	eingestellt 2009
Zeit Wissen	2004	87.000**	103.000 *
Wunderwelt Wissen	2007	–	45.000 *
Summe		0,47 Mio.	0,33 Mio.

* verkaufte Auflage nach ivw-Angaben ** verkaufte Auflage nach Verlagsangaben
Die Konkurrenz wird größer: Die Zahl der populären Wissenschaftszeitschriften ist in den vergangenen Jahren gestiegen – gleichzeitig gehen die Auflagen der einzelnen Titel zurück.

Mehrere überregionale und große regionale Tageszeitungen haben eine *tägliche* Wissenschaftsseite eingeführt, zum Beispiel „Die Welt", „Süddeutsche Zeitung", „Berliner Zeitung" oder „Tagesspiegel". Das andere Aktualitätsverständnis der täglichen Berichterstattung führt dazu, dass sich die Wissenschaftsseiten, die inzwischen immer öfter den Titel „Wissen" führen, nicht mehr nur mit dem oben genannten Typ 1 der Thematisierung von Wissenschaft beschäftigen, sondern auch Tipps und Ratschläge aufnehmen und vor allem Hintergründe zu (tages)aktuellen politischen Debatten liefern.

In Deutschland erscheinen sieben überregionale Abonnementzeitungen, acht Boulevardblätter und etwa 105 lokale und regionale Tageszeitungen. Die Verortung von Wissenschaftsthemen in den Redaktionen ist dreigeteilt: Etwa ein Drittel der Zeitungsredaktionen leistet sich Wissenschaftsredakteure, die ausschließlich für dieses Themengebiet arbeiten. Bei einem weiteren Drittel gibt es Redakteure, die Wissenschaft und Forschung neben anderen Fachgebieten bearbeiten (zum Beispiel Kulturredakteure). Der Rest begnügt sich damit, Wissenschaftsmeldungen von Nachrichtenagenturen ins Blatt zu heben. Denn Themen, die zumindest irgendeinen Bezug zu Wissenschaft und Forschung haben, spielen inzwischen in allen Tageszeitungen eine Rolle – und wenn sie auch nur am Rande der allgemeinen Nachrichtenteile oder auf der vermischten Seite platziert werden.

In den Hochschulstädten haben sich zudem vielerorts wöchentliche oder monatliche Seiten etabliert, die über das regionale Campusleben und die Forschungsprojekte der Professoren vor Ort berichten.

Die Deutsche Presse-Agentur (dpa) ist Hauptquelle vor allem für die kleinen Zeitungsredaktionen. Die dpa-Wissenschaftsredakteure in Berlin produzieren im

Basisdienst täglich 10 bis 20 Wissenschaftsbeiträge. Hinzu kommt ein wöchentliches dpa-Dossier mit etwa 30 Seiten Meldungen und Hintergrundberichten aus der Wissenschaftswelt.

Ressortübergreifendes Arbeiten gehört inzwischen zum Alltag für viele Zeitungsjournalisten. In einem *Newsroom* oder an einem *Newsdesk* werden nicht mehr die einzelnen Sparten getrennt produziert, sondern man überlegt gemeinsam, wo die Themen am besten platziert werden sollen. Spektakuläre Wissenschaftsthemen oder wissenschaftliche Hintergründe für aktuelle politische Themen werden zum Beispiel auf der Titelseite, bei den Kommentaren und Leitartikeln oder auf den Hintergrund-Seiten 2 oder 3 veröffentlicht.

In einer integrativen Rolle sieht sich zum Beispiel Berndt Röttger, Mitglied der Chefredaktion beim „Hamburger Abendblatt": „Unser Wissenschaftsressort versteht sich als Kompetenz-Center für Wissenschaft und bearbeitet grundsätzlich alle Wissenschaftsthemen quer durchs Blatt."

Bei der „Neuen Zürcher Zeitung" wurde ein „Wissenschaftsdienstpult" eingerichtet, womit die Wissenschaft aus dem „Mittwochsghetto" geholt werden und vermehrt im ersten Buch und auf der vermischten Seite auftauchen sollte – ein Modell, das sich nach Aussage des Ressortleiters Wissenschaft Christian Speicher „gut bewährt" hat.

Allerdings haben es Wissenschaftsredakteure kleiner Zeitungen offenbar auch schwer, ihre Geschichten in den anderen Ressorts unterzubringen. Oder sie sind mit der zweifachen Aufgabe, eine eigene Sparte zu pflegen und anderen zuzuliefern, zeitlich überfordert. Praktische Erfahrungen und empirische Studien zeigen, dass die Vernetzung von der Redaktionsleitung gewollt und unterstützt werden muss.[6]

Wissenschaftsjournalisten in den ARD-Hörfunk-Programmen erleben einen ähnlichen Trend zu mehr Tagesaktualität. Es gibt heute weniger feste Wissenschaftssendungen als noch vor einigen Jahren – dafür liefern die Wissenschaftsredaktionen festen Sendeplätzen, Rubriken oder Feature-Plätzen zu, die in den Händen von Politik-, Kultur- oder Wellenredaktionen liegen. Beispiele sind die Rubrik „Wissenswert" in den Radioprogrammen des Hessischen Rundfunks oder das „Inforadio" des RBB, das täglich die Rubrik „Wissenswerte" sendet.

---

6   Vgl. Klaus Meier: Für und Wider des Lebens im Getto: Wissenschaftsjournalisten in den Strukturen einer Redaktion. In: Holger Hettwer u. a. (Hg.): WissensWelten. Wissenschaftsjournalismus in Theorie und Praxis (Gütersloh: Bertelsmann Stiftung 2008, S. 267–278).

Zudem sind die Wissenschaftsjournalisten gefragt, wenn in Nachrichtensendungen oder aktuellen Magazinen schnell ein wissenschaftlicher Hintergrund erklärt werden muss: entweder man gibt den Kollegen ein paar Tipps und Hinweise auf Experten oder wird selbst in die Sendung einbezogen. Die Wissenschaftsjournalistin hat dann ein paar Minuten Zeit, um ein paar Stichpunkte zu recherchieren und zu notieren – um dann in einem so genannten *Kollegengespräch* von einer Nachrichtenredakteurin live im Studio oder am Telefon interviewt zu werden.

Zuarbeit für verschiedene Sendungen. Wissenschaftsredaktionen beim öffentlich-rechtlichen Radio verstehen sich zunehmend als „Fachkorrespondentenbüros":[7] Sie haben weniger eigene Sendeplätze, müssen aber mehr Beiträge für Sendeplätze anderer Redaktionen zuliefern. Die Herausforderung dabei ist, sich den jeweiligen Redaktionskonzepten, den Radioformaten und Zielgruppen der unterschiedlichen Wellen anzupassen. WDR-Wissenschaftsredakteur Joachim Hecker (Köln): „Wir sind das Kompetenzzentrum für Wissenschaft für den gesamten WDR-Hörfunk." In der Redaktionskonferenz werde an jedem Morgen nicht nur überlegt, was in der eigenen Sendung ‚Leonardo' gemacht werde, sondern auch, was anderen Wellen und Sendungen angeboten werden könne. „Wir müssen im Haus präsent sein."

Hintergrund ist, dass sich die Hörgewohnheiten und die Nutzung des Radios im Laufe der Zeit gewandelt haben. Radio ist nicht mehr ein Einschaltmedium für einen bestimmten Sendeplatz, sondern Begleit- und Nebenbeimedium durch den ganzen Tag. Viele Radioprogramme haben deshalb das Schema der festen Spartensendungen (zum Beispiel für Wirtschaft, Kultur oder Wissenschaft) zu bestimmten Uhrzeiten aufgegeben, um das Programm als Ganzes für eine breite Masse „durchhörbar" zu machen.

Aber immerhin – es gibt sie noch: die klassischen Wissenschaftssendungen im Radio, welche von einer kleinen, aber treuen Fangemeinde gezielt eingeschaltet werden. Drei naturwissenschaftlich-technisch geprägte Wissenschaftsmagazine senden täglich von Montag bis Freitag: „Forschung Aktuell" (um 16.35 Uhr im Deutschlandfunk seit 1989), „Leonardo" (um 15.05 Uhr auf WDR 5 seit 1997) und „IQ – Wissenschaft und Forschung" (um 18.05 Uhr auf Bayern 2 seit 2003). In wöchentlichem Rhythmus senden zum Beispiel „Logo" (NDRInfo, Freitag, 21.05 Uhr), „Campus" (SWR 2, Samstag, 10.05 Uhr) und „Aus Wissenschaft und Technik" (Bayern 5 aktuell, Sonntag, 13.35 Uhr).

---

7 Vgl. Jan Lublinski: dpa und WDR – Redaktionsalltag und Redaktionsforschung. In: Holger Hettwer u. a. (Hg.): WissensWelten. Wissenschaftsjournalismus in Theorie und Praxis (Gütersloh: Bertelsmann Stiftung 2008, S. 279–296).

Die Beiträge in diesen Sendungen wurden im Laufe der Jahre immer radiotauglicher, hörbarer und unterhaltsamer – man kann die Sendungen auch nebenbei und unkonzentriert verfolgen, auch wenn die Radiojournalisten bemüht sind, dass der oben genannte Typ 1 des Wissenschaftsjournalismus dominiert. Zur Sendung „Leonardo" – der mit täglich 115 Minuten längsten Wissenschaftssendung im deutschen Radioprogramm – gehören nicht nur der gebaute Beitrag mit lebendiger Atmo und anschaulichen O-Tönen, sondern auch die Glosse genauso wie das Feature, in dem ein hartes Thema in eine launige Geschichte verpackt wird. Da können die Hörer zum Beispiel die Problematik von Cyber-Kriminalität in einem Probegerichtsverfahren („mock trail") nachverfolgen (12. September 2016) oder die geschichtliche Korrektheit von Steinzeit-Computerspielen anhand von Steinzeit-Forschung überprüfen (21. März 2016).

Wissenschaftsjournalismus im Fernsehen: Der Trend geht – wie bereits erwähnt – in Richtung „Wissensmagazin", das für jeden verständlich ist, Spaß macht, unterhält und Ratschläge gibt. Und das zur besten Sendezeit. Privat-kommerzielle Kanäle wie „Pro Sieben" mit „Galileo" und „Welt der Wunder" (jetzt „Wunderwelt Wissen" auf SAT1 Gold) waren die Vorreiter Ende der 90er Jahre – zu einer Zeit, als die öffentlich-rechtlichen Programme ihre Wissenschaftssendungen am späten Abend oder in Kulturkanälen versteckten. Das öffentlich-rechtliche „Belehrfernsehen" wandelte sich aber in den letzten Jahren zunehmend zum „Erzählfernsehen": Neue Formate wie „Wissen vor acht" (Das Erste/ARD), „W wie Wissen" (Das Erste/ARD), „Abenteuer Erde" (WDR) oder „Quarks & Co" (WDR) folgen dem Trend und gehen vom Zuschauer und seinen aktuellen Fragen aus – und meist nicht von aktuellen Forschungsergebnissen. Erst auf der Suche nach Antworten kommen wissenschaftliche Experten und Forschungsergebnisse ins Spiel.

Sendung	Sender	Uhrzeit	Länge (Min.)	Tag
täglich:				
Abenteuer Leben	Kabel Eins	16.50	60	mo-fr
Galileo	Pro Sieben	19.05	60	mo-fr,so
LexiTV	MDR	15.00	60	mo-fr
Nano	3sat	18.30	30	mo-fr
Planet Wissen	WDR/SWR/ARD-Alpha	13.00/13.15/15.00	60	mo-fr
Welt der Wunder	N24	19.10	50	mo-fr
Wissen vor acht	ARD	19.45	10	mo-do

Sendung	Sender	Uhrzeit	Länge (Min.)	Tag
wöchentlich:				
Abenteuer Erde	WDR	20.15	45	di
Abenteuer Leben am Sonntag	Kabel eins	22.15	115	so
Alles Wissen	HR	21.00	45	mi
Faszination Wissen	BR	22.00	30	di
Odysso	SWR/ARD-Alpha	22.00/19.15	45	do/sa
Plietsch	NDR/RB	21:00/6:35	30	mo/mi
Quarks & Co	WDR	21.00	45	di
W wie Wissen	Das Erste/ARD	16.00	30	sa
Wunderwelt Wissen	SAT1 Gold	unregelmäßig	60	unreg.

Die Tabelle verzeichnet eine Auswahl großer und regelmäßiger Wissenssendungen im deutschen Fernsehen. Nicht berücksichtigt sind Magazine zu Themen wie Gesundheit, Technik, Natur oder über Tiere oder für Kinder.

Personal und Budget, die für die Wissensmagazine im Fernsehen zur Verfügung stehen, sind ganz unterschiedlich. Üppig ausgestattete Redaktionen können komplexe Themen mit aufwendigen grafischen Animationen veranschaulichen. Kleine Redaktionen sind auf die Bilder angewiesen, die mit einem Team vor Ort gedreht werden können.

Auch die Art der Beschäftigung der Mitarbeiter ist unterschiedlich: fest oder frei. Während „Galileo" in München mit 48 fest angestellten Mitarbeitern kaum mit freien Mitarbeitern, wohl aber mit freien Produktionsfirmen, arbeitet, setzen öffentlich-rechtliche Anstalten auf wenig fest angestellte Redakteure und mehr Freie. Beim größten ARD-Sender – dem Westdeutschen Rundfunk (WDR) in Köln – sind zehn fest angestellte Wissenschaftsredakteure für verschiedene eigene Sendungen (zum Beispiel „Quarks & Co") und Zulieferungen (zum Beispiel für „W wie Wissen" im Ersten oder für „nano" auf 3sat) zuständig. Als Filmautoren arbeiten etwa 40 freie Mitarbeiter. Der Hessische Rundfunk (HR) ist dagegen eine relativ kleine Anstalt im ARD-Gefüge. Dort sind zwei fest angestellter Fernsehredakteurinnen für die Wissenschaft zuständig; sie arbeiten mit etwa 20 Autoren für die eigene wöchentliche Sendung „Alles Wissen", liefern Beiträge zu für „W wie Wissen" im Ersten und stellen Folgen für das Arte-Wissensmagazin „Xenius" her. Zudem ist die Redaktion an der 3sat-Wissenschaftssendung „nano" beteiligt und produziert Dokumentationen und Sonderformate.

Beim ZDF in Mainz werden in der Hauptredaktion „Kultur, Geschichte und Wissenschaft" wissenschaftliche Themen in mehreren Redaktionen für das ZDF und die Schwesterkanäle ZDFneo, ZDFkultur und ZDFinfo bearbeitet – unter anderem zum Beispiel mit dem bekannten Astrophysiker Harald Lesch, der als launiger Moderator unterhaltsam durch die Sendungen führt (z. B. „Leschs Kosmos", „Frag den Lesch" oder „Faszination Universum").

Der Bildungskanal „ARD-alpha" sendet seit 1998 Bildung rund um die Uhr. Dazu gehören neben klassischen Bildungsformaten des Fernsehens wie dem Schulfernsehen oder den Sprachkursen auch regelmäßige und breit gestreute Informationen über Hochschulen und Wissenschaft. Es werden zum Beispiel auch Vorlesungen aus Hochschulen übertragen. „ARD-alpha" ist bundesweit im digitalen Kabelnetz zu empfangen, europaweit über den Satelliten ASTRA 1M und in Bayern zusätzlich über analogen Kabelanschluss.

Die Online-Medien haben sich inzwischen beim Publikum als Alltagsmedien etabliert. Bereits 80 Prozent der Deutschen ab 14 Jahre (56,1 Millionen) nutzen das Internet; vor allem bei Jugendlichen (100 Prozent) und jungen Erwachsenen (97,7 Prozent) ist die Internet-Nutzung weit verbreitet.[8]

Jede Zeitung, Zeitschrift, Hörfunk- und Fernsehsendung hat eine mehr oder weniger ausführliche Website, die oft von einer eigenen Online-Redaktion betreut wird. Zum Beispiel: Für www.geo.de arbeiten fünf Online-Redakteure und für www.spektrum.de aus dem Verlag „Spektrum der Wissenschaft" sind neben dem Redaktionsleiter vier Redakteurinnen und Redakteure tätig, außerdem rund 20 freie Autorinnen und Autoren. Einen riesigen Fundus an Themen halten die „Wissensportale" der ARD in ihren Sendungsarchiven zum Abruf bereit (z. B. wissen.ard.de, www.planet-wissen.de, www.3sat.de/nano, www.br.de/fernsehen/ard-alpha).

Beim Spiegel in Hamburg gibt es eigene Wissenschaftsressorts für Print und online, die sich eng abstimmen. Holger Dambeck, Ressortleiter Wissenschaft/Gesundheit bei „Spiegel Online", berichtet, dass fast zehn Prozent aller Klicks bei spiegel.de auf sein Ressort fallen: „Bei ‚Spiegel Online' erscheinen jeden Tag fünf bis sieben Geschichten über Ernährung, Krebsvorsorge, neu entdeckte Arten oder Klimaforschung. Geschrieben von acht Redakteuren, darunter sind eine Ärztin, ein Geowissenschaftler, eine Biochemikerin und ein Physiker. Hinzu kommen ein

---

8   Vgl. die ARD/ZDF-Online-Studie in: Media Perspektiven 9/2015, S. 366–377.

Dutzend Freie, Kollegen vom Heft sowie ein Bildredakteur und je nach Thema das ressortübergreifende Video-Team."[9]

Das größte eigenständige Angebot ohne traditionelles Muttermedium im Wissensbereich ist www.wissen.de. Das Portal gehört zur Konradin Mediengruppe, in der u. a. die Zeitschriften „Bild der Wissenschaft" und „natur" erscheinen – und die Plattform scienceblogs.de, auf der nicht nur Journalisten, sondern auch Forscher veröffentlichen.

Als Podcast oder VideoPodcast werden immer mehr Radio- und Fernseh-Sendungen im Internet zur Verfügung gestellt. So kann man zum Beispiel die Radio-Sendung „Wissenschaft im Brennpunkt" (Deutschlandfunk) jederzeit und an jedem Ort hören oder ausgewählte Fernseh-Beiträge von „Quarks & Co" (WDR) auf ein Smartphone oder einen Tablet-PC zum Anschauen kopieren oder streamen.

Auf Videoplattformen wie YouTube werden unzählige wissenschaftsjournalistische Sendungen, Beiträge oder „Schnipsel" einzeln präsentiert, gesammelt und gebündelt. So veröffentlicht zum Beispiel das ZDF in der Rubrik „Terra X, Lesch & Co." jeden Mittwoch um 15 Uhr ein neues Video (vgl. https://www.youtube.com/c/terrax_leschundco).

Die Apps für Smartphone und Tablet sind vor allem im Wissensbereich inzwischen kaum zu überblicken: Es ist schwierig, auf den ersten Blick zu sehen, ob es sich um (unabhängigen und aktuellen) Journalismus, um interessenabhängige PR und Marketing, um zeitlose Bildungsinhalte von allen möglichen Bildungsanbietern oder um Witze (z. B. nach dem Motto „unnützes Wissen") handelt. Eindeutig ist die Einschätzung, wenn die App von einem der vielen oben genannten wissenschaftsjournalistischen Anbietern kommt, die auch Zeitschriften, Zeitungen, TV- und Radioprogramme publizieren.

Kinder werden zunehmend als Zielgruppe von Wissenschaftsformaten entdeckt. In der ARD startete im April 2001 die Kindersendung „Wissen macht Ah!" (samstags um 8 Uhr in ARD-Alpha und um 12 Uhr im WDR), die inzwischen zudem vom Kinderkanal KI.KA viermal wöchentlich gesendet wird (19.25 Uhr). Das etablierte und bekannteste Kindermagazin von Gruner+Jahr ist „Geolino" mit ca. 165.000

---

9 Vgl. Deutsche Presse-Agentur: MEHR WISSEN! Warum Wissenschaftsjournalismus beim Leser zieht. dpa-Whitepaper Nr. 3, November 2015, www.dpa.com/kampagnen/06/dpa_Whitepaper_Wissenschaftsjournalismus.pdf, S. 7–9.

verkaufter Auflage. Einen weltweiten Ansatz verfolgt das zweisprachige (deutsch/ englisch) Wissensmagazin für Kinder im Alter von acht bis zwölf Jahren „National Geographic Kids" (Panini Verlag) – mit weltweit sechzehn Kinderredaktionen.

Zielgruppe der Kindermagazine sind im Übrigen auch die Eltern, welche die Zeitschriften für ihre Kinder abonnieren – in der Hoffnung, dass sich damit die Schulbildung ergänzen lässt.

Weitere Wissensangebote für Kinder finden sich in speziellen TV- und Radioprogrammen für diese Altersgruppe – häufig nach dem Motto „Staunen und Lernen": zum Beispiel die Radio-Rubrik „Herzfunk" auf KiRaKa (WDR) oder „Willi wills wissen" im Kinderkanal KiKA von ARD und ZDF und bei ARD-Alpha. Auch im allgemeinen Programm gibt es immer wieder Fenster für Kinder – zum Beispiel die Sendungen „Checker Can" und „Checker Tobi", die der Bayerische Rundfunk für den KiKA und Das Erste produziert.

Freie Journalisten
Frei, kreativ – und unsicher

Sascha Karberg

Zusammenfassung

Voraussetzung für eine erfolgreiche Freie Mitarbeit ist: zu wissen, wie Themenvorschläge eingereicht werden sollten. Am besten lässt sich das in Praktika oder kurzen Hospitationen lernen, wobei man die Redakteure und ihre Arbeitsabläufe kennen lernt. Kein Freischreiber kann nur von Zeitungshonoraren leben, doch wer sein Recherchematerial auch für Magazin-, Radio- und womöglich TV-Beiträge nutzt, kann über die Runden kommen.

Eine Alternative, die (wissenschafts-)journalistische Kür gegenzufinanzieren, sind PR-Aufträge, sei es nun von staatlichen Institutionen oder Firmen. In jedem Fall ist dabei zu beachten, PR- und journalistische Recherchen sauber zu trennen.

Vor- und Nachteile von Bürogemeinschaften: Im Netzwerk gewinnt der Einzelne zum Beispiel die Möglichkeit, Großaufträge oder kurzfristige Anfragen anzunehmen, die ohne Arbeitsteilung nicht zu schaffen wären. Diesen Vorteil nutzen umgekehrt auch die Redaktionen gern. Da das Netzwerk über ganz Deutschland verteilt und sogar in den USA vertreten ist, gewinnen die Redaktionen trotz gestrichener Reisekosten-Etats die Möglichkeit einer Vor-Ort-Berichterstattung zurück.

Regeln helfen, Streit zu vermeiden. Man sollte unbedingt regeln, wie mit finanziellen Verpflichtungen umzugehen ist und mit welchen Konsequenzen ein nicht zahlendes Büromitglied zu rechnen hat. Besonders wichtig ist auch das Regeln des Ausscheidens eines Mitglieds. Das Verhältnis zur PR sollte verbindlich geregelt sein um keinesfalls auch nur in den Verdacht zu geraten, Botschaften von PR-Auftraggebern könnten in die journalistische Arbeit einfließen.

Schlüsselwörter

Bürogemeinschaft, Freelancer, crossmedial, multimedial, Netzwerk

Ob als Einzelkämpfer oder im gemeinsamen Büro: in freier Tätigkeit findet der eigentliche Journalismus statt: Recherchieren, das kreative Schreiben und das mediale Produzieren und Gestalten:

Freier Journalist zu sein, ist der beste Job der Welt.

- Wer sonst kann sich einfach einen neuen Chef/Auftraggeber suchen, wenn die Chemie nicht mehr stimmt? Wer sonst kann sich die Themen, die er bearbeiten will, selbst aussuchen?
- Wer sonst kann selbst wählen, ob er lieber von der Bettkante aus, im Café ums Eck oder in einer Bürogemeinschaft arbeitet?
- Wer kann selbst entscheiden, wann er Urlaub, Fortbildung oder Erziehungszeit macht?
- Und welcher Selbständige braucht – so wie Journalisten – kein Gewerbe anzumelden oder die Gewerbeaufsicht oder irgendwelche Berufsgenossenschaftsregeln zu fürchten?

Zwar ist der Weg zur funktionierenden journalistischen Ich-AG oft steinig und langwierig, zwar führt er selten zu überquellenden Konten – dennoch kann das freie Dasein in vielen Lebenssituationen die bessere Wahl als das „geregelte Arbeitnehmerverhältnis" sein. Insbesondere im Vergleich zum Los des letzten übriggebliebenen und schlecht bezahlten Redakteurs, dem die Arbeit von drei gekündigten Kollegen eines geschrumpften Ressorts übergeholfen wurde und der nur noch administrativ und kaum noch journalistisch-kreativ arbeiten kann. Mitunter ist sogar das Jahreseinkommen freier Journalisten höher als das eines vergleichbar qualifizierten Redakteurs.

Die Schätzungen über die Zahl der Freien in Deutschland schwanken zwischen 26.000 (DJV) und 68.000 (Arbeitsagentur), je nach Zählweise und Definition. Klar ist nur: Die Zahl der Freelancer, ob nun freiwillig oder gezwungenermaßen, steigt. Wissenschaftsjournalisten bringen für die Freischreiberei durchaus gute Voraussetzungen mit, haben sie doch meist Spezialwissen, das ihnen eine gewisse Exklusivität und Vermarktungsvorteile gegenüber anderen, generalistischer aufgestellten Journalisten verschafft. Redaktionen werden für ein Gentest-Thema eher einen Autoren mit Bio-Studium buchen als einen Kollegen aus der Germanistik. Man könnte sogar sagen, dass Wissenschaftsjournalisten ihren Spezialwissen-Trumpf am besten als Freie ausspielen können, denn als Redakteure werden sie unweigerlich auch mit fachfremden Themen konfrontiert.

Voraussetzung für erfolgreiches Freelancing ist allerdings: zu wissen, wie Redaktionen „ticken" und wie dort Themenvorschläge eingereicht werden sollten. Am besten lässt sich das in Praktika oder kurzen Hospitationen lernen, wo man die Redakteure und ihre Arbeitsabläufe kennen lernt – und natürlich hinterlässt man bei den Redakteuren auch einen günstigenfalls guten Eindruck von der eigenen Arbeit. Wer ohne solche Einblicke starten muss, sollte auf jeden Fall mit erfahrenen Journalisten reden, bevor er in Fettnäpfe tritt wie diese:

- Einer Tageszeitungsredaktion eine Email schreiben und fragen, ob denn diese Pressemeldung von vorletzter Woche womöglich ein interessantes Thema wäre.
- Unaufgefordert lange Manuskripte verschicken, ohne dass es einen Auftrag gab.
- Oder gar mitten in der Redaktionsschlusshektik anrufen.

Eine goldene Regel, wie man Redaktionen von einer Themenidee überzeugt, gibt es nicht. Aber über eine Email mit einem sauberen, kurzen Exposé, eingeleitet mit einem einzigen, zuspitzenden Satz und garniert mit ein paar Links zu Hintergrundinfos hat sich noch kein Redakteur beschwert. Die knappe Form ist essentiell, insbesondere weil es die Fähigkeit unter Beweis stellt, komplexe Wissenschaftsthemen prägnant und lesbar zusammenzufassen.

Es hilft im Übrigen durchaus, die Zeitung oder das Magazin zuvor mal gelesen zu haben, um eine Idee von Stil, Form und Themenspektrum zu bekommen. Bleibt die erhoffte Reaktion dennoch aus, dann darf man nicht nur, sondern sollte auch nachhaken – schließlich ist einem das eigene Thema ja wichtig.

> Hartnäckigkeit schadet weder während der Recherche noch bei der Auftragsakquise und lässt auch eine gewisse Professionalität erkennen – solange man höflich bleibt und ein Nein auch akzeptiert.

Aus der Antwort der Redaktion, warum ein Text in diesem Medium zu dieser Zeit oder in dieser Form nicht passt, lässt sich sicher für den nächsten Vorschlag lernen. Und wenn es nur die Erkenntnis ist, dass die eigenen Themen vielleicht besser anderswo passen. Überhaupt steckt man wegen ein paar Absagen nicht auf oder wirft seine Idee nicht in die Tonne, nur weil ein Redakteur sie gerade langweilig fand, sondern schlägt sie anderswo vor, wo Form, Thema und zeitlicher Rahmen passen könnten. Nur sollte man niemals mehreren Redaktionen eine Idee gleichzeitig anbieten, das verbietet sich, weil jeder gern die Story exklusiv haben möchte. Es soll ja nicht so aussehen, als habe man abgeschrieben. Wohl aber kann man unterschiedlichen Medien verschiedene Artikel anbieten, die jeweils andere Aspekte einer Recherche nutzen.

Hat die Redaktion angebissen, zeugt es von Professionalität, nach gewünschter Text- oder Beitragslänge und den Honorarbedingungen zu fragen. Und die Antwort muss nicht als gottgegeben hingenommen werden, auch wenn manche Redaktionen wenig Verhandlungsspielraum haben und an Standardhonorare gebunden sind. Doch wenn ein erhöhter Rechercheaufwand nötig ist oder eine besondere Exklusivität/Originalität geltend gemacht werden kann, sind Abweichungen durchaus verhandelbar. Und auch Neulinge sollten sich nicht unter Wert verkaufen. Dass gilt umso mehr, als sich die Honorarsituation in den vergangenen 20 Jahren dramatisch verschlechtert hat. Eine Erhöhung von Standardhonoraren (und sei es nur der Inflationsausgleich) ist dem Autor in über 15 Jahren Freischreiberei nicht ein einziges Mal zu Ohren gekommen.

Unter Selbständigen rangieren Bruttostundenlöhne von Journalisten mit durchschnittlich 21 Euro am Ende der Skala (selbst IT-Dienstleister sind mit 80 Euro und Kommunikationsdesigner mit 50 Euro besser im Geschäft). Wie auch anders bei Honoraren, die bei Tageszeitungen meist unter einem Euro pro Zeile liegen (Aktuelle Infos zu Honoraren und Bruttostundenlöhnen diverser Medien hat „Freischreiber", der Berufsverband freier Journalistinnen und Journalisten, auf der Website www.wasjournalistenverdienen.de einsehbar gemacht). Bei etwa 35 Zeichen pro Zeile bringen dann selbst lange Artikel von 10000 Zeichen Länge (eher eine Seltenheit in Tageszeitungen) nur 285 Euro. Bei Magazinen ist die Entlohnung mit 60 bis 100 Euro pro 1000 Zeichen zwar (noch?) besser, allerdings ist auch der Aufwand meist höher und die Veröffentlichungsfrequenz niedriger. Wer rechnen kann, der müsste das Buch an dieser Stelle eigentlich zuklappen und sich auf die Suche nach einem „richtigen Job" machen. Und die, die nicht rechnen können, sollten diesem Beispiel ohnehin folgen. Aber natürlich gibt es ein paar Hinweise, mit denen das Freelancing zumindest kein finanzielles Fiasko wird.

- **Artikel und Recherchen mehrfach verwerten.** Wer für jeden Artikel erst einmal die wissenschaftlichen Grundlagen nachlesen und verstehen muss, wird am Ende auf keinen grünen Zweig kommen. Wer aber einmal verstanden hat, was Crispr/Cas9 ist, wie diese Genschere funktioniert und mit diversen Experten gesprochen hat, wird dieses Wissen in verschiedene Artikel einfließen lassen – und Zeit und damit Kosten sparen. Auch komplette Artikel können mehrfach verkauft werden, zum Beispiel an verschiedene Zeitungen mit lokal begrenzter, nicht überlappender Leserschaft (selbst, wenn sie Websites betreiben), wobei der jeweilige Redakteur selbstverständlich über die Zweitverwertung informiert werden muss. Mitunter gelten dann andere Honorarsätze. Der zeitliche Aufwand, den Artikel anzubieten und den jeweils zuständigen Redakteur ausfindig zu machen und den Kontakt zu pflegen, ist allerdings nicht zu unterschätzen. Einen gewissen Stamm von Redaktionen sollte sich jedoch jeder Freischreiber aufbauen, denn sich auf die Honorare aus einer Redaktion oder gar eines Redakteurs zu verlassen, kann fatale Folgen haben, wenn diese Redaktion umstrukturiert wird oder der Redakteur den Verlag verlässt.

- **Multimedial arbeiten.** Kein Freischreiber kann nur von Tageszeitungshonoraren leben, doch wer sein Recherchematerial auch für Magazin-, Radio- und womöglich sogar TV-Beiträge nutzt, kann über die Runden kommen. Allerdings erfordert das auch ein hohes Maß an Organisationsfähigkeit (zum Beispiel um die unterschiedlichen Produktionszyklen der Medien berücksichtigen zu können) und technische Expertise wie etwa den Umgang mit Content-Management-Systemen im Onlinebereich oder mit Aufnahmetechnik und Schnitt- und Produktionsprogrammen im Hörfunk und Fernsehen.
- **Die lukrative Pflicht neben der mageren Kür.** Ein Erfolgsmodell sind kontinuierliche Engagements, zumeist Pauschalisten-Arrangements, in denen mit einer Redaktion eine bestimmte zeitlich oder in der Anzahl von Beiträgen bemessene Leistung pro Monat vereinbart wird. Das können Redakteursdienste an zwei, drei Tagen in der Woche sein oder auch Textlieferungen auf Abruf. Solange der Freie auch noch genug Zeit für andere Auftraggeber hat, ist das nicht nur legal (trotz seitens der Verlage „gesparter" Sozialversicherungsbeiträge), sondern für den Autor bei angemessener Pauschalhonorierung ein durchaus hilfreiches Arrangement. Denn das stete Pauschalhonorar fängt die teils extremen Kontoschwankungen auf, die Freie aufgrund ausstehender Honorarzahlungen mitunter erdulden müssen. Den gleichen Effekt erzielt, wer einen Partner mit stetem Einkommen hat. Eine unabhängigere Alternative, die (wissenschafts-)journalistische Kür gegenzufinanzieren, sind PR-Aufträge, sei es nun von Wissenschafts-, staatlichen Institutionen oder Firmen. In jedem Fall ist dabei zu beachten, PR- und journalistische Recherchen sauber zu trennen und keinesfalls auch nur in den Verdacht zu kommen, Botschaften von PR-Auftraggebern in die journalistische Arbeit einfließen zu lassen.

Sinkende Honorare bei stetig steigenden Anforderungen – einfach ist der Weg zu einem akzeptablen Auskommen auch für diejenigen nicht, die alle Freischreiber-Kniffe beherrschen. Doch Jammern hilft bekanntlich nicht, denn an diesem Zustand sind nicht allein die Verlage oder die „Medienkrise" schuld, sondern wohl auch die weit gehende Unorganisiertheit freier Journalisten. Wenn jeder allein versucht, mit den Bedingungen des Medienmarktes zurecht zu kommen und sein Wissen und seine Kontakte eifersüchtig gegen die Konkurrenz verteidigt, wird sich nichts bessern, sondern nur verschärfen.

Durch die Zusammenarbeit in Journalistenbüros hingegen können freie Journalisten ihre Situation selbst verbessern – sei es durch Informationsaustausch, Zusammenarbeit, Kostenersparnis oder einfach nur den sozialen Rückhalt. Davon sind zumindest die rund drei Dutzend Wissenschaftsjournalisten überzeugt, die seit 2001 Mitglied im Journalistenbüro „Schnittstelle" waren oder sind. Am Beispiel der „Schnittstelle" sollen Vor- und Nachteile der Arbeit in einem Journalistenbüro illustriert werden.

Journalistenbüros – wider die Widrigkeiten des Freien Journalismus

Am Anfang war das Bauchgefühl, dass die Medienwelt auf uns vier frisch universitätszertifizierte Wissenschaftsjournalisten wohl nicht warten würde. Wie hart der freie Journalismus sein kann, dafür hatten wir in diversen Praktika oder redaktionellen Mitarbeiten während des Studiums ein Gefühl entwickelt. Mit dem Gedanken an das erschreckend leere eigene Konto hätte deshalb sicher jeder von uns sofort einen Redakteursposten angenommen – wenn sich denn ein solcher Job angeboten hätte. Also blieb uns nur das freie Dasein und die Aussicht auf eine mehr oder weniger lange finanzielle Durststrecke. Das wollte keiner von uns allein durchstehen.

Wir beschlossen, unsere Kräfte zu bündeln und ein Journalistenbüro zu gründen. Lange diskutierten wir anfangs über den Namen „Schnittstelle", noch länger über das Logo. Schneller waren wir uns darüber einig, dass wir trotz aller Sympathie füreinander nicht in eine gemeinsame Kasse wirtschaften wollten, sondern jeder in eigener Verantwortung arbeiten sollte. Gemeinsame Kosten wie Miete, Strom, Telefon und Internetanschluss sollten geteilt werden, doch gegenüber den Redaktionen sollte jeder eigenständig abrechnen. Denn wenn die Einkünfte der Mitglieder auf einem Konto landen, dann ist es nahe liegend, dass Streit um die Verteilung des Geldes und das jeweilige Arbeitspensum der Büromitglieder entstehen kann. Außerdem muss eine Wirtschaftsgemeinschaft – sei es eine Gesellschaft des bürgerlichen Rechts (GbR) oder eine GmbH – nicht nur eine Ausgaben-Einnahmen-Überschussrechnung, sondern ab einem gewissen Umsatz sogar eine komplette Bilanz vorlegen.

Aber wir formulierten auch Ziele unserer Zusammenarbeit. Wir wollten sowohl Fernsehen als auch Radio, Print und Online bedienen können. Themen sollten für mehrere Medien gleichzeitig aufbereitet werden. Wir wollten gemeinsam Großaufträge erledigen, die man als Einzelkämpfer nicht stemmen kann. Wir wollten Kosten teilen.

Die Realität sah anders aus. Als die Schnittstellen-Mitglieder ihr erstes gemeinsames Büro bezogen, da waren's nur noch drei: Die Biologie schickte eine Kollegin in die Mutterschaft. Und nach ein paar Monaten stellte sich heraus, dass gemeinsame Projekte offenbar insgeheim nur zweite Priorität hatten. Jeder war gezwungen, seine eigenen Projekte zu verfolgen, um sich in der schwierigen Startphase finanziell über Wasser halten zu können. Das lag vor allem daran, dass die Wahrscheinlichkeit zumindest anfangs gering ist, Aufträge zu bekommen, deren Honorar für mehrere Büromitglieder ausreicht. Und im Alltag merkten wir schnell, dass Zusammenarbeit auch zusätzliche – unbezahlte – Arbeit erfordert. Dafür blieb jedoch kaum Spielraum, der aber nötig gewesen wäre, um die Unterschiede in Arbeitsweise, Lebenssituation, Finanz- und Kommunikationsbedarf, Lieblingsarbeitszeiten, sozialer Kompetenz oder Arbeitsgeschwindigkeit aufeinander abzustimmen.

Miteinander zu kooperieren, ist umso schwieriger, je stärker die Themenspektren der Mitglieder differieren. Wann ergibt sich schon mal eine Zusammenarbeit zwischen Historiker und Biologe? Und es macht keinen Sinn, krampfhaft nach gemeinsamen Projekten zu suchen, die auf dem Markt keine Chance haben. Damit ein Büro funktioniert, müssten die Mitglieder also zumindest ähnliche Themen bearbeiten können (und wollen). Aber auch das widerspricht – unseren Erfahrungen nach – den Anforderungen des Marktes, denn Redaktionen kategorisieren „ihre" Freien eben nach deren Spezialgebieten. Wenn die Redaktion eine Geschichte über Gene braucht, dann wird eben der Freie mit dem molekularbiologischen Spezialwissen angerufen, und nicht der Journalist mit dem Bauchladen diverser Themen – ob der nun in einem Journalistenbüro sitzt oder nicht.

Doch es gab auch positive Überraschungen. Allein durch die Kommunikation im Büro ergaben sich Aufträge, wenn die Kollegen Anfragen „ihrer" Redaktionen untereinander weiterreichen konnten – sei es, weil sie selbst gerade keine Zeit hatten oder die Anfrage nicht in ihr Themenspektrum passte. Und der Name Schnittstelle prägte sich bei einigen Redaktionen derart ein, dass die sonst oft schwierige erste Kontaktaufnahme für die Bürokollegen kaum noch eine Hürde für ihre Themenvorschläge darstellte. Diese positiven wie negativen Erfahrungen mündeten schließlich in einen „Relaunch" der Schnittstelle.

Wir erweiterten das Büro zum Netzwerk. Wir entschieden uns bewusst gegen die übliche Idee einer engen, redaktionsähnlichen Zusammenarbeit der Journalisten eines Büros, in der man sich den Zwängen oder zumindest den Pflichten einer Gruppenarbeit unterordnen muss. Vielmehr wollten wir in der neuen Konstruktion die Vorteile des Freien Journalismus bewahren und die Nachteile abfangen – unter dem Motto: „Soviel Individualität wie möglich, soviel Organisation wie nötig."

Also jammerten wir nicht darüber, dass die einzelnen Mitglieder ihre Zeit vorwiegend für das Erreichen der eigenen Ziele einsetzten, sondern wir akzeptierten dieses Verhalten als Tatsache, die für die Arbeitsweise freier Journalisten eben charakteristisch ist. Eine reine Bürogemeinschaft, die sich ohne Mehrwert nur die Kosten für Telefon und Miete teilt, reichte uns als Zukunftsperspektive jedoch nicht aus.

Virtuelles Journalistenbüro. Wir knüpften vielmehr ein Netzwerk von Wissenschaftsjournalisten aus ganz Deutschland, in dem jeder die nötige Flexibilität für den freien Journalismus bewahren kann und sich dennoch Synergieeffekte einstellen. Die Mitglieder der Schnittstelle sitzen sowohl in Hamburg, München, Berlin und Köln als auch in Wien, York und Cleveland. Man kann die Schnittstelle also als ein „virtuelles" Journalistenbüro bezeichnen, doch der Synergieeffekt könnte nicht realer sein.

Im Netzwerk gewinnt der Einzelne zum Beispiel die Möglichkeit, Großaufträge oder kurzfristige Anfragen anzunehmen, die ohne Arbeitsteilung nicht zu schaffen wären. Anfragen von Redakteuren müssen bei Zeitmangel nicht mehr abgelehnt werden (mit der Gefahr, den Kontakt an die Konkurrenz zu verlieren), sondern können von den Kollegen der Schnittstelle bearbeitet werden. Wenn jedes der derzeit 20 Mitglieder der Schnittstelle pro Jahr nur einen neuen Redaktionskontakt akquiriert, dann gewinnt jedes Mitglied 20 neue Chancen hinzu, Ideen oder Texte zu verkaufen. Und manche Vorteile, die bereits die konventionellen Bürogemeinschaften haben, kommen im Netzwerk noch besser zur Geltung, weil die Anzahl der Mitglieder größer sein kann. Während in konventionellen Journalistenbüros bestenfalls fünf Mitglieder die Manuskripte gegenlesen, Themenideen diskutieren, Recherchetipps oder Erfahrungen mit einem bestimmten Redakteur weitergeben können, denken in der Schnittstelle auf eine schnelle E-Mail hin 20 Kollegen mit.

20 Spezialisten mit einem Anruf – diesen Vorteil eines „Kompetenznetzwerks" nutzen umgekehrt auch die Redaktionen gern. Immer wieder rufen Redakteure an auf der Suche nach einem Kollegen, der ein Thema bearbeiten kann, von dem sie selbst noch nie etwas gehört haben, geschweige denn einen passenden Autor in der Redaktions-Kartei parat hätten. Selbst wenn sich innerhalb der Schnittstelle kein geeigneter Autor findet, können die Mitglieder dann meist einen Kollegen mit dem nötigen Spezialwissen vermitteln. Und da das Netzwerk über ganz Deutschland verteilt und sogar in den USA vertreten ist, gewinnen die Redaktionen trotz gestrichener Reisekosten-Etats die Möglichkeit einer Vor-Ort-Berichterstattung zurück.

Das Netzwerk bringt Büro- und „Bettkantenjournalisten" zusammen. Die „virtuelle" Konstruktion stellt es den Schnittstellern frei, mit dem Laptop in der einen und dem Staubsauger in der anderen Hand von der heimischen Bettkante aus oder in einer Bürogemeinschaft zu arbeiten. So lässt sich der Arbeitsplatz der aktuellen Lebenssituation anpassen. Und wer das Büro bevorzugt, muss es nicht unbedingt mit Journalisten teilen, sondern kann seinen Horizont beim Mittagessen mit Architekten oder Grafikern erweitern.

Fluktuation ist eine ständige Gefahr für die Zusammenarbeit freier Journalisten in einem Journalistenbüro. Nicht selten ändert sich die Lebenssituation eines Mitglieds plötzlich: Das Angebot einer Redaktion, ein paar Monate für eine erkrankte Kollegin einzuspringen. Der verlockende Vorschlag, ein Projekt an der Uni zu betreuen. Die Möglichkeit, ein Buch zu schreiben. Vollzeit-Mutter oder -Vater sein zu dürfen. Solche Einschnitte wiegen umso schwerer, je enger die Büromitglieder miteinander arbeiten und folglich aufeinander angewiesen sind. Auch in der Netzwerk-Konstruktion entwickelt sich mit jedem gemeinsamen Projekt eine gewisse Abhängigkeit.

Doch der Ausfall eines Mitglieds lässt sich im Schnittstellen-Modell unkomplizierter kompensieren. Zum einen muss adäquater Ersatz nicht in einer bestimmten Stadt gefunden werden. Zum anderen stehen einer Neumitgliedschaft im Netzwerk keine größeren Investitionen in Bürogeräte oder -miete im Wege. Und während die Kontakte des Einzelkämpfers während des begrenzten Ausstiegs aus dem freien Journalismus einstauben, können die Kollegen im Journalistenbüro die Anfragen an den Pausierer weiterbearbeiten und zumindest der Name des Büros bleibt bei den Redakteuren in Erinnerung: So musste zum Beispiel die Kollegin, die sich zu Beginn der Schnittstelle um ihre Kinder kümmern wollte, nicht wieder bei Null anfangen – Zusammenarbeit als soziales Netz.

Fluktuation ist aber auch eine Chance sowohl für die Karriere, als auch den Ausbau des Netzwerks. Da Journalisten aus Journalistenbüros ihre Teamfähigkeit bewiesen haben, steigen ihre Chancen auf einen Redakteursposten. Und natürlich hat ein Journalistenbüro bei der Auftragsvergabe einen Vertrauensvorsprung gegenüber konkurrierenden Freien, wenn ein ehemaliges Mitglied in der Redaktion sitzt.

Über die Jahre und mit jedem scheidenden Büro-Mitglied ergeben sich so neue Perspektiven fürs Zusammenarbeiten.

Die Mischung macht's, wenn es um die Auswahl neuer Mitglieder eines jeden Journalistenbüros geht. Dabei steht in konventionellen Journalistenbüros die Frage der persönlichen Sympathie der Mitglieder untereinander oft an erster Stelle. Auf engem Raum im Büro kommt es eben darauf an, ob man sein Gegenüber Woche für Woche nicht nur ertragen, sondern auch konstruktiv mit ihm arbeiten kann. Stehen die Mitglieder aber wie in unserem Fall hauptsächlich per E-Mail und Telefon in Kontakt, dann kommt es vielmehr darauf an, dass die Themenmischung den Bürozielen entspricht. In ein Büro, das sich auf LifeScience-Themen spezialisiert hat, passt ein Atomphysiker eher schlecht. In der Schnittstelle überschneiden sich die Themenspektren der Mitglieder zwar mitunter, damit Aufträge auch an kompetente Kollegen weitergereicht werden können. Aber wir achten gleichzeitig auf eine Streuung der Fachgebiete (und Wohnorte). Denn damit kann das Netzwerk gegenüber den Redakteuren auch das „Bauchladen"- Prinzip bedienen, das für den einzelnen Journalisten wegen des ständigen Einarbeitungsaufwands in ausbildungsfremde Themen nur selten effizient ist. Andere Büros müssen auf die mediale Spezialisierung der Mitglieder achten. Zum Beispiel wenn das Geschäftsmodell darauf basiert, eine umfangreiche Recherche zu einem einzelnen Thema in möglichst vielen Medien unterzubringen.

Hohe Anforderungen an die Professionalität der Kandidaten sind natürlich selbstverständlich. In der Schnittstelle hat jedes Mitglied ein Fachstudium absolviert und seine wissenschaftsjournalistische Qualifikation durch Veröffentlichungen in angesehenen Medien und entsprechende Redaktionskontakte bewiesen. Und ohne Leumund ist noch keine/r Schnittstellenmitglied geworden.

Bereitschaft, Zeit für Zusammenarbeit zu investieren, ist wohl eine unbedingte Voraussetzung für die Mitgliedschaft in jeder Journalistenbüro-Variante. Sicher hält sich der Aufwand in einem Netzwerk-Büro wie der Schnittstelle in Grenzen. Aber auch hier gilt der Grundsatz, dass der Erfolg einer Zusammenarbeit von der Investitionsbereitschaft der Kooperationspartner abhängig ist – direkt proportional, würde der Mathematiker sagen. So muss sich jeder in die Neugestaltung der Website oder einer Info-Broschüre über die Schnittstelle einbringen, damit am Ende alle profitieren. Das altruistische Engagement sollte allerdings gewissen Regeln folgen.

Regeln helfen, Streit zu vermeiden. Und dass sich irgendwann im Laufe von Jahren bester Zusammenarbeit auch einmal eine Konflikt-Situation einstellt, davon sollte man ausgehen. Viele Büros formulieren deshalb von Beginn an ganze Verträge, in denen mehr oder weniger detailliert Rechte und Pflichten der Büromitglieder aufgeschlüsselt sind. Alle Eventualitäten lassen sich zwar im dicksten Vertragswerk nicht festhalten. Aber man sollte zum Beispiel unbedingt regeln, wie mit finanziellen Verpflichtungen wie Telefon und Miete umzugehen ist und mit welchen Konsequenzen ein nicht zahlendes Büromitglied zu rechnen hat.

Besonders wichtig ist auch das Regeln des Ausscheidens eines Mitglieds. Müssen die verbliebenen Mitglieder eine Auslösesumme für den gemeinsam angeschafften Kopierer zahlen? Wie lange muss ein ausscheidendes Mitglied für gemeinsame Kosten weiter aufkommen, damit die verbleibenden Kollegen Zeit haben, ohne finanzielle Einbußen einen Nachfolger zu finden? Welche Kriterien muss ein neues Mitglied mindestens erfüllen? Soll Basisdemokratie herrschen (einfache oder Zwei-Drittel-Mehrheit?) oder wird ein „Präsident" gewählt, der für eine bestimmte Zeit Gemeinschaftsbelange regelt? Welche Konsequenzen folgen, wenn sich ein Mitglied nicht an die Regeln hält und vielleicht sogar finanzieller Schaden entsteht?

Je enger die Zusammenarbeit der Mitglieder, desto detailliertere Regeln sollten formuliert werden. Und wer ganz sicher gehen will, lässt die Verträge von einem Anwalt prüfen. So weit ist die Schnittstelle nicht gegangen, zumal gewisse Grundregeln der Zusammenarbeit im BGB und anderweitig ohnehin geregelt sind. Trotzdem hat sich auch unsere vergleichsweise lockere Netzwerk-Konstruktion eine Reihe von Regeln gegeben, die die Zusammenarbeit organisieren helfen. Zum Beispiel das jährliche Treffen, zu dem alle Mitglieder anreisen müssen. Oder will ein Mitglied den Kontakt zu einer Redaktion nutzen, den ein Kollege hergestellt hat, dann ist es verpflichtet, diesen Kollegen vorher zu kontaktieren. In diesem Vorgespräch können die Büromitglieder dann ihre Claims abstecken („Ich Physik, Du die Bio-Themen") und wichtige Informationen über die Arbeitsweise oder Honorarpolitik der Redaktion austauschen. Ein solches Einvernehmen über die gemeinsame Arbeit für eine Redaktion ist die Voraussetzung dafür, dass jeder seine Kontakte dem Netzwerk offen zur Verfügung stellt.

Das Verhältnis zu PR sollte unbedingt geregelt sein. Denn die Diskussion, inwieweit Journalisten auch PR-Aufträge annehmen „dürfen", schlägt immer wieder hohe Wellen. Das verwundert nicht, denn immer mehr Journalisten halten sich heutzutage über solche relativ zum Aufwand meist gut bezahlten PR-Nebenjobs über Wasser: von der Moderation einer Pressekonferenz bis zum Betexten eines Firmen-Magazins. Man könnte es auch so formulieren:

> Die Tages- und Wochenzeitungen Deutschlands können sich nur deshalb mit schön zu lesenden, gründlich recherchierten und allen hehren journalistischen Ansprüchen genügenden Artikeln schmücken, weil die Verfasser, die freien Journalisten, die stetig sinkenden Honorare gezwungenermaßen durch lukrativere, meist PR-Aufträge quersubventionieren müssen.

Mittlerweile sind allerdings auch im PR-Bereich die Honorarsätze gesunken – nicht zuletzt, weil so viele Journalisten auf diese Nebenjobs angewiesen sind. Das Überangebot drückt die Preise.

Eine klare Trennung von journalistischer und PR-Tätigkeit ist am problemlosesten. So wechseln viele Journalisten im Laufe ihres Berufslebens die „Seite des Schreibtischs" und arbeiten nach einer jahrelangen Tätigkeit als freier Journalist nun für ein paar Jahre als Angestellte einer PR-Agentur oder der Pressestelle einer Forschungseinrichtung. Danach wechseln sie vielleicht wieder in den Journalismus zurück. Dann ist klar: Wo Journalismus drauf steht, ist auch Journalismus drin. Und nicht Scheinjournalismus mit unsichtbarer PR als Zugabe.

Viele Journalisten wollen allerdings ihre journalistische Tätigkeit überhaupt nicht aufgeben und trotzdem hin und wieder einen PR-Auftrag annehmen, um die Honorarkasse aufzubessern.

Mit solch einem Nebeneinander von PR und Journalismus hat so mancher Journalist kein Problem. Andere reagieren allergisch, weil sie die Unabhängigkeit der Berichterstattung gefährdet sehen. Das „Netzwerk Recherche" beispielsweise lehnt jegliche PR-Aktivitäten von Journalisten kategorisch ab. Andere akzeptieren PR-Arbeit von freien Journalisten, solange die Redaktionen über eventuelle Interessenkonflikte informiert werden. Wieder andere trennen die Themenbereiche für PR und journalistische Aufträge – Technik-Spezialist für die PR und Öko-Experte für die Redaktionen.

Diese Situation zwingt die Mitglieder eines Journalistenbüros dazu, ihre Haltung zu dieser Frage zu diskutieren und sich darüber zu einigen, ob oder unter welchen Bedingungen PR-Aufträge angenommen werden können. Denn es reicht mitunter der Verdacht, dass in einem journalistischen Artikel eine versteckte PR-Botschaft transportiert wurde, um den guten Namen eines ganzen Büros zu diskreditieren.

Der gute Name öffnet Türen. Das Auftreten unter dem Namen eines Journalistenbüros transportiert eine gewisse Professionalität. Ein nicht zu unterschätzender Vorteil. Denn Redakteure fürchten nichts mehr, als an einen „Blindgänger" zu geraten, der den Anforderungen nicht genügt und ihnen unverhältnismäßig viel Redigierarbeit aufbürdet. Bei Aufträgen an Journalisten, die in einem Büro oder Netzwerk organisiert sind, ist dieses Risiko in der Regel geringer, weil der Redakteur auf die interne Qualitätskontrolle des Büros bauen kann.

Das ist wohl auch ein Grund, warum Einzelkämpfer weniger Chancen haben, Großaufträge zu bekommen. Manche Büros spezialisieren sich sogar auf solche Großprojekte: Supplements, die regelmäßige Bestückung einer Rubrik oder die Zulieferung ganzer Seiten, Beilagen oder ganzer Magazine oder Sendungen. Die Redaktionen sparen sich damit vom Suchen geeigneter Autoren bis zum Redigieren viel Arbeit, die Journalistenbüros gewinnen eine regelmäßige Finanzierung, die noch dazu die Teamarbeit fordert und fördert. Allerdings sind dafür auch Investitionen nötig.

Im Team lassen sich größere Investitionen eher realisieren als im Einzelkämpfertum. Sei es die Gestaltung und Realisierung der Internetseite, auf der sich das Büro und die Mitglieder samt Arbeitsproben präsentieren können. Sei es die Anschaffung von Software oder Geräten, die für die Bewältigung größerer Aufträge nötig sind – beispielsweise Desktop-Publishing-Programme, mit denen nicht nur Manuskripte, sondern druckfertige Dateien geliefert werden können.

Aber was einerseits für bestimmte Aufträge qualifiziert, entfernt andererseits von journalistischen Kernkompetenzen. Wenn Wissenschaftsjournalisten, deren Fähigkeit ja vor allem das Spezialwissen sein sollte, sich als Layouter oder gar Grafiker versuchen, dann kann die journalistische Arbeit schnell in den Hintergrund geraten. Man sollte sich also genau überlegen, ob das Büro vom Foto übers Layout bis hin zum Text alles aus einer Hand anbieten will, nur weil es technisch möglich und für den Auftraggeber die billigste und praktischste Lösung ist. Oder ob es nicht besser ist, auf kompetente Zuarbeit von Layoutern und Grafikern zu bauen, um sich auf die journalistische Bearbeitung des Großauftrags konzentrieren zu können.

Und dann ist da noch das „Outsourcing"-Problem. Da Journalistenbüros in solchen Großaufträgen immer mehr ehemals redaktionelle Aufgaben übernehmen, werden sie in den Redaktionen mitunter auch argwöhnisch beäugt. Warum einen teuren Redakteur einstellen, wenn doch Journalistenbüros so viel billiger sind? Die Büros tragen also über ihre Preispolitik eine gewisse Verantwortung dafür, ob in den Verlagen Redakteursstellen gestrichen werden. Deshalb sollten sich Journalistenbüros, die redaktionelle Aufgaben übernehmen, darüber im Klaren sein, ob es für die eigene Finanzsituation und im Sinne journalistischer Qualität sinnvoll ist, solche Aufträge zu Dumpingpreisen zu übernehmen.

Sicher ist vieles billiger und trotzdem qualitativ erstklassig über ein Journalistenbüro zu erledigen. Doch der Trend zur Ein-Mann/Frau-Redaktion, in der der Redakteur kaum noch selbst Journalist ist, sondern nur noch möglichst billige Artikel bestellt und hektisch redigiert, kann letztlich nicht im Interesse der Büros sein. Journalistenbüros sind schließlich nicht angetreten, um Redaktionen Konkurrenz zu machen, sondern um die Situation *freier* Journalisten zu verbessern.

Der Boom der Wissensmagazine
Wird jetzt das Thema Wissenschaft verramscht?

Interview mit Ranga Yogeshwar

Ranga Yogeshwar, lange Zeit Leiter der Programmgruppe Wissenschaft beim WDR, Moderator vieler Wissenschaftssendungen wie „Quarks&Co" oder „W wie Wissen".

Copyright: WDR

Zusammenfassung

Viele Wissensmagazine sind eher Boulevardsendungen, die nur verkleidet als Wissenschaftssendungen daher kommen. „Wissen" im Fernsehen ist nicht deckungsgleich mit dem, was wir sonst unter Wissen verstehen.

Die öffentlich-rechtlichen Sender haben den Auftrag, Wissenschaft im Fernsehen darzustellen und der Bevölkerung Bildung und Orientierung zu ermöglichen. Die Wissenschaft hat nicht mehr das Privileg, nie gesehene Bilder zeigen zu können. Aber die Wissenschaft kann neue Gedanken, neue Ideen vermitteln. Die Medien müssen dieses komplexe Feld durchleuchten, mitunter kritisch begleiten und verständlich vermitteln. Diese Qualität wird es auch noch in einem oder zwei Jahrzehnten geben müssen.

Schlüsselwörter

Wissenschaft im Fernsehen, Wissensmagazine

Es gibt gegenwärtig einen Boom von Wissenschaftssendungen im Fernsehen. Wie ist der zu erklären?

Da ist zunächst eine Unterlassungssünde der Vergangenheit. Es gab einfach zu wenig Wissenschaftssendungen und dementsprechend musste man einiges nachholen. Daneben sehen wir auch bei den Privatsendern eine Reihe von Wissenssendungen. Da liegt vermutlich der Fall ein bisschen anders, denn dort erlebt man eine gewisse Sättigung der bisherigen Programme. Es gibt jede Menge Talkshows, jede Menge Soap Operas. Man brauchte noch anderen Farben, um sich gegenüber der Konkurrenz abzusetzen. Eine Idee waren die so genannten Wissensmagazine, die eigentlich, wenn man sie sich etwas genauer und auch vielleicht etwas kritischer anschaut, nicht den Kriterien einer Wissenschaftssendung entsprechen. Es sind tatsächlich eher Boulevardsendungen, die nur verkleidet als Wissenschaftssendungen daher kommen.

Heißt das nicht auch für die öffentlich-rechtlichen Sender, dass sie sich mehr in Richtung Boulevard orientieren müssen?

Nach meiner persönlichen Auffassung dürfen wir das eigentlich nicht tun. Es würde bedeuten, dass sich das Fernsehen selbst entmündigt. Wir wären nicht mehr in der Lage, neben aller Unterhaltung auch noch ernstere Noten zu spielen. Ich glaube eher, wir sollten das Gegenteil tun. Die öffentlich-rechtlichen Sender haben einen Auftrag und wir sollten diesen Auftrag auch offensiv und mit Stolz vertreten. Wir sollten uns klar dazu bekennen, dass wir auch diese Funktion haben: nämlich Wissenschaft in einem Massenmedium wie dem Fernsehen darzustellen und der Bevölkerung Bildung und Orientierung zu ermöglichen.

Die öffentlich-rechtlichen Sender berichten über Wissenschaft, die privaten vermitteln Wissen – ist das der Unterschied?

Na ja, wenn ich die Produktion von Glasbausteinen in einer Fabrik Schritt für Schritt verfolge, weiß ich nicht, ob das „Wissen" ist. Ich glaube, dass viele junge Menschen, die sich zum Beispiel „Galileo" und ähnliche Sendungen anschauen, einem gefährlichen Trugschluss unterliegen, wenn sie glauben, das sei Wissen oder das sei Wissenschaft. Wir sind offenbar dabei, einige Begriffe medial neu zu definieren. „Wissen" im Fernsehen ist nicht notwendigerweise deckungsgleich mit dem, was wir ansonsten in einer Kultur unter Wissen verstehen.

Können die öffentlich-rechtlichen Sender den Anspruch noch aufrechterhalten, wirklich Wissenschaft zu vermitteln?

Sie müssen mitunter dran erinnert werden, dies zu tun. Das große Problem sind natürlich die Zuschauerquoten und Akzeptanzwerte. Ein öffentlich-rechtlicher Sender muss die Gratwanderung schaffen, auf der einen Seite ein Breitenmedium zu bleiben und nicht zu einem Insiderprogramm für Minderheiten zu mutieren, aber auf der anderen Seite diese Breitenwirkung noch mit Inhalt zu füllen.

Wie hat sich die Wissenschaftsberichterstattung im Fernsehen (insbesondere im öffentlich-rechtlichen Fernsehen) verändert im Laufe der letzten Jahre oder Jahrzehnte?

Die Wissenschaftsberichtserstattung spiegelt natürlich auch das wider, was in der Gesellschaft passiert ist. Wir erleben eine, wie ich finde, doch erschreckende Entpolitisierung der Gesellschaft. Die Themen werden weit weniger hinterfragt als noch vor 10 Jahren. Ich mache das mal deutlich an der Datenerfassung biometrischer Persönlichkeitsmerkmale im Kontext des neuen Personalausweises. Diese Entwicklung hätte vor 10 oder 15 Jahren zu einer hitzigen Debatte geführt. Heute wird sie unter dem Deckmantel der „Sicherheit" seltsam still akzeptiert. Früher hätte man sehr viel heftiger gefragt: Freunde, was erzählt ihr uns da, wo sind die Beweise, wo sind die Belege, wie kann man das journalistisch nachvollziehen?

Hat sich auch die Erzählweise des Fernsehens verändert, mehr Faszination durch Bilder, mehr faszinierende Storys?

Die Wissenschaftssendungen der ersten Stunde lebten von Bildern, die man bis dato nie gesehen hatte. Man denke an Jacques Cousteau, man denke an die Mondlandung. Solche Bilder sind mittlerweile bekannt, sie sind Allgemeingut geworden. Wirklich überraschende Bilder kommen heute wahrscheinlich eher aus der Werbung als aus der Wissenschaft. Das heißt, die Wissenschaft hat nicht mehr das Privileg, nie gesehene Bilder zeigen zu können. Aber die Wissenschaft kann uns neue Gedanken, neue Ideen vermitteln. Nur: Ideen und Gedanken sind mehr als Bilder. Und das Problem ist, dass in unserer medialen Gesellschaft den meisten Menschen die Bilder schon reichen.

Ist das Medium Fernsehen dann überhaupt geeignet, Wissenschaft zu vermitteln?

Das Fernsehen ist in seiner Struktur immer ein „passives" Medium gewesen. Es lässt die Zuschauer weitgehend passiv, kann sie höchstens zu einer Aktivität anregen. Das Fernsehen kann uns stimulieren, uns mit Wissenschaft zu befassen. Es kann vielleicht dem einen oder anderen auf einer gewissen oberflächlichen Ebene Zusammenhänge darlegen. Aber den nächsten Schritt, das aktive Nachdenken, was nämlich die Qualität von Wissenschaft ausmacht, das kann das Fernsehen nicht übernehmen.

Wenn sich junge Leute für Wissenschaftsjournalismus, insbesondere für den Fernseh-Wissenschaftsjournalismus interessieren: Was muss man mitbringen, um ein erfolgreicher Autor oder Redakteur im Fernsehen für Wissenschaftssendungen zu werden?

Also, ich wäre zunächst skeptisch, wenn man gegenüber jungen Menschen vom „Fernsehen" spricht. Wir leben in einer Zeit des Wandels. Die Distributionswege verändern sich. Insofern glaube ich, dass junge Menschen offen sein müssen, immer wieder neue Wege zu gehen.

Sie sollten aber darüber hinaus wissen, dass es speziell in der Wissenschaftsberichterstattung immer wieder um einen Vermittlungsprozess geht. Wichtig ist die Fähigkeit, ein sehr komplexes Feld zu durchleuchten, mitunter kritisch zu begleiten und es verständlich zu vermitteln. Diese Qualität wird es meines Erachtens auch noch in einem oder zwei Jahrzehnten geben müssen.

Welche Themen sind fürs Fernsehen geeignet – oder umgekehrt gefragt, sind eigentlich alle Themen geeignet?

Es gibt Themen, deren Charme sich dem Fernsehen entzieht. Mathematik zum Beispiel ist medial eigentlich kaum vermittelbar, aber ein unglaublich spannendes Feld. Wir müssen uns, wie auch in vielen anderen Lebensbereichen, davon verabschieden, dass das Fernsehen ein Abbild der Wirklichkeit ist. Es verzerrt die Wirklichkeit. Es zeigt Ausschnitte, die eben in gewisser Weise gut transportierbar sind, die mit Bildern belegt werden können. Und vieles in der modernen Wissenschaft läuft nicht auf der Ebene von Bildern, sondern spielt sich im Abstrakten ab, wo es keine Bilder gibt.

Wie sieht eine gute Story fürs Fernsehen aus?

Eine gute Story? Es gibt kein Patentrezept. Aber ich glaube, man muss etwas zu sagen haben. Wenn Storys nichtssagend sind, langweilen sie mich – und vielleicht auch andere.

Die Fragen stellte Winfried Göpfert.

III
Inhalt und Form

Reportage, Feature, Magazingeschichte
Formate und Konzepte

Winfried Göpfert

> **Zusammenfassung**
>
> Nachricht und Bericht sind meist kurz und sachlich. Reportage und Feature arbeiten mit Fallschilderungen aus der Sicht des Reporters. Dennoch gehören sie zu den *tatsachenbetonten* Formen. Dabei bleibt die Reportage dicht beim Geschehen und schildert, was und wie etwas geschieht. Das Feature dagegen benutzt eine Fallschilderung nur als Einstieg und erhebt den Anspruch auf Allgemeingültigkeit.
>
> Die Magazingeschichte ist eine Mischform zwischen Reportage und Feature, ist kürzer und nicht so anspruchsvoll wie ein Feature.
>
> Die Reportage schildert bevorzugt Geschehnisse. Deren zeitliche Struktur eignet sich als Struktur für die Reportage. Dadurch erhält die Reportage automatisch ihren eigenen Spannungsbogen.
>
> Das AB-Verfahren kombiniert einen spannenden Erzählstrang mit den jeweils passenden Erklärstücken. Gewissermaßen werden zwei Artikelebenen wie bei einem Reißverschluss miteinander verschränkt. Die Fallgeschichte erzählt ein Geschehnis und baut die Spannung auf, die Sacherläuterungen kommen aus der trockenen Stoffsammlung für den Bericht.

> **Schlüsselwörter**
>
> Essay, Reportage, Feature, Spannungsbogen, Perspektivenwechsel, Fallschilderung, AB-Verfahren, Magazingeschichte

Oft gehen die Begriffe durcheinander und in der Praxis wimmelt es von Mischformen. Am einfachsten lassen sich die Formen so unterscheiden: Nachricht und Bericht sind meist kurz und sachlich. Reportage und Feature arbeiten mit Fallschilderungen aus der Sicht des Reporters.

Reportage und Feature gehören zu den *tatsachenbetonten* Formen, auch wenn sie gelegentlich unterhaltsam daherkommen wie eine Kurzgeschichte. Dabei bleibt die Reportage dicht beim Geschehen und schildert, was und wie etwas geschieht. Das Feature dagegen benutzt eine Fallschilderung nur als Einstieg und erhebt den Anspruch auf Allgemeingültigkeit.

Nach einem Reportageeinstieg folgt dann oft ein Absatz, der mit den Worten beginnt: So wie hier geschildert geht es vielen Forschern auf der Welt... Damit wird übergeleitet auf das generelle Problem, um das es im Feature gehen soll.

Die Sacherörterung steht beim Feature eindeutig im Vordergrund. Fast wie in einem Essay wird das Problem, um das es geht, von allen Seiten beleuchtet und durchdrungen. Gelegentlich werden weitere Fallschilderungen dazwischen geschoben. Das Feature lebt vom Perspektivenwechsel und vom Wechsel der Formen. Die Magazingeschichte ist eine Mischform zwischen Reportage und Feature, ist kürzer und nicht so anspruchsvoll wie ein Feature.

Die typische Reportage würde sich also zum Beispiel als Thema einen besonderen Fall herauspicken, etwa die Entwicklung einer neuartigen Solarzelle. In der Einleitungsszene würde etwa der Erfinder geschildert, wie er gerade den Test Nummer 123 beginnt und das soeben fertig gestellte Labormuster „123 A" in den standardisierten Lichtstrahl hält: Das Ergebnis ist niederschmetternd: Nur wenige Prozentpunkte besser als das Vorgängermodell. Und so fort: Der weitere Entwicklungsvorgang wird minutiös geschildert, bis endlich der Erfolg oder Misserfolg feststeht und der Leser weiß, zumindest auf diesem kleinen Teilgebiet der Energieforschung geht es in Teilgebieten voran – oder auch nicht.

Das typische Feature sucht dagegen das Allgemeingültige. Zwar beginnt es mit einem Fallbeispiel, etwa mit der Schilderung, wie eine neuartige Solarzelle entwickelt wird. Dann aber macht das Feature zunächst klar, warum überhaupt Solarzellen eine Energieversorgungsoption darstellen, obwohl der heute erzielbare Wirkungsgrad noch weit von einer wirtschaftlichen Nutzung entfernt ist. Thema ist also ganz allgemein die solare Stromerzeugung oder gar die Energieproblematik der Erde in der nahen Zukunft. Die Solarzelle, deren Entwicklung die Reportage ausfüllen mag, ist im Feature nur illustrierendes Beispiel.

Die Reportage schildert bevorzugt Geschehnisse. Da Geschehnisse in der Regel eine zeitliche Struktur haben, eignet sich deren Chronologie auch als Struktur für die Reportage. Dadurch erhält die Reportage automatisch ihren eigenen Spannungsbogen. Meist handelt es sich ja um ein Forschungsprojekt, das beschrieben wird. Und irgendwie ähneln solche Forschungsvorhaben einem Krimi: Da ist ein Verdacht, dem nachgegangen, ein Problem, das gelöst werden muss. Viele Versuche hat es schon gegeben, viele sind gescheitert. Doch nun ist da ein neuer Forscher (Detektiv), der die Sache anders anpackt. Der Spannungsbogen wird zu Ende geführt, wenn die Forschungsaufgabe schließlich gelöst zu werden scheint. Denn um es spannender zu machen, lassen sich vielleicht noch verzweifelte Umwege schildern bis schließlich das Happyend (oder das endgültige Scheitern) die Reportage beschließt.

Das Feature hat den Anspruch, ein bestimmtes Thema vollständig abzuhandeln, etwa den neuesten Stand der „grünen Gentechnik" darzustellen. Damit das kein trockener Bericht wird, lockert man die Form auf durch Beispiele, Fallschilderungen und viele Zitate. Gerade wenn es zu einem Thema unterschiedliche Standpunkte gibt, bringen die Zitate den frischen Wind einer Auseinandersetzung in die Geschichte. Die Reportage sucht also das Besondere, das Feature stellt eher das Generelle dar und berichtet umfassender.

Die Magazingeschichte kombiniert beide Formen, bleibt länger beim Besonderen, weitet aber auch den Blick auf andere Beispiele und generalisiert wenigstens ansatzweise. In manchen Lehrbüchern wird diese Form auch als „angefietscherter Bericht" bezeichnet. Das ist nun keine gelungen-schöne Bezeichnung, aber sie macht deutlich: Der Stoff reicht eigentlich nur für einen Bericht, doch der soll etwas lebendiger werden. Und dazu hilft vielleicht eine Fallschilderung, die das Problem illustriert.

Musterbeispiel dafür sind medizinische Themen, zu denen sich fast immer eine passende Patientengeschichte finden lässt. Die Schilderung des Fallbeispiels bietet gleich zwei Vorteile. Zum einen eignen sich solche Personalisierungen hervorragend zur Identifikation. Der Leser oder Zuhörer kann eigene Erlebnisse wiedererkennen und fühlt sich direkt angesprochen. Zum anderen bietet die Fallschilderung einen Spannungsbogen, denn das Patientenschicksal kann dramatische Wendungen nehmen oder – hoffentlich – gut ausgehen.

Man kann nun die Fallschilderung vor den Bericht oder mitten hinein setzen, am besten aber versetzt man einzelne Episoden der Fallgeschichte mit passenden Passagen des Berichts. Deswegen bewährt sich gerade für Magazingeschichten ein einfaches Strickmuster, das AB-Verfahren.

Das AB-Verfahren kombiniert einen spannenden Erzählstrang mit den jeweils passenden Erklärstücken. Gewissermaßen werden zwei Artikelebenen wie bei einem Reißverschluss miteinander verschränkt. Die Fallgeschichte erzählt ein Geschehnis und baut die Spannung auf, die Sacherläuterungen kommen aus der trockenen Stoffsammlung für den Bericht. Die Kunst besteht nun darin, die Teile des Berichts so an die Fallgeschichte anzupassen, dass immer dann, wenn in der Erzählung etwas Neues geschieht, die nachfolgende Sacherläuterung das genau dazu Wissenswerte berichtet. Im Reportageteil kann es beispielsweise um ein besonderes Detail einer Patientengeschichte oder um eine Besonderheit der Forschungsarbeiten gehen. Im nachfolgenden Sachteil wird dann immer gerade dieses Detail näher erläutert. Meist bleibt die Erlebnisschilderung sehr konkret beim Besonderen (B) während die Erklärstücke das Allgemeine (A) behandeln.

Die Planung einer AB-Geschichte sieht dann so aus, dass man sich für jeden Absatz (das können auch jeweils mehrere Absätze sein) einige Stichworte notiert, was jeweils im A-Teil und im B-Teil passiert. Hier demonstriert an einem Medizinthema. Weil's spannender ist, beginnt man meistens mit der Fallgeschichte, dem B-Teil, dem Besonderen:

```
B     Sylvia B.: Sie bemerkt unklare Symptome, Arzt
      stellt Diagnose: eine seltene Infektion.
A     So wie Sylvia geht es vielen. Angaben zur Häufigkeit
      in der Bevölkerung und Zunahme derartiger Beschwer-
      den.
B     Sylvia B. sucht Rat. Therapie schlägt fehl.
A     Bisherige Therapieverfahren im Überblick, Angaben
      zu Wirkungen und Nebenwirkungen.
B     Sylvia B. hört von einem neuen Verfahren und will
      es ausprobieren.
A     Das neue Behandlungsprinzip: mehr Hoffnungen als
      Risiken?
B     Sylvia B. berichtet von ermutigenden Erfahrungen.
usw.
```

Aus einem trockenen Bericht wird so eine interessantere Darstellung, weil die Fallschilderung hinzukommt. Das AB-Verfahren kann auch angewendet werden, wenn man den Sachbericht ergänzt durch eine Gegenüberstellung von

- früher – heute
- Position A – Position B
- Theorie – Praxis

oder die chronologische Schilderung eines Prozesses.

Im nachfolgenden Beispiel haben wir die Collage-Technik des AB-Verfahrens herausgestellt. Die einzelnen Passagen folgen ohne bemühte Übergänge – wie im Film hart geschnitten – aufeinander. Dass sie trotzdem „nahtlos" aneinander passen hat damit zu tun, dass die Sacherläuterungen immer (oder meistens) das aufgreifen, was im B-Teil geschildert wurde. Das Ganze ist, weil es vornehmlich um die Person des jungen Forschers geht, eher ein Portrait, hat manches von einer Reportage und kann am ehesten als Magazingeschichte bezeichnet werden, eine Mischform eben.

```
Chemie als Comedy[1]

Ein junger Forscher tourt durchs Land
und präsentiert die Wissenschaft als
Show
```

| ```
Es ist neun Uhr. Der promovierte Chemiker Andreas Korn-Müller schleppt
Kisten und Flaschen über zwei Treppen
in den Vortragssaal der Berliner Wis-
senschaftsgesellschaft Urania. „Haben
Sie hier ein Chemielabor – oder eine
Küche?" Der Hausmeister schüttelt
den Kopf. Aber im Nebengebäude gibt
es eine Teeküche, in der Korn-Müller
seine Chemikalien vorbereiten kann.
Wasserstoffperoxid und frisches Rin-
derblut kommen in zwei braune Glä-
ser. Werden sie am Abend in der Show
``` | Klassischer Beginn (B-Teil) eines Reportageeinstiegs mit der Uhrzeit: Nutzung der Chronologie der Geschehnisse <br><br> Zitate machen die Schilderung besonders lebendig. |

---

[1] Erschienen in „DIE ZEIT"
```

zusammengeschüttet, dauert es keine fünf Sekunden, bis daraus ein wunderbar echt aussehender Eiscocktail wird.

„Dazu muss man kaum studiert, geschweige denn promoviert haben", sagt Korn-Müller. Aber seine Kenntnisse der Chemie sind ein unerschöpfliches Reservoir für neue Ideen. Korn-Müller will nicht nur verzaubern und verblüffen, er will Freude an den Naturwissenschaften vermitteln. Dabei hätte er allen Grund, seine hoffnungsvoll begonnene Wissenschaftlerkarriere als erfolglos anzusehen. Mit 25 legte er sein Diplom mit „sehr gut" ab. Schon drei Jahre später hielt er seine Promotionsurkunde in Händen – mit „summa cum laude". Am Max-Planck-Institut für Biochemie in Martinsried bei München hatte er sich mit Hemmstoffen gegen Verdauungsenzyme beschäftigt, die einen Einfluss auf entzündliche Prozesse haben: „Eine normale chemische Synthesearbeit, die nur die Fachwelt interessiert. Haben wahrscheinlich höchstens 50 Leute gelesen – aber immerhin waren ein paar nette Bildchen drin!"

Als trotteliger Professor amüsiert er das Publikum

Gegen Mittag hat Korn-Müller die Teeküche der Urania in ein Chemielabor verwandelt. Er bereitet sich auf ein weiteres Experiment vor: die Verwandlung von Wasser in Bier. Jedenfalls wird die Brühe so aussehen. Die beiden Flüssigkeiten, die er zusammengeben wird, enthalten eine Spur von Jod, die zur satten Gelbfärbung beitragen wird. Und zwei, drei Tropfen

> Beginn des A-Teils.
> Das Zitat entstammt einem Gespräch von Korn-Müller mit dem Autor und macht den Übergang fließend.

> Übergang zum Hauptthema

> Zwischenüberschriften sind eine Frage des Layouts und nicht zwingend für die Reportage.

> Collagetechnik: Unmittelbar folgt der nächste B-Teil.

Spülmittel sorgen für einen saftigen
Schaum.
Schon seit sechs Jahren führt
Korn-Müller seine Show vor, gemixt
mit Comedy- und Pantomimeeinlagen.
Da ist die Geschichte des trotteli-
gen Chemieprofessors, der tatterig
sein Labor bedient. Nur mit Gesicht
und Händen vermittelt er dem Zuschauer, wie es blubbert, zischt und
überschäumt, wie sich Flüssigkeiten
durch Phiolen winden, vom Reagenzglas
in den Erlenmeyerkolben fließen und
schließlich zu einer geheimnisvollen
Tinktur im Becherglas werden, die der
Greis herunterspült, um danach mit
Donnerknall zum jugendlichen Helden
zu mutieren. Voilà, der Verjüngungs-
trunk, Meisterstück aus der Alchimis-
tenküche.
Geholfen hat dem Multitalent seine
komische Begabung. Sie zeigte sich
etwa im Studentenkabarett, das er
mit seinem Zwillingsbruder als Dop-
pel-Korn aufführte. Oder in seiner
Begabung, komplizierte Sachverhalte
seinem Publikum auf amüsante Weise
näher zu bringen. Das hatte er frühzeitig auch auf wissenschaftlichen
Vorträgen versucht.
Nach der Promotion sucht sich ein
Jungwissenschaftler üblicherweise
eine Post-Doc-Stelle an einem renommierten Institut. Korn-Müller fand
sie am Max-von-Pettenkofer-Institut
für Hygiene und Mikrobiologie der
Universität München. „Sie wurde zwar
nicht so gut bezahlt", sagt Korn-Müller, „aber ich war froh über die Möglichkeit, mich in ein aktuelles For-
schungsfeld einarbeiten zu können,
die Aids-Forschung." Wieder arbeitete
er mit Proteasehemmern; Substanzen,

> Auch der an sich trockene A-Teil darf durchaus spannende Details schildern.

> Nach kurzem Reportageteil wird weiter im A-Teil erläutert, wie sich Korn-Müller mit der „naturwissenschaftlichen Show" eine berufliche Zukunft sichern will.

> Innerhalb des A-Teils nun eine Rückblende: die geschichtliche Basis der jetzigen Aktivitäten.

> Typisches Erklärstück in einem A-Teil. Hier wird der Leser verführt, weiter zu lesen, auch wenn er diese Details gar nicht so genau wissen will: Denn sowohl A- wie B-Teil haben eine Spannung aufgebaut, „wie es wohl weiter geht..."

ähnlich denen, die er schon in seiner Dissertation untersucht hatte. Hier wurden sie eingesetzt, um die HI-Viren in ihrem Reifeprozess zu stören. Dadurch würden die Viren ihre Infektiosität verlieren.
Seine Ergebnisse sollte er damals auf der XI. Internationalen Aids-Konferenz in Vancouver vorstellen – und er entschloss sich zu einer kühnen Präsentationsform. Während des Vortrags zeigte er seinen verblüfften Zuhörern eine Pralinenschachtel und erklärte sie kurzerhand als Modell für ein HI-Virus. Wenn man nun das Virus öffnete – er hob den Deckel der Schachtel – und die Virus-Hülle entfernte – er schob die Abdeckung beiseite –, dann sähe man die RNA des Virus mit verschiedenen Enzymen – er deutete auf die unterschiedlich verpackten Pralinen. Würden die Enzyme nun durch seine Proteasehemmer lahm gelegt, verlöre das Virus seine Infektiosität. In der Schachtel blieben nur noch Schokolade und Stanniolpapier, das unreife Virus eben – und damit öffnete Korn-Müller eine andere Schachtel, in der sich eine Tafel Schokolade befand. „Völlig ungefährlich", erklärte der Jungforscher – und biss hinein. Die Botschaft kam rüber, aber gelacht und gratuliert hätten nur die Amerikaner, deutsche Professoren hätten allenfalls gequält gelächelt.

Am Nachmittag kommen die Leute von der Bühnenshow: Beleuchtung, Discoeffekte, Beschallung. Korn-Müller bereitet inzwischen sein Bühnenfeuerwerk vor: „Dafür musste ich eigens eine Ausbildung zum Pyrotechniker absolvieren, amtlich geprüft!" Als

> Gehört zum eigentlich „trockenen" A-Teil. Wo es sich anbietet, kann der A-Teil auch Erlebnisse schildern. Das unterstreicht den Charakter einer Reportage.

> Dieser A-Teil war ungewöhnlich lang. Normalerweise sollte der hier folgende B-Teil früher fortgesetzt werden.

Schlusspointe wird abends die Titanic untergehen mit Fontänen aus Funken, Farben und Feuer.
„Es ist schon etwas ganz Besonderes, hier in der Urania aufzutreten", sagt Andreas Korn-Müller. Vor gut 100 Jahren gab es hier bereits ein Wissenschaftstheater – eine Tradition, die bei uns längst ausgestorben ist, doch nun möchte man fast an eine Wiederauferstehung glauben. Neben Korn-Müllers Chemieshow gibt es weitere Versuche, auch in Deutschland nachzuholen, was in Holland oder den angelsächsischen Ländern schon lange üblich ist: die Vermittlung von Wissenschaft per Theater und Unterhaltung. Da sind etwa die beiden Chemiker Roland Full und Werner Ruf, die es geschafft haben, chemische Experimente aus der Petrischale an die Wand zu projizieren und mit passender Musik eine meditative Stimmung zu erzeugen, die eine Faszination ganz eigener Art hervorruft. Oder Eckart von Hirschhausen, der zusammen mit Rechenkünstlern und Gehirnakrobaten ein „Think Theatre" gründete. Von Hirschhausen, promovierter Mediziner, wollte erst gar nicht in die Wissenschaft und studierte unmittelbar nach seinem Medizinstudium Wissenschaftsjournalismus an der Freien Universität Berlin. Und obwohl er es schon bis zum Moderator des Gesundheitsmagazins im Hessischen Fernsehen gebracht hat, sucht er nach anderen Möglichkeiten, Wissenschaft verständlich zu machen. Auch ihm hilft eine besondere Begabung: Von Hirschhausen reichert seine Moderationen mit verblüffenden Tricks an. Seine Auftritte sind denn auch eher im Hamburger

> Trotz der Kürze funktioniert auch hier die Collagetechnik. Wieder schließt der A-Teil mit einem Zitat an und nimmt auf Ort und Geschehen des B-Teils Bezug.

> Typisch für den A-Teil: Die Generalisierung.

> Weitere Beispiele, weitere Generalisierung im A-Teil.

Schmidt-Theater oder im Berliner Wintergarten zu Hause als in der ehrwürdigen Urania.
Inzwischen ist es Abend, und Andreas Korn-Müller wirbelt durch seine Show: Als rockender Barkeeper mixt er einen Cocktail, dessen Farbe von Blau nach Farblos nach Violett changiert. „Oxidation und Reduktion", witzelt Korn-Müller. Sogar einen alten Alchimistentraum verwirklicht er und stellt auf der Bühne Gold her. Aus Kupfer wird erst Silber, dann Gold. Doch alles ist nur Schein: Das Silber ist Zink, und die Legierung mit Kupfer ergibt das goldene Messing.

Pralinenschachteln benutzte Andreas Korn-Müller in einem Vortrag als Modell für Aids-Viren. Nur die amerikanischen Wissenschaftler lachten

Von seinen Auftritten leben kann Korn-Müller nicht. Zwischendurch entwirft er Ausstellungen für das Deutsche Museum in München oder das Hygiene-Museum in Dresden, für das er unter anderem ein Multimediaspiel zum Thema „Impfung" konzipierte. Aber seit sich im Frühjahr die deutschen Wissenschaftsorganisationen verpflichteten, die populäre Vermittlung von Wissenschaft und Forschung auszubauen und zu fördern, spürt Korn-Müller Rückenwind: „Ich träume von einem Science-Park. Jetzt scheint die Zeit dafür in Deutschland reif zu sein." Als Name schwebt ihm Science World vor, in Anlehnung an Disney World, und die Konzepte sollten weit über übliche Science-Center oder Museen hinausgehen: „Man müsste In- und Outdoor-Experimente anbieten, einen

> Die Platzierung von Zwischenüberschriften folgt oft speziellen Regeln des grafischen Layouts. Übrigens: Zwischenüberschriften, wie auch Bildunterschriften, wirken oft als zusätzlicher Leseanreiz für den gesamten Artikel.

> Weiter mit dem A-Teil.

> Hier wird mit einem „Ausblick" das Thema des Artikels noch einmal vertieft.

```
regelrechten Freizeitpark, wo man
sich wissenschaftlich austoben kann,
wo die Wissenschaft selber Medium ist
mit Erlebnisfahrten, 3-D, Virtual Re-
ality und einem allabendlichen Multi-
media-Laser-Pyro-Sound-Image-Scien-
ce-Spektakel."
```

> Meist enden AB-Geschichten mit dem spannenderen B-Teil. In dieser Reportage war der A-Teil auch recht spannend und durfte „das letzte Wort" haben.

Nach einem gewissen Strickmuster eine Reportage, ein Feature oder eine Magazingeschichte zu konstruieren, kann ein probates Hilfsmittel sein. Natürlich ist es in die Freiheit des Autors gestellt, sich von einer strikten Form zu lösen oder die Form zu variieren. Aber das simple Mittel der Kombination von Allgemeinem und Besonderen kann aus einem trockenen Bericht schnell ein interessant wirkendes Stück werden lassen.

Eine Geschichte „bauen"
... keine Angst vorm leeren Blatt

Astrid Dähn

> **Zusammenfassung**
>
> Die ergiebigsten Quellen für Vorrecherchen sind das Internet und soziale Netzwerke. Die Ergebnisse einer Netzrecherche sind immer zu überprüfen, am besten durch einen Besuch vor Ort.
> Zu längeren Artikeln zunächst eine Grobstruktur zu Papier zu bringen, wie der Text aufgebaut sein soll, wie der Einstieg aussieht, wie die Argumentationskette verläuft und auf welchen Schluss das Ganze zusteuert. Umdenken ist jederzeit möglich. Manchmal merkt man erst beim Ausformulieren, dass eine andere Gedankenabfolge den Lesefluss verbessern kann.
> Der Texteinstieg ist das Appetithäppchen des Artikels. Alles ist erlaubt, was Leselust weckt, von einem hübschen Eingangshistörchen bis zum schlichten Fragesatz. Reportageartige Einstiege bieten sich immer dann an – und nur dann –, wenn es etwas zu schildern gibt, was für das Thema des Textes von zentraler Bedeutung ist.
> Zeitabläufe eignen sich besonders gut als Leitfaden. Die Entwicklungsgeschichte lässt sich gut für die Struktur des Artikels nutzen.
> Klar vorgezeichnet ist der Schluss beispielsweise bei Texten mit einem Zeitablauf: Handelt das Stück von einem Laborversuch, endet es quasi von selbst mit Abschluss des Experiments. Pointen sind der Klassiker unter den Schlussvarianten. Prägnant und griffig formuliert geben sie dem Text einen letzten Kick.

> **Schlüsselwörter**
>
> Vorrecherche, Konzept, Grobstruktur, Einstieg, Hauptaussage, rhetorische Tricks, Fachbegriffe, Vereinfachung, Schlusspointe

© Springer Fachmedien Wiesbaden GmbH, ein Teil von Springer Nature 2019
W. Göpfert (Hrsg.), *Wissenschafts-Journalismus*, Journalistische Praxis,
https://doi.org/10.1007/978-3-658-17884-0_8

„Das kapiere ich sowieso nicht" – viele Zeitungsleser zucken beim Stichwort „Physik", „Chemie" oder „Technik" erst einmal erschreckt zusammen. „Schwer verständlich, dröge und langweilig", lautet das gängige Vorurteil über die Materie. Wie dem skeptischen Publikum das Gegenteil beweisen? Wie ein Thema aus Medizin und Naturwissenschaft so aufbereiten, dass der Text nicht den Charme eines technischen Handbuchs ausstrahlt oder quälende Erinnerungen an entsetzlich langsam dahinschleichende Schulstunden weckt?

Ein Patentrezept für packende Wissenschaftsberichterstattung gibt es sicher nicht. Dazu ist das Themenfeld zu komplex und vor allem zu vielfältig. Die Entwicklung des Universums will anders erzählt sein als die Evolution des Fernsehens; und ein Artikel über die neusten Erkenntnisse zum Paarungsverhalten von Pinguinen lässt sich kaum in dasselbe Schema pressen wie ein Text über Krebstherapien.

Gleichwohl gibt es ein paar Grundregeln für den Bau von Wissenschaftsartikeln, die fast immer hilfreich sind. Was mir davon am wichtigsten erscheint, habe ich in diesem Kapitel zusammengestellt. Meine Überlegungen beschränken sich dabei auf längere Magazingeschichten oder *Features*, wie sie in Wissenszeitschriften und den Wissenschaftsteilen von Wochenblättern wie „Spiegel", „Zeit" oder „Stern" zu finden sind. Eine beliebte, aber anspruchsvolle Textgattung. Anders als bei Meldungen und Berichten genügt es bei diesen oft mehrere Seiten umfassenden Stücken nicht, die Fakten klar und verständlich aneinander zu reihen. Will der Schreiber sein Publikum bis zur letzten Zeile mitreißen, muss er eine Geschichte erzählen – mit durchgängigem Spannungsbogen, vom Anfangsköder bis zur Schlusspointe.

Ausführliche Recherchen sind die erste Voraussetzung, um trockene Forschungsergebnisse in ein fesselndes Erzählstück verwandeln zu können. Die ergiebigsten Quellen für Vorrecherchen sind das Internet und soziale Netzwerke wie Facebook oder Twitter. Neben Originalveröffentlichungen, Lebensläufen der beteiligten Wissenschaftler, E-Mail-Adressen und Telefonnummern findet man im Netz häufig schon mediengerecht aufbereitetes Hintergrundmaterial von den Pressestellen der Institute und Unternehmen. Doch Vorsicht: Leider hat das Internet keinen Filter für Unsinn. Nicht selten sind die per Mausklick gesammelten Informationen fehlerhaft, einseitig oder zumindest unvollständig.

Die Ergebnisse einer Netzrecherche daher immer überprüfen, am besten durch einen Besuch vor Ort. Wer den Schauplatz des Geschehens selbst gesehen hat, kann anschaulicher darüber berichten. Gleichzeitig gewinnt er einen eigenen Eindruck von den Akteuren und ihrer Forschungsarbeit. Ein kurzer Blick in die Labors sagt häufig mehr als jeder wortreiche Web-Auftritt. Auf meinen Recherchereisen habe ich mich beispielsweise mehrfach in halbleeren, leicht heruntergekommenen Laborgebäuden wiedergefunden: Start-up-Firmen, die sich auf ihren professionell gestylten Internet-Seiten bereits als Milliarden-Konzerne der Zukunft präsentiert hatten. Auch Kritisches über ein Forschungsprojekt oder eine neue Therapie lässt sich im persönlichen Gespräch besser in Erfahrung bringen als etwa per Telefon, weil es von Angesicht zu Angesicht leichter ist, ein Vertrauensverhältnis zu den oft recht zurückhaltenden Wissenschaftlern aufzubauen. Und ganz nebenbei kann man sich bei einem Recherchebesuch gleich nach einer passenden Bebilderung für den Artikel umsehen, eventuell auch selbst fotografieren.

Zusätzliche Informationen über die Historie einer Erfindung und interessante Anekdoten zu ihrer Entwicklungsgeschichte suche ich mir gewöhnlich aus der populärwissenschaftlichen Literatur zum Thema zusammen. Am Ende der Recherche sind Schreibtisch und Boden in meinem Büro übersät mit Computerausdrucken, Fachzeitschriften, Büchern und handschriftlichen Notizen. An Materialmangel scheitern Wissenschaftsartikel, so weit ich weiß, selten, eher am Gegenteil: Die Gefahr ist groß, dass sich der Autor im Gewirr seiner vielen Recherche-Daten verheddert.

Ein Konzept kann da Abhilfe schaffen. Ich habe mir angewöhnt, von längeren Artikeln zunächst eine Grobstruktur zu Papier zu bringen, eine Art Exposé, aus dem hervorgeht, wie der Text aufgebaut sein soll, wie der Einstieg aussieht, was den roten Faden darstellt, wie die Argumentationskette verläuft, wie sich fließende Übergänge zwischen den verschiedenen Textblöcken herstellen lassen und auf welchen Schluss das Ganze zusteuert. Die größte Schwierigkeit bei diesem Vorsortieren besteht im Weglassen: Es gilt, aus dem riesigen Materialberg die Kernaspekte des Themas herauszuarbeiten und alles übrige beiseite zu lassen, meist ungefähr 90 Prozent der angehäuften Informationen.

Das heißt natürlich nicht, dass man sich sklavisch an das vorskizzierte Gerüst halten müsste. Umdenken ist jederzeit möglich, mitunter sogar unvermeidlich. Manchmal merkt man erst beim Ausformulieren, dass eine andere Gedankenabfolge den Lesefluss verbessern würde; und häufig muss man einige der geplanten Schnörkel später wieder streichen, um die Platzvorgaben einzuhalten. Doch selbst dann war die Zeit für das Konzept keinesfalls verschwendet. Denn je besser die Gedanken vorab geordnet waren, desto leichter fällt anschließend das Schreiben und desto lesefreundlicher die Geschichte.

Der Texteinstieg ist besonders gründliche Vorüberlegungen wert. Er ist gewissermaßen das Appetithäppchen des Artikels. Er soll den Leser in den Text locken. Und er legt den Tonfall des gesamten Stücks fest. Woraus das Häppchen besteht, bleibt dem Einfallsreichtum des Autors überlassen. Die ersten Zeilen sollten nicht gerade mit einem bandwurmähnlichen Schachtelsatz beginnen. Ansonsten aber ist nahezu alles erlaubt, was Leselust weckt, von einem hübschen Eingangshistörchen bis zum schlichten Fragesatz.

Ein reportageartiger Anfang bietet sich immer dann an – und nur dann –, wenn es etwas zu schildern gibt, was für das Thema des Textes von zentraler Bedeutung ist, eine Versuchsanlage etwa:

> Das Versuchsfeld liegt mitten im Revier. Eine kleine Wiese zwischen Steinbrüchen, Wäldern und hoch aufragenden Fördertürmen – die Hügellandschaft südlich von Kattowitz gehört zu den größten Kohlereservoiren Europas. Wer hier das Erdreich aufgräbt, hat gewöhnlich nur eines im Sinn: dem Boden seine Schätze zu entreißen.
>
> Seit kurzem jedoch testet ein internationales Forscherteam auf dem rohstoffreichen Grund genau das Gegenteil. Hinter Maschendrahtzäunen haben die Wissenschaftler zwei Flüssiggastanks aufgestellt...

Eine typisches Fallbeispiel oder ein spannender Erlebnisbericht eignen sich ebenfalls als Einstieg – vor allem bei Themen aus der Medizin:

> Es fing ganz harmlos an. Ihre Haut rötete sich an einer Stelle ein bisschen. Wenige Tage später bekam Hanna Priedemuth Fieber und Kopfschmerzen. Die Symptome klangen schnell ab. Doch bald setzte das Fieber erneut ein, hinzu kamen Schwindelanfälle, Gelenkschmerzen und Sehstörungen...

Viel Stoff für packende Einstiegsanekdoten liefern auch Forschungsgebiete mit einer ereignisreichen Geschichte – wie die Zeitmessung oder die Raumfahrt:

> Sandford Flemings Kampf um die Zeit begann mit einem kleinen Druckfehler. Als der Chefingenieur der Canadian Pacific Railway an einem sonnigen Juninachmittag des Jahres 1876 vom irischen Landstädtchen Bandoran Richtung Londonderry reisen wollte, wartete er vergeblich auf

seinen Zug: Im offiziellen Fahrplan der Bahn war die Abfahrtszeit aus Versehen um zwölf Stunden zu spät angegeben. Kein besonders erstaunliches Missgeschick, denn damals lebte noch nahezu jede Kleinstadt im Rhythmus ihrer eigenen, am Stand der Sonne ausgerichteten Uhrzeit, und die Eisenbahngesellschaften ließen ihre Züge gewöhnlich nach den Ortszeiten ihrer Hauptsitze pendeln...

Raumstation „Mir", 25. Juni 1997: Ein unbemanntes Versorgungsschiff nähert sich der russischen Weltraumbasis. Als der Kommandant Wasilij Zibljew das Fahrzeug auf sich zukommen sieht, greift er zur Fernsteuerung und versucht, die Fähre an die vorgesehene Andockstelle zu lenken – vergeblich. Weit ab vom Kurs donnert der Frachter gegen das Spetr-Modul der „Mir" und reißt ein langes Loch in die Außenwand der Station...

Um den Leser neugierig zu machen, kann man

- ihn auch kurz hinhalten, bis sich aufklärt wovon die Rede ist:

So außergewöhnlich sie auch anmuten, selten sind sie keineswegs: „Blutwunder" haben in der katholischen Kirche eine jahrhundertelange Tradition...

- eine verblüffende Aussage an den Textanfang stellen:

Die Welt klebt. Das bekommen nicht nur Fliegen zu spüren, wenn sie am Leim des Sonnentaus hängen bleiben. Klebstoff hält auch Autos und Flugzeuge zusammen, schafft gute Kontakte zwischen Elektronikbauteilen in Computer und Radio...

- einen ausgefallenen Vergleich bringen oder ein Bild, das gewöhnlich in anderem Kontext verwendet wird:

Der Weg zu den Sternen ist steinig. Das bekamen die Mitarbeiter der Europäischen Südsternwarte deutlich zu spüren, als sie den vierten Hauptspiegel des Very Large Telescope an seinen Bestimmungsort bringen wollten. Fast drei Tage brauchten sie, um den tonnenschweren Koloss von der chilenischen Hafenstadt Antofagasta bis zum 130 Kilometer entfernten Gipfel des Berges „Paranal" zu karren. Auf den holprigen, kaum befestigten Schotterpisten durch die Anden kam ihr Lastwagen oft nur im Schritttempo voran, immer wieder mussten sie warten, bis Planierraupen größere Felsbrocken aus der Bahn geräumt hatten...

- die Brisanz des Themas in einem möglichen Zukunftsszenario veranschaulichen:

USA, Januar 2036: Der Süden der Vereinigten Staaten leidet seit 30 Monaten unter absoluter Trockenheit, Trinkwasser wurde rationiert, die Bewässerung der Obstplantagen eingestellt. Der Gouverneur Kaliforniens spricht von der „schlimmsten Dürre aller Zeiten". Gleichzeitig belegen Satellitenaufnahmen, dass die Schelfeisdecke der Antarktis um mehr als die Hälfte geschmolzen ist. Der globale Meeresspiegel hat sich um gut zwanzig Zentimeter erhöht, Tendenz rasch steigend. Die Bevölkerung der überschwemmten Pazifikinsel Tuvalu wurde bereits umgesiedelt, andere hochwasserbedrohte Inselstaaten in Ozeanien suchen noch nach Ersatzterritorien für ihre Bewohner. Meteorologen fürchten zudem, der starke Schmelzwasserzufluss von den Polkappen könnte den Golfstrom zum Erliegen bringen. Für Nordeuropa hätte das einen Kälteeinbruch zur Folge, der vermutlich „weite Landstriche unbewohnbar machen" würde, warnen sie. Staatschefs aus allen Teilen der Erde, darunter die Vertreter der wichtigsten Industrienationen, haben sich deshalb zu einem Sondergipfel der Vereinten Nationen in New York getroffen. Ihr Ziel: Sie wollen ein Notmaßnahmen-Paket verabschieden, um schnell und wirkungsvoll in das globale Klimageschehen einzugreifen und so einen weiteren Temperaturanstieg unter allen Umständen zu verhindern...

- oder eine (in der Regel rhetorische) Frage stellen:

Kann man den Volkszorn in einer Zahl ausdrücken? Man kann. 2,39 etwa...

Die Länge des Einstiegs ist genauso variabel wie seine Form; er kann zwei Zeilen oder auch drei Absätze umfassen, je nach Gesamtumfang des Artikels. Diese Gestaltungsfreiheit darf allerdings nicht mit Beliebigkeit verwechselt werden. Es hat keinen Sinn, am Anfang eines Stücks über Solarkraftwerke ausführlich zu beschreiben, wie der zuständige Wissenschaftler in seiner Kaffeetasse rührt. Die Eingangsszene muss vielmehr charakteristisch für das Folgende sein und den Leser auf das Thema der Geschichte einstimmen.

Die Hauptaussage oder These des Textes steht dann im nächsten Abschnitt. War der Einstieg die Kür, so ist diese Passage die Pflicht. Sie führt vom interessanten Detail oder Einzelbeispiel in den größeren Zusammenhang ein und bildet so gleichsam das Portal zum Hauptteil des Artikels. Spätestens jetzt müssen Sinn und Zweck der Geschichte klar werden, muss der Autor möglichst beiläufig, ohne die Spannung zu zerstören, zusammenfassen, worum es im Restartikel gehen wird, den aktuellen Anlass für seinen Text nennen und erläutern, welche Bedeutung das Thema über die reine Wissenschaft hinaus hat, für die Wirtschaft beispielsweise oder für unser Alltagsleben, sofern es einen solchen Gesellschaftsbezug gibt.

Zwei simple rhetorische Tricks können dabei recht nützlich sein. Der erste funktioniert so gut wie immer. Er besteht schlicht darin, weitere Beispiele zu nennen, die den Blick vom Spezialfall auf die globale Dimension des Themas lenken:

```
... Ein Traum von der sauberen Energieproduktion, den man
nicht nur in Polen träumt. Auf der ganzen Welt laufen
zurzeit Experimente zu „Carbon Capture and Storage, kurz
CCS ", wie die neue Form der Schutzhaft für Kohlendioxid
im Fachjargon heißt. Allein die US-Regierung investiert
inzwischen jährlich knapp 50 Millionen Dollar, um mögli-
che Speicherkonzepte für CO2 zu erproben - von der Lage-
rung in unterirdischen Gesteinsschichten bis zum Versen-
ken im Meer. Die EU-Kommission hat gerade erst mehr als
30 Millionen Euro für fünf neue CCS-Projekte freigegeben.
Und auch das Engagement der Industrie ist groß. Nahezu
alle namhaften Energieanbieter und Ölkonzerne beteiligen
sich an Versuchen zur Kohlendioxidlagerung...
```

Bei bestimmten Themen bietet es sich darüber hinaus an, die Leserschaft bei ihren Vorurteilen abzuholen; zum Beispiel, indem man naheliegende Einwände als Fragen formuliert, um sie anschließend in einem zusammenfassenden Absatz zu widerlegen und so die Relevanz des Themas zu bekräftigen. Ich greife gerne auf dieses Stilmittel zurück, wenn ich über eines jener (gar nicht so seltenen) Forschungsprojekte schreibe, die auf den ersten Blick völlig absurd anmuten, wie die Konstruktion von Uhren, die in Jahrmilliarden nur noch Sekundenbruchteile falsch gehen:

... Präzise genug, möchte man meinen. Uhren ordnen zwar unser Leben, ohne Uhren würde die moderne Welt nicht funktionieren. Aber wer weiß schon, was Zeit eigentlich ist? Mal verrinnt sie wie im Flug, mal zieht sie sich wie eine Ewigkeit. Weshalb sollte man etwas so schwer Fassbares immer exakter ausmessen? Lohnt sich der Aufwand überhaupt?
Für Flemings Nachfolger keine Frage. Alle nationalen Zeitinstitute der Industrieländer arbeiten im Moment an einer neuen Generation von Chronometern: so genannten optischen Uhren. Die Geräte sollen die Ganggenauigkeit der besten Atomuhren noch einmal um den Faktor 1000 übertreffen und damit nicht nur Grundlagenforschern beim Test ihrer neuen Theorien helfen, sondern auch die Satellitenortung verbessern, den Telefonverkehr optimieren und exakte Höhenmessungen erleichtern. „Eines Tages werden wir mit den Zeitmessern vielleicht sogar die Sekunde neu definieren", sagt Andreas Bauch von der Physikalisch Technischen Bundesanstalt in Braunschweig...

Geschickt ins Thema eingeführt, ist der Leser nun – hoffentlich – bereit, sich auf den Hauptteil der Geschichte einzulassen, zumindest wenn der nicht sofort an Fahrt verliert.

Dem Haupttext eine schwungvolle Struktur zu verleihen ist knifflig. Wer nicht nur Fakten auflisten, sondern wirklich eine Geschichte erzählen will, kommt nicht umhin, dem Stück eine Entwicklungsrichtung geben, also Dynamik in eine oftmals eher statische Materie zu bringen.

Zeitabläufe eignen sich dabei besonders gut als Leitfaden. Der Autor kann etwa ein Experiment oder den Verlauf einer Therapie als Rahmenhandlung für sein Stück wählen, um dann in wiederkehrenden reportageähnlichen Texteinschüben das allmähliche Fortschreiten des Versuchs oder der Therapie zu schildern.

Auch die Entwicklungsgeschichte einer Erfindung oder eines Forschungsgebiets lässt sich als Leitlinie verwenden: Ausgehend vom aktuellen Aufhänger des Artikels werden die Vorgeschichte aufgerollt, der momentane Forschungsstand noch einmal ausführlich erläutert und schließlich eine Prognose für die Zukunftschancen abgegeben.

Bei konflikträchtigen Themen liegt es nahe, die Polarität der Geschichte als dramaturgisches Hilfsmittel zu benutzen. Stellt man Argumente und Gegenargumente gegenüber, lässt nacheinander Befürworter und Gegner einer Sache zu Wort kommen, um am Ende ein Fazit aus der Diskussion zu ziehen, bekommt der Text fast von allein eine dynamische Struktur. Gewöhnlich bietet sich ein solcher Aufbau in der zweiten Artikelhälfte an, wenn die Fakten bereits erläutert sind und nun eingeordnet werden sollen.

Zu Beginn des Hauptteils ist dagegen meist ein Erklärstück gefragt. Anders als bei geläufigeren Themen aus Politik oder Kultur muss man den Leser bei Wissenschaftsthemen zunächst einmal mit den Grundideen des Sachgebiets vertraut machen. Solche erläuternden Passagen wirken zwar schwerfälliger als ein launiger Reportageeinschub, sind aber unverzichtbar – auch für das Lesevergnügen. Denn was nutzt die eleganteste Dramaturgie, wenn das Publikum keine Chance hat, zu verstehen, wovon eigentlich die Rede ist?

Schon die Wortwahl ist entscheidend für die Verständlichkeit des Artikels. Je konkreter und je alltäglicher die verwendeten Wörter, desto eingängiger der Text. „Man brauche gewöhnliche Worte und sage ungewöhnliche Dinge", empfiehlt Schopenhauer in seiner Stilkunde. Ein Ratschlag, dessen Umsetzung von Wissenschaftsjournalisten einige Mühe verlangt. Originalartikel und Pressemitteilungen sind normalerweise vollgestopft mit Fachbegriffen, Fremdwörtern und abstrakten Wortungetümen auf „ion", „heit" oder „ierung". Und viele Wissenschaftler rümpfen ein wenig abfällig die Nase, wenn man versucht, ihr Expertenlatein in Alltagsdeutsch zu übersetzen.

Widerstand gegen den Fachjargon zu leisten lohnt sich jedoch. Wer möchte schon ein Stück über „Mammakarzinome" oder die „Transmutation von Radionukleiden" lesen, wohingegen der Kampf gegen Brustkrebs oder die Umwandlung von radioaktivem Müll in unschädlichen Abfall doch eigentlich spannende Themen sind. Um nicht aus Versehen die Ausdrucksweise von Pressemitteilungen zu übernehmen, überlege ich mir beim Schreiben öfters, wie ich den Sachverhalt in einem Brief an Freunde erzählen würde. Sätze wie „Die TriPleXTM-Technologie prüft

Material- und strukturelle Eigenschaften auf der Nanoskala eines siliziumdioxid-/siliziumnitridbasierten Wellenleiters in einem CMOS-Prozess" kommen da gewiss nicht vor. (Das Zitat stammt wörtlich aus einer Pressemitteilung des Fachverbands für Mikrotechnik.)

Manchmal sind Fachausdrücke allerdings unumgänglich, sei es, weil ein Forscher in seinem Zitat darauf besteht, sei es, weil das Fachwort besonders prägnant oder treffend ist. So wäre es ziemlich umständlich in einem Text über die Suche der Physiker nach einer „Theorie für alles" immer von „jenem komplizierten mathematischen Formelsystem zur Beschreibung des Kosmos" zu sprechen statt einfach kurz vom „Standardmodell". Bevor man auf den Fachbegriff zurückgreift, muss man ihn jedoch unbedingt erläuternd einführen. Nach vielen Diskussionen mit Kollegen aus anderen Ressorts bin ich mir inzwischen sicher, dass es ratsam ist, so gut wie kein Vorwissen vorauszusetzen – es sei denn, die Fachvokabeln haben bereits Eingang in die Alltagssprache gefunden wie vielleicht „DNA", „Prozessor" oder „Metastase" (Was war das doch gleich?).

Begriffe übersetzen oder erläutern? Einige Fachwörter lassen sich zur Erklärung einfach durch entsprechende Vokabeln aus dem Alltagswortschatz ersetzen: Protein durch Eiweiß, Lipide durch Fette oder Geothermie durch Erdwärme. Für andere existiert kein solches Pendant. Großenteils sind das Bezeichnungen für sehr abstrakte Phänomene, etwa aus der Quantenphysik oder der Kosmologie, die im Normalleben nicht vorkommen. Hier sind Analogien und Vergleiche mit Altbekanntem gefragt, die das Unvorstellbare wenigstens ein bisschen begreifbarer machen. Mal genügt dazu ein Halbsatz: Aus „Schwarzen Löchern" werden dann „riesige Materiestaubsauger", aus „Genen" „Dateien, die vom Organismus nacheinander aufgerufen werden" und aus „Superstrings" „winzige Fäden aus purer Energie, die wie Gitarrensaiten schwingen und ein mikroskopisches Quantenkonzert anstimmen". Mal muss man weiter ausholen, um einen Begriff bildlich zu erklären -- zum Beispiel wenn es um „Gravitationswellen" geht:

```
… Nach Einsteins Relativitätstheorie ist der Raum um uns
herum nicht ewig gleich bleibend und starr, sondern ver-
änderlich. Ähnlich einem Gummituch, das sich unter dem
Gewicht einer Bleikugel wölbt, lässt er sich von schweren
Himmelskörpern eindellen. Bewegt sich nun ein Stern mit
Schwung durchs All oder explodiert gar in einer gewal-
tigen Supernova-Eruption, dann zerrt er stark an seiner
Gummituch-artigen Umgebung und erzeugt dabei kleine Wel-
len: Kräuselungen der Raumstruktur, die sich mit Licht-
```

geschwindigkeit im Kosmos ausbreiten. Wo diese Gravitationswellen vorbeiwandern, stauchen und strecken sie den Raum immer abwechselnd….

Vereinfachen, nicht verfälschen: Die hohe Kunst des Wissenschaftsjournalismus besteht darin, anschaulich zu schreiben, ohne dabei falsche Vorstellungen zu wecken oder den Sachverhalt zu stark zu verniedlichen. Die „Zwergenwelt" des Nanokosmos, in der angeblich irgendwelche Winzlinge die tollsten Maschinchen bauen, ist für mich so ein Beispiel für eine allzu niedlich-kitschige Bildersprache. Eine Ansammlung von Atomen ist einfach kein „Zwergenstaat". Wenn ich mir bei einem Vergleich unsicher bin, spreche ich ihn vor Abdruck vorsichtshalber mit den Forschern durch. Deren Toleranz für gewagte Bilder ist in der Regel gering.

Für abstrakte Maße und Zahlen gilt Ähnliches wie für Fachwörter. Unkommentiert in den Text gestellt, haben sie wenig Aussagekraft. Kaum jemand weiß wohl, wie lang ein „Nanometer" ist. Besser also die Maßeinheit zu übersetzen und „ein Millionstel Millimeter" zu schreiben; noch besser: nach einem passenden Vergleich zu suchen, etwa „so lang wie zehn aufgereihte Wasserstoffatome" oder „so groß wie der Millionste Teil eines Stecknadelkopfs". Günstigstenfalls veranschaulichen die Forscher ihre Messgrößen im Recherchegespräch gleich selbst. Dann bietet es sich an, die entsprechenden Worte tatsächlich als Zitat zu bringen. So bekommt der Leser neben der bloßen Zahl auch noch eine Bewertung durch den Experten mitgeliefert -- beispielsweise wenn es gilt, die Leistungsfähigkeit neuartiger Uhren einzuschätzen:

… Dauerhaft eingependelt werden die optischen Uhren in zehn Milliarden Jahren voraussichtlich nur eine Sekunde fehl gehen. „Eine enorme Verbesserung", sagt David Wineland. „Zurückgerechnet könnten sie dann die Zeit von der Gegenwart bis zu den Kindertagen des Universums exakt angeben."…

Die Lesbarkeit eines Textes erhöht sich generell, wenn Menschen darin zu Wort kommen. Wörtliche Zitate wirken oft frischer und lebendiger als die gedrechselten Sätze des Autors. Indem der Schreiber die Persönlichkeiten hinter der Forschung vorstellt, vielleicht noch ein paar biografische Elemente in den Text einstreut, nimmt er dem abstrakten Stoff außerdem etwas von seiner Unnahbarkeit, nicht zuletzt, weil der Leser so Gelegenheit bekommt, die Beweggründe zu verstehen, die den jeweiligen Forscher bei seiner Arbeit antreiben.

Ein wohlkomponierter Artikel lebt vom Wechsel aus kommentierenden Zitaten und nüchternen Erklärstücken, aus Fallbeispielen und Verallgemeinerungen, aus leichteren und komplizierteren, aus schnelleren und langsameren Passagen. Findet der Autor den richtigen Rhythmus, fällt seinem Publikum kaum auf, dass es sich durch ein schwieriges, vermeintlich dröges Terrain hindurchhangelt – bis es plötzlich am Ende des Artikels angelangt ist.

Der Schluss der Geschichte sollte noch einmal ein Höhepunkt sein, wenigstens ein kleiner. Das Ende bleibt dem Leser im Gedächtnis haften, prägt den Gesamteindruck des Stücks. Bedauerlich also, wenn der Artikel in Nebensächlichkeiten ausebbt oder abrupt abbricht. Andererseits darf der Schluss auch kein überproportional großes Gewicht bekommen und in letzter Sekunde noch vollkommen neue Fragen aufwerfen.

Der beste Ausklang ergibt sich ganz natürlich aus der Gesamtkonzeption des Artikels. Klar vorgezeichnet ist der Schluss beispielsweise bei Texten mit einem Zeitablauf als rotem Faden: Handelt das Stück von einem Laborversuch, endet es quasi von selbst mit Abschluss des Experiments. Beschreibt der Artikel den Werdegang eines Forschungsvorhabens, mündet er konsequenterweise in einen Ausblick auf die Zukunft des Projekts -- bei einem Text über Quantencomputer zum Beispiel in ein Szenario für den künftigen Einsatz der Maschinen:

```
… Eines Tages, so prophezeit Schmidt-Kaler, könnten die
Geräte vielleicht auf Schreibtischformat zurechtgeschnei-
dert werden und in speziellen Rechenzentren oder Wissen-
schaftsinstituten ihren Dienst leisten – fachmännisch ge-
pflegt von Quantenigenieuren.
```

Schön rund wird der Text, wenn man am Ende einen Bogen zum Anfang schlägt und den Eingangsgedanken erneut aufgreift – in meinem Artikel über die Zeitmessung habe ich beispielsweise den Helden aus der Anfangsanekdote (siehe vorne) zum Schluss noch einmal erwähnt:

```
Allen Präzisionsbemühungen zum Trotz – im Alltag habe die
Pünktlichkeit nach der Uhr „ausgedient". Ob das dem akku-
raten Fleming wohl gefallen hätte?
```

Doch so formschön der Schlussbogen ist – der Versuch, möglichst jeden Text in eine solche Klammer zu quetschen, ist zum Scheitern verurteilt. Die geschlossene Form kann leicht sehr konstruiert wirken. Zu oft verwendet, wird die Stilfigur überdies schnell langweilig, weil allzu vorhersehbar.

Ein Resümee am Ende des Artikels fasst die Hauptaussagen abschließend zusammen und verhindert, dass der Text zerfleddert – vor allem bei langen Artikeln eine sinnvolle Orientierungshilfe. Meiner Ansicht nach sollten Magazingeschichten lieber ausgewogen argumentieren als kommentieren, sodass der Leser hinterher in der Lage ist, sein eigenes Urteil über den Sachverhalt zu fällen. Bei strittigen Themen, etwa bei Texten über Gentechnik oder Atomenergie, ist ein neutrales Ende jedoch meist unbefriedigend. In solchen Fällen verlangt das Schlussresümee nach einer Stellungnahme. Abhängig vom Tonfall des Artikels kann sie in einem Appell bestehen, einer Analyse des Autors, dem Kommentar eines Experten oder einer Kombination aus mehreren Elementen -- wie zum Beispiel bei meinem Text über umstrittene großtechnische Eingriffe in das Klimasystem der Erde, im Fachjargon „Geoengineering" genannt:

... Vielleicht könnte Geoengineering – oder zumindest manche Methoden aus dem Portfoliodes CO2-Managements – dann als Brückentechnologie fungieren, um Zeit zu gewinnen, falls die weltweiten Bemühungen, den Treibhausgas-Ausstoß zu senken, weiterhin nur schleppend vorangehen. Vielleicht führen genauere wissenschaftliche Untersuchungen aber auch zu einer ganz anderen Einsicht. „Je ausgefeilter unsere Computersimulationen zu den verschiedenen Geoengineering- Konzepten bisher wurden, desto mehr haben sie uns ernüchtert", berichtet der Klimaforscher Andreas Oschlies. Geringe Effizienz bei starken Nebenwirkungen und hohen Kosten, lautete stets das Resümee. Sollten detailliertere Rechnungen und Tests diese Tendenz bestätigen, wäre die Botschaft der Geoengineering-Forschung für Oschlies am Ende klar: „Wir müssen mit allen Mitteln versuchen, den Klimawandel von vornehrein zu verhindern. Denn gangbare Alternativen gibt es nicht."

Pointen sind der Klassiker unter den Schlussvarianten. Prägnant und griffig formuliert geben sie dem Text einen letzten Kick. Um den gewünschten Effekt zu erzielen, kann der Autor auf verschiedene Stilmittel zurückgreifen:

- Ein knackiges Zitat:

... Reizvoll bleibe die Arbeit an den Maschinen aber dennoch, sagt Wilkens und fügt schmunzelnd hinzu: „Nichts ist verlockender als der metaphysische Sog der Quantentheorie kombiniert mit dem Sexappeal von schnellen Rechnern."

- Eine überraschende Wendung:

... Um Betrügereien auf die Spur zu kommen, fordert Garlaschelli deshalb, alle weinenden Statuen mit Röntgengeräten nach schmalen Rissen in der Oberfläche abzusuchen. Walter von Lucadou sieht das Problem gelassener: „Wenn eine Marienfigur Tränen vergieß, meinen viele Gläubige, die Gottesmutter weine über das Böse auf der Welt, gehen in sich und tun Buße", argumentiert er. „Weshalb sollte man da eingreifen?" Eigentlich spiele es doch keine Rolle, ob nun „Schwitzwasser die Leute zur Besserung bringt oder ein echtes Wunder".

- Oder einen netten Schlussgag, der den Leser mit einem leisen Lächeln aus dem Text entlässt:

Einig sind sich die Experten, dass Roboter im Weltraum, unter Wasser oder an anderen unwirtlichen Orten möglichst autonom werkeln sollen. Und im Alltagsleben? „Dort dürfen sie den Menschen weder verdrängen noch entmündigen", formuliert Christaller sehr allgemein. Rolf Pfeifer wird konkreter: „Wenn ich Kaffee bestelle und mein Haushaltsroboter bringt mir stattdessen Tee, nur weil das altkluge Ding Tee für gesünder hält, dann landet es in der Abstellkammer – bei allem Respekt vor seiner Intelligenz."

Gerade bei Wissenschaftsartikeln stellt so ein Schluss meist eine willkommene Auflockerung dar – das spritzige Dessert nach einem mitunter doch etwas schwer verdaulichen Hauptgang.

Mit dem Nachtisch ist das Menü allerdings noch nicht komplett. Viele Artikel brauchen noch eine Garnierung: Zusatzelemente, die dem Leser weiterführende Informationen liefern, den Nutzwert der Geschichte steigern oder helfen, komplizierte Sachverhalte einsichtig zu machen.

So sind Infografiken oft schneller erfassbar und verständlicher als reiner Text. Mit ihrer Hilfe lassen sich die Erklärpassagen im Artikel kurz halten und zusätzliche Zahlenangaben unterbringen, die den Lesefluss im Haupttext nur stören würden. Hübsch gestaltet, können sie sogar als Fotoersatz dienen – besonders bei schwer darstellbaren Themen aus Nanotechnologie oder Quantenphysik allemal besser als die ewiggleichen Laboraufnahmen und nichtssagenden Genrebilder, die solche Texte normalerweise illustrieren.

Eine Zeitleiste, die in kleinen Textblöcken und Fotos oder Piktogrammen die wichtigsten historischen Stationen einer Entwicklung wiedergibt, ist ebenfalls ein guter Blickfang für den Artikel. Von der Bildergeschichte angelockt, findet der Leser vielleicht auch Zugang zum Haupttext.

Kürzere Beistücke zum Hauptartikel erleichtern den Einstieg ins Thema zusätzlich. Die Kästen können einen interessanten Nebenaspekt des Themas enthalten, der im Haupttext zu weit führen würde, ein Experteninterview, einen Kommentar oder nützliche Service-Angebote, darunter Experten-Adressen, ergänzende Literatur oder – bei Medizinthemen – Tipps zur Behandlung einer Krankheit.

Das Gesamtpaket darf allerdings nicht ausufern. Ein wildes Sammelsurium aus Beistücken, Infografiken, Tortendiagrammen und Bildleisten erweckt leicht den Eindruck, als habe sich der Schreiber darum gedrückt, eine Auswahl aus der Fülle seines Materials zu treffen – was mitunter auch schwer fällt, mir zumindest. Nach einer ausführlichen Recherche muss ich mir immer wieder bremsend in Erinnerung rufen: Der Leser will vermutlich nicht alles wissen, was ich über das Thema erfahren habe, ganz gleich wie fasziniert ich von den Einzelheiten bin. Anders als ein Lehrbuch erhebt eine Magazingeschichte keinen Anspruch auf Vollständigkeit. Sie muss das Thema rasch und zielgerichtet auf den Punkt bringen; das unterscheidet sie im Übrigen auch von dem konturlosen Informationsbrei, der sich kostenlos im Internet zusammenklicken lässt.

Ein gelungener Text endet lange, bevor sein Adressat ermüdet ist; am besten so früh, dass der Leser Lust auf eine Fortsetzung bekommt, im nächsten – perfekt abgezirkelten – Artikel zum Thema.

Wissenschaft im Lokalen
Letzte Chance, das Lokale nicht zu unterschätzen

Tanja Kotlorz

Zusammenfassung

Artikel zu wissenschaftlichen Sachverhalten ziehen sich heute durch die komplette Tageszeitung. Das Thema muss neu sein, es sollte einen lokalen Bezug haben und es sollte etwas Besonderes sein. Entscheidend ist auch die Seriosität der Einrichtung, die eine entsprechende Mitteilung herausgibt.

Ob Chirurgen oder Archäologen, Dentisten oder Radiologen, zahlreiche Fachgruppen tagen immer wieder in der Stadt. Abgesehen davon, dass der Journalist über Inhalte der Pressekonferenzen berichten kann, gibt es die Möglichkeit, einzelne Kongressthemen journalistisch und mit lokalem Bezug aufzubereiten.

Auf Fachbegriffe sollte man möglichst ganz verzichten oder sie übersetzen und erklären. Der Lokalteil einer Zeitung richtet sich an alle Leser. Die Geschichten sollten von allen Lesern verstanden werden.

Schlüsselwörter

Lokaler Bezug, Lokalteil

Welche Wissenschaftsthemen eignen sich für das Lokale? Nahezu jede Wissenschaftsthematik ist spannend für den Lokalteil einer Tageszeitung. Die Zeiten, da sich Forschung im Elfenbeinturm abspielte und wissenschaftliche Ergebnisse ausschließlich in Fachzeitschriften und auf den Wissenschaftsseiten der Tageszeitungen stattgefunden haben, sind lange vorbei. Artikel zu wissenschaftlichen Sachverhalten ziehen sich heute durch die komplette Tageszeitung: Der Klimaschock wird zum Seite-Eins-Aufmacher; die Ausbreitung der Vogelgrippe in Asien ist ein großes Thema auf einer der Auslandsseiten; die Ölkatastrophe findet auf der vermischten Seite statt – und was steht im Lokalteil? Theoretisch jedes der genannten Themen: Ist zum Beispiel ein lokaler Forscher an der neuen Studie zum Thema Klimawandel beteiligt, wird der Wissenschaftler dazu interviewt und das Gespräch im Lokalteil abgedruckt. Präsentiert die örtliche Gesundheitsbehörde ihren Pandemie-Plan, kann dieser im Lokalteil veröffentlicht werden, zusammen mit einem Artikel, in dem erläutert wird, wie das Gesundheitsamt sich auf eine weltweite Grippewelle vorbereitet, welche und wie viel Medikamente eingelagert wurden. Wird ein verendeter Mäusebussard in der Region gefunden und es stellt sich nach ersten Untersuchungen heraus, dass das Tier den aggressiven Virustyp H5N1 hatte, dann wird auch die Vogelgrippe zum Top-Thema im Lokalteil.

Doch die Leser sollen sich die Artikel nicht aus der ganzen Zeitung zusammensuchen müssen. Daher geht der Trend bei den großen Tagesthemen hin zu Themenseiten: Redakteure aus unterschiedlichen Ressorts tragen die Artikel zusammen, die dann auf einer oder mehreren Seiten gedruckt werden. Über der Seite steht wie in einer Nachrichten-Leiste meist in Kurzform das Thema, um das es geht. Im Folgenden einige Beispiele für Wissenschaftsthemen im Lokalteil der Berliner Morgenpost.

Die Medizinsensation. Die Berliner Universitätsklinik Charité hatte am 5. Februar 2004 am späten Donnerstagnachmittag eine Pressemitteilung herausgegeben, aus der hervorging, dass eine sensationelle Mehrfach-Transplantation durchgeführt wurde: Einer 36-Jährigen wurden Leber, Bauchspeicheldrüse, Magen, Zwölffingerdarm, Dünndarm, Teile des Dickdarms, die rechte Niere und die rechte Nebenniere übertragen, teilte das Universitätsklinikum mit. Zwar lag die Operation bereits zwei Monate zurück, doch die Nachricht war durch die Pressemitteilung der Klinik, die an alle hiesigen Medien verschickt wurde, erst jetzt „auf dem Markt". Der umkämpfte Medienmarkt in Berlin, wo zahlreiche Tageszeitungen, Radiosender und TV-Stationen um die Gunst der Konsumenten buhlen, erlaubt es nicht, interessante Mitteilungen bis zum nächsten Tag liegen zu lassen.

Die Chefredaktion der „Berliner Morgenpost" entschied an diesem Nachmittag, die Geschichte auf der prominenten Seite eins als Fuß (unten auf der Seite) zu platzieren. 63 Zeilen. Eine umfangreiche Recherche war zu dem Zeitpunkt nicht mehr möglich: Lediglich ein Telefonat mit der Pressestelle der Charité, ein Gespräch mit dem behandelnden Arzt in der Klinik für Transplantationsmedizin, der die Operation und die Krankengeschichte der Patientin schilderte, Internet- und Intranetrecherche. Mit der Patientin konnte man an dem Abend leider nicht mehr sprechen.

Am Samstag ist die Geschichte dann umfangreich im Lokalteil der „Berliner Morgenpost" als Medizin-Sensation veröffentlicht worden. Ein Aufmacher von 94 Zeilen, dazu zwei längere Beisteller, einer über die Operation und ein Erklärstück über die Funktionsweise der Verdauungsorgane. Im Mittelpunkt der Berichterstattung stand an diesem Tag die Patienten, die in der Berichterstattung am Vortag noch nicht zu Wort kam. Sie schilderte ihre Krankengeschichte und wurde gemeinsam mit ihrem behandelnden Arzt im Foto gezeigt.

Das Thema muss neu sein, es sollte einen lokalen Bezug haben (Berliner Universitätsklinik Charité), es sollte etwas Besonderes sein (acht Organe wurden auf einmal verpflanzt). Entscheidend ist auch die Seriosität der Einrichtung, die eine solche Mitteilung herausgibt.

Universitäre und außeruniversitäre Institute sowie Kliniken und Krankenhäuser versuchen, sich im harten Kampf um Patienten, Kassengeld, Drittmittel und andere Geldquellen so vorteilhaft und PR-wirksam wie möglich in den Medien zu präsentieren. Hinzu kommt, dass sich nahezu jedes Krankenhaus einen professionellen Pressesprecher oder PR-Manager leistet. Journalisten werden per Telefon, Mail, Fax und Social Media mit Mitteilungen regelrecht bombardiert.

Nicht immer ist im aktuellen Tagesgeschäft genug Zeit vorhanden, ein Thema von allen Seiten zu beleuchten. Dennoch gibt es einige Einrichtungen, die mehr Aufmerksamkeit genießen als andere. Dazu zählen u. a. Universitätskliniken. Das war auch ein entscheidendes Kriterium dafür, warum dieses Thema noch am Nachmittag auf der Seite 1 der „Berliner Morgenpost" gelandet ist.

Lokales Thema „Neue Technologie": Ein Informant gibt den Tipp, dass die Charité eine Protonen- und Schwerionen-Anlage zur Behandlung verschiedener Krebserkrankungen betreiben will. Noch sei die Finanzierung dieser hochmodernen, teuren und noch sehr forschungsintensiven Technologie nicht gesichert.

Die Recherche bestätigt, dass die Charité dieses Projekt plant. Ein privater Krankenhaus-Konzern hat ein Angebot unterbreitet. Zur Recherche gehören Gespräche mit dem Vorstand der Charité, mit Strahlenmedizinern der Universitätsklinik, mit dem Vorstandschef eines privaten Klinikkonzerns und mehreren anderen Personen, die nicht alle im Artikel genannt werden. Zudem umfasst die Recherche die Suche nach Informationen zur Funktionsweise von Protonen- und Schwerionen-Anlagen im Internet und Intranet.

Das Thema ist spannend für den Lokalteil, da es sich um die Universitätsklinik der Stadt handelt, die eine neue Behandlungsmethode etablieren und ein neues, teures Gerät anschaffen und betreiben will. Die Anlage soll vor allem bei Krebserkrankungen eingesetzt werden.

Spannend ist zudem die Frage nach der Finanzierung. Das Land Berlin hat 60 Milliarden Euro Schulden. Wie kann die Klinik auf hohem wissenschaftlichen Niveau Schritt halten und so teure Technologien finanzieren? Interessant wäre es auch, Patienten zu begleiten, die mit Hilfe der neuen Technologie behandelt wurden.

Ein Thema mit lokalem Bezug: „Tücken der Medizin-Technologie".
`„Vom Roboter operiert - krank"`,
so lautete die Überschrift im Lokalteil der „Berliner Morgenpost" am 29.6.2004. Bundesweit hatten Mediziner mit Hilfe eines Roboters künstliche Hüftgelenke eingesetzt – mit zum Teil fatalen Folgen für die Betroffenen. Während der Operation verletzte die Maschine Muskulatur und Nerven. Die Patienten – darunter auch Berliner – erlitten irreparable Schäden. Ein Anwalt fordert Schmerzensgeld und will den Hersteller verklagen.

Medien jubeln gern, wenn es um neue Medizin-Apparate geht. Schonender, schneller und besser seien die millionenteuren Systeme. Nicht immer bewahrheitet sich, was vorher beklatscht wurde. In dem genannten Fall hatte ein teurer High-tech-Apparat bundesweit in OP-Sälen Schaden angerichtet. Wissenschaftliche Fachgesellschaften hatten zwar frühzeitig vor dem Gebrauch der Geräte im OP gewarnt. Dennoch kamen die Medizinroboter auch in Berlin zum Einsatz. Somit ein Thema für den Lokalteil.

Zur Recherche gehörten Gespräche mit betroffenen Patienten, Angehörigen, Anwälten, Ärzten und Fachgesellschaften.

Besonders geeignet: Service und Wissenschaft zum Anfassen. Die Lange Nacht der Wissenschaften ist eine sehr erfolgreiche Veranstaltung in Berlin. Jedes Jahr öffnen die Wissenschaftseinrichtungen der Stadt nachmittags bis nachts ihre Pforten. Gut 29.000 Besucher konnte zum Beispiel die Lange Nacht der Wissenschaften am 11. Juni 2016 verzeichnen. Mehr als 70 wissenschaftliche Einrichtungen in Berlin und auf dem Potsdamer Telegrafenberg boten rund 2.000 Experimente,

Vorträge, Workshops und Mitmachaktionen für Erwachsene und Kinder an. Ein Erfolgsmodell also und eine bei den Berlinern beliebte Veranstaltung.

Es gehört zum Leserservice einer lokal verankerten Tageszeitung, im Vorfeld einige Routen für die Leser herauszupicken, diese zu beschreiben und mit Grafiken anschaulich darzustellen Angebote, Öffnungszeiten etc. werden in den regionalen Tageszeitungen vorgestellt. Eine Nachberichterstattung über die Wissenschaftsnacht und eine Nachlese, wie viele Menschen die Labore besuchten, gehört zumeist ebenfalls dazu.

Glanzpunkt im Lokalen: Die Medizin-Serie. Um den Lesern den aktuellen Stand der Medizin zu erläutern und gleichzeitig Kliniken und andere therapeutische Einrichtungen vor Ort zu präsentieren, die diese medizinischen Eingriffe und Behandlungen anbieten, eignen sich Medizin-Serien. Diese sind oft ein Highlight im Lokalteil einer Zeitung.

Spektakuläre Initiativen mit lokalem Bezug gehören in den Lokalteil: Die Firma Berlin Heart AG, die mit dem Deutschen Herzzentrum Berlin (DHZB) kooperiert, hat ein Kunstherz für Kleinkinder konzipiert. Obwohl es in den USA wegen der dort herrschenden restriktiven FDA-Richtlinien zu dem Zeitpunkt noch nicht zugelassen war, konnte es dennoch aufgrund einer Ausnahmeregelung nach Amerika exportiert werden. Mit diesem Herzunterstützungssystem „made in Berlin" ist ein amerikanischer Säugling gerettet worden. Diese Geschichte ist ebenfalls im Lokalteil der „Berliner Morgenpost" veröffentlicht worden. Der journalistische Ansatz: Ein Einzelschicksal gepaart mit einer erfolgreichen Berliner Wissenschaftsgeschichte.

Lokales par excellence: Lokale Wissenschaftspolitik. Ein Forschungsdekan verlässt seine bisherige Wirkungsstätte, allerdings nicht ohne die Arbeit des Vorstandes zu kommentieren. Ein solches Interview kann – sofern es sich nicht um einen persönlichen Rachefeldzug handelt – Aufschlüsse darüber liefern, was schief läuft im örtlichen Wissenschaftsbetrieb.

Immer ein Anlass für lokale Berichterstattung: Kongresse. „Großes Treffen der Akteure der Gesundheitspolitik. Hauptstadtkongress startet im ICC am Funkturm." vermeldete die Berliner Morgenpost am 5.6.2013 online. In Berlin finden wie in vielen anderen Städten zahlreiche Medizinerkongresse statt: Ob Chirurgen, Dermatologen, Anästhesisten oder Radiologen, zahlreiche medizinische Fachgruppen tagen immer wieder in der Stadt. Abgesehen davon, dass der Journalist über Inhalte der Pressekonferenzen berichten kann, gibt es die Möglichkeit, einzelne Kongressthemen journalistisch und mit lokalem Bezug aufzubereiten. So kann ein Thema wie „neue bildgebende diagnostische Verfahren" Anlass sein zu recherchieren, welche Medizingeräte in hiesigen Kliniken im Einsatz sind, bei welchen Erkrankungen sie eingesetzt werden und wie lange Patienten auf Behandlungen warten müssen.

Journalistische Kriterien für die Berichterstattung: Entscheidend ist der lokale Bezug. Der Wissenschaftler ist hier geboren, oder arbeitet hier in der Stadt, die Krankheit wird u. a. in hiesigen Kliniken behandelt, an dem Leiden sind/könnten auch Menschen in der Region erkranken.

Aktualität ist ein entscheidendes Kriterium für die Berichterstattung. Es muss einen „aktuellen Aufhänger" geben. Das kann – so paradox es auch klingen mag – sogar etwas sein, das schon lange zurück liegt. „Das Robert Koch-Institut feiert 2016 sein 125-jähriges Bestehen – es ist damit eines der ältesten Public-Health-Institute der Welt. Im Jubiläumsjahr finden eine Reihe von Veranstaltungen statt, darunter ein zwölfteiliger Salon zur Institutsgeschichte." So steht es auf der Homepage des RKI im Jubiläumsjahr 2016. Eine gute Gelegenheit, hinter die Kulissen dieser wichtigen Einrichtung zu schauen, das RKI in Wedding zu besuchen und über einzelne Projekte zu berichten.

Spektakuläre Einzelfälle, beziehungsweise Einzelschicksale interessieren: Ein Berliner leidet an einer seltenen Krankheit. Wie kommt er mit seinem Handicap klar? Welche Medikamente und Therapien helfen? Forschen Pharmaunternehmen an der Entwicklung eines Medikaments?

Auf Fachbegriffe sollte man möglichst ganz verzichten oder sie übersetzen und erklären. Der Lokalteil einer Zeitung richtet sich an alle Leser. Die Geschichten sollten von allen Lesern verstanden werden.

Veränderungen im Journalismus. Die Krise im Journalismus – vor allem in vielen Zeitungsredaktionen – hat dazu geführt, dass immer mehr Redaktionen personell zusammengelegt und ausgedünnt werden, Themen komprimiert in Zentralredaktionen für unterschiedliche Blätter bearbeitet werden. Erhöhter Zeitdruck, zu wenig Personal und die Mehrfachbelastung durch das Bedienen verschiedener journalistischer Kanäle führt zu noch höherem Druck, zu mangelnder Recherche und bisweilen zum kritiklosen „Abholjournalismus".

Auch am Lokaljournalismus sind diese Entwicklungen nicht spurlos vorüber gegangen. Die Umfänge der Zeitungen sind teilweise drastisch geschrumpft, einige

Blätter sind ganz vom Markt verschwunden. In manchen Redaktionen fehlt sogar das Geld, um Artikel oder Fotos von freien Journalisten/Fotografen zu bezahlen.

Eine Konsequenz: Journalisten „wechseln die Seiten", gehen in die PR-Branche, arbeiten als Pressesprecher, Öffentlichkeitsarbeiter oder machen beruflich etwas ganz anderes.

Auch ich bin diesen Weg gegangen, habe meine feste Redakteursstelle bei Axel Springer SE gekündigt und bin 2011 als Leiterin der Unternehmenskommunikation zu den DRK Kliniken Berlin gewechselt. Der mittelständische Klinikbetrieb mit rund 3000 Mitarbeitern besteht aus vier Kliniken und einer Pflegeeinrichtung und macht einen Jahresumsatz von etwa 200 Millionen Euro.

Das Unternehmen befand sich zum Zeitpunkt meines Wechsels in einer gravierenden Krise: Medien titelten vom „größten Abrechnungsbetrugsskandal im deutschen Klinikwesen". Gegen rund 100 Mitarbeiterinnen und Mitarbeiter wurde ermittelt, zwei Geschäftsführer und ein Chefarzt landeten zunächst in Untersuchungshaft und standen schließlich 2016 vor Gericht. Dabei ging es um den Vorwurf des „bandenmäßigen und gewerbsmäßigen Abrechnungsbetruges" in 358 Fällen. Gegen Geldzahlungen wurde das Verfahren beim Berliner Landgericht nach 16 Verhandlungstagen schließlich eingestellt.

Das Thema Krisenkommunikation war für mich also von Anfang an ein wichtiges Arbeitsfeld. Wie kommuniziert man intern, wie extern im Krisenfall?

Als Pressesprecherin vermittle ich Journalisten Ansprechpartner für Interviews, stelle Texte ins Intranet und auf die Unternehmens-Homepage, konzipiere Printprodukte, entwickle und realisiere Kommunikationsstrategien und Marketingkonzepte, schreibe Reden, berate die Klinik-Mitarbeiterinnen und -Mitarbeiter und die Geschäftsführung bei medienwirksamen Auftritten – um nur einige Beispiele zu nennen.

Ein solcher Seitenwechsel bringt viele neue Erfahrungen mit sich. Erstmals erlebe und verstehe ich, wie ein Krankenhaus „funktioniert", kann Abläufe und Funktionen besser einschätzen. Und: Ein solcher Seitenwechsel ist heutzutage keine Einbahnstraße mehr. Es gibt immer wieder Journalisten, die die Seiten gewechselt haben und nach einiger Zeit wieder zurückkehren in den Journalismus.

Wissenschaft im Radio
… denn Radio ist Kino im Kopf

Frank Grotelüschen

> **Zusammenfassung**
>
> Im Hörfunk lassen sich auch jene Themen behandeln, die fürs Fernsehen mangels passender Optik nicht in Frage kommen. Aber der Hörer hört alles in der Regel nur einmal. Ein Hörfunkautor hat seine Weisheiten also noch simpler und leichter verdaulich zu formulieren, als es sein Printkollege eh schon tun muss.
>
> Um in einer Wissenschaftsredaktion Fuß zu fassen, empfiehlt sich ein wenig „funkische" Erfahrung, die sich zum Beispiel bei einem Uniradio oder einem Podcast-Sender wie „detektor.fm" sammeln lässt. Nicht wenige unterschätzen die technischen Fertigkeiten, die es zur Aufnahme passabler O-Töne und Atmos braucht. Der O-Ton macht nicht nur klar, was jemand gesagt hat, sondern auch wie er etwas gesagt hat – böse, ironisch, kalt oder leidenschaftslos. Deshalb sind O-Töne das Fleisch in der Radio-Suppe.
>
> Journalistische Formate im Funk gibt es viele. Standard ist der *gebaute Beitrag*. In seiner einfachsten Form wechseln sich O-Töne und Sprechertext einfach ab. Beim Verfassen der Sprechertexte ist vor allem auf eines zu achten: Kurze Sätze und eine Schreibe, die sich gut und flüssig sprechen lässt. Das Feature gilt vielen Radiomachern als die Königsdisziplin ihres Mediums. Hier ist grundsätzlich alles erlaubt: Hörspielelemente, Literaturauszüge, Klang- und O-Ton-Collagen, Reportagestrecken, Musik, etc.

> **Schlüsselwörter**
>
> O-Ton, Atmo, wav, mp3, Mikrofon, voiceover, Interview, Kommentar, Glosse, „gebauter Beitrag", Reportage, das Feature,

Wissenschaft im Radio hat ihren eigenen Reiz. Ein Hörfunkautor hat, anders als etwa der Verfasser eines Zeitungsartikels, deutlich mehr gestalterische Elemente zur Hand. Authentische O-Töne, interessante Atmos und erzählende Sprecherstimmen können einen Hörfunkbeitrag zu einem unterhaltsamen Erlebnis machen, bei dem man anders als bei der Printlektüre zudem noch Auto fahren oder Wäsche bügeln kann. Verglichen mit einem TV-Macher hat der Hörfunkautor größere Freiheiten: Der technische Aufwand ist geringer und er ist nicht zwingend auf Bilder angewiesen. Denn im Hörfunk lassen sich auch jene Themen behandeln, die fürs Fernsehen mangels passender Optik nicht in Frage kommen.

Freiheiten und Fallstricke. Wissenschaft im Radio birgt aber auch Fallstricke. Ein Rundfunkbeitrag läuft in der Regel nur einmal vor den Ohren des Hörers ab. Im Gegensatz zu einem Zeitungsartikel lassen sich einzelne Sätze oder Abschnitte, die man beim ersten Konsumieren nicht so recht kapiert hat, nur dann Revue passieren lassen, wenn man dem Beitrag im *Internet* oder per *Podcast* lauscht. Die Folge: Ein Hörfunkautor hat seine Weisheiten noch simpler und leichter verdaulich zu formulieren, als es sein Printkollege eh schon tun muss. Außerdem nützt dem Hörfunker die schöne Regel „Ein Bild sagt mehr als 1000 Worte" herzlich wenig. Im Gegensatz zu Zeitungen, Magazinen und TV-Stationen muss er auf instruktive Fotos, Infografiken und Trickanimationen verzichten und hat stattdessen alle Sachverhalte verbal und akustisch zu vermitteln.

Der Markt: Wissenschaft im Radio spielt sich im Wesentlichen im öffentlich-rechtlichen Hörfunk ab. Private Stationen bieten kaum Arbeitsmöglichkeiten für Wissenschaftsjournalisten. Sie berichten – wenn überhaupt – Rat gebend über populäre Medizinthemen („Was tun bei Sommersmog?") oder tratschen über Buntes und plakativ Unterhaltsames. Bleibt die in Deutschland durchaus reiche Landschaft der öffentlich-rechtlichen Wellen: Sie bieten ein Forum für Themen aus Medizin, Forschung und Wissenschaft.

Tägliche Wissenschaftssendungen bieten der Deutschlandfunk mit „Forschung aktuell" ab 16:35 Uhr, WDR 5 mit „Quarks – Wissenschaft und mehr" ab 15:05 Uhr sowie der Bayerische Rundfunk mit „IQ – Wissenschaft und Forschung" ab 18:05 Uhr. Die drei Sender unterscheiden sich recht deutlich in ihrem Profil: „Forschung aktuell" orientiert sich an den Themen, die vom internationalen Wissenschaftsbetrieb gesetzt werden: Die Reporter berichten tagesaktuell von Fachkonferenzen oder nehmen Veröffentlichungen in renommierten Fachzeitschriften zum Anlass, um über die neusten Ergebnisse eines Forschungsgebiets zu informieren.

„Quarks" dagegen ist stärker verbraucherorientiert: Die Autoren beantworten Hörerfragen oder stellen Verbrauchertipps zusammen. Und die Sendung behandelt auch Geistes- und Sozialwissenschaften. Beide Sender bieten auch Flächen für längere Beiträge, oft „Feature" genannt. Im DLF läuft an jedem Sonntag ein knapp 30-minütiger „Brennpunkt". Quarks bringt an jedem Werktag einen zehnminütigen Schwerpunkt. Der Bayerische Rundfunk verfolgt auf seiner Welle Bayern 2 eine recht ausgewogene Mischung aus kurz und lang: Montags, mittwochs und freitags gibt's ein halbstündiges Magazin mit Kurzbeiträgen. Am Dienstag und am Donnerstag erwarten den Hörer halbstündige, monothematische Sendungen.

Auch andere ARD-Wellen haben feste Sendeplätze für Wissenschaftsthemen, zum Beispiel eingestreut in andere, größere Magazinstrecken (z. B. „Impuls" auf SWR 2). Außerhalb der ARD bringen die Deutsche Welle, der Schweizer Rundfunk (SRG) sowie der Österreichische Rundfunk (ORF) Berichte aus Wissenschaft, Medizin und Technik (siehe Marktübersicht im Kapitel „Medien und andere Berufsfelder").

Auf und Ab. Bei all diesen Wissenschaftssendeplätzen herrscht eine gewisse Fluktuation. Jede Welle wird dann und wann einer Programmreform unterworfen. Mal wird dabei eine Wissenschaftssendung eingestellt, ein anderes Mal wird mit der Reform ein neuer Sendeplatz aus der Taufe gehoben – vielleicht mit einem neuen Konzept auf einer anderen Welle in geändertem Format. ARD-weit ist die Gesamtzahl der dezidierten Wissenschaftssendungen seit Mitte der neunziger Jahre knapp konstant geblieben. Aber: Nicht wenige Redaktionen mussten (und müssen) empfindliche Einschnitte in ihren Etats für Honorare und Reisekosten hinnehmen. Auch arbeiten manche Wellen verstärkt „*crossmedial*": Hörfunk-, TV- und Online-redaktionen sollen ihre Zusammenarbeit intensivieren, gemeinsam Themen und Schwerpunkte erarbeitet und so für Synergien und eine stärkere Kundenbindung sorgen. Ein konkretes Beispiel: Ein Fernsehautor, der für die WDR-TV-Sendung „Quarks & Co" einen Beitrag verzapft hat, wird als Live-Gesprächspartner bei der Radiosendung „Quarks – Wissenschaft und mehr" eingeladen, um dort seine bei der Recherche erlangten Weisheiten auch den Rundfunkkonsumenten nahezubringen. Wegen des übersichtlichen Rechercheaufwands erhält der Autor für seine Leistung ein vergleichsweise geringes Honorar – was für die latent klamme Anstaltsleitung natürlich attraktiv ist, von der Autorenschaft aber naturgemäß kritisch beäugt wird.

Weiterhin durchdringen Wissenschaftsthemen immer stärker die allgemeinen, aktuellen Magazin- und Featuresendungen. Ähnlich wie der „Spiegel" hin und wieder Titelstorys aus Forschung, Technik und Medizin bringt, zeigen sich auch die für Politik und Tagesgeschehen zuständigen ARD-Redaktionen zunehmend offen für Themen mit Wissenschaftsbezug. Besonders gut laufen Beiträge, die gesellschaftlichen Sprengstoff bergen: Stammzellen- und Klon-Experimente beschwören ethische Debatten herauf, Energiethemen provozieren ideologisches Gezänk, die Genforschung schürt Ängste ebenso wie Hoffnungen.

Relevant für die „Aktuellen" sind natürlich auch forschungspolitische Debatten („Wohin fließen die EU-Forschungsgelder?") und verbrauchernahe Resultate („Fischkonsum doch nicht schädlich für Schwangere"). Auch manche Featureredakteure haben ein offenes Ohr für die Wissenschaft – vorausgesetzt, das Thema bietet Stoff für eine gute, erzählbare Geschichte mit interessanter Dramaturgie.

Lohn und Brot: Eine feste Planstelle in der ARD anzustreben, darf nach wie vor als ehrgeizig gelten. Diejenigen, die es sich auf einem öffentlich-rechtlichen Redakteursstuhl bequem gemacht haben, räumen ihn tendenziell nur ungern. Bleibt die Arbeit als freier Autor – am besten nicht nur für einen Sender, sondern für verschiedene Anstalten.

Um in einer Wissenschaftsredaktion Fuß zu fassen, empfiehlt sich ein wenig „funkische" Erfahrung, die sich zum Beispiel bei einem Uniradio oder einem Podcast-Sender wie „detektor.fm" sammeln lässt. Manche Sender bieten auch *Praktika* an und natürlich *Volontariate*. Diese dauern typischerweise 18 Monate und sind vom Prinzip auf eine möglichst breite Ausbildung angelegt. Dennoch kann man als Volontär ansatzweise Schwerpunkte setzen und sich darum bemühen, für einige Wochen in einer Wissenschaftsredaktion des jeweiligen Hauses zu hospitieren.

Die *Honorare* der verschiedenen Sender schwanken stark: Kleinere Häuser wie Radio Bremen oder der Saarländische Rundfunk vergüten die Sendeminute zum Teil mit kaum mehr als 30 Euro. Große Anstalten zahlen je nach Aufwand bis zu 100 Euro pro gesendeter Minute.

Als Autor profitiert man durchaus von der föderalen Struktur der ARD. Hin und wieder lässt sich dasselbe Thema – zumeist in unterschiedlichen Längen – an zwei oder drei Anstalten verkaufen, deren Sendegebiet sich nicht bzw. nicht allzu sehr überlappen.

Technik, Technik, Technik: Die Rolle der Produktionstechnik für den Hörfunker wird genauso oft unter- wie überschätzt. Nicht wenige unterschätzen die technischen Fertigkeiten, die es zur Aufnahme passabler *O-Töne* und *Atmos* braucht. Denn anders als im Printbereich genügt ein simples Telefonat oft nicht. Um Statements in HiFi-Qualität zu erheischen, muss der Reporter seinem Interviewpartner am besten ins Auge blicken – es sei denn, er kann ihn dazu bewegen, sich in eines der regionalen *ARD-Studios* zu begeben, um per „Leitung" befragt zu werden. Auch Interviews per *Skype* kommen immer mehr in Mode. Hier schwankt die Tonqualität jedoch enorm – abhängig von der gerade herrschenden Leitungsqualität und der vom Interviewpartner benutzten Hardware. Grundsätzlich gilt: Die in Laptops und PC eingebauten Mikrofone sind ungünstiger als Headsets oder Smartphones. Wichtig auch die umgebende *Akustik*: Wenn möglich sollte sich der Gesprächspartner in einer akustischen „trockenen" Umgebung aufhalten (Hotelzimmer mit abgeschalteter Klimaanlage, Wohnzimmer mit geschlossenen Fenstern, unaufgeräumte Forscherbüros mit schallschluckenden Bücher- und Paper-Stapeln). Sitzt er in einem halligen Konferenzraum oder spaziert gerade durch New Yorks Straßenschluchten, droht die Aufnahme schlicht unverständlich zu werden.

Eine weitere, mehr und mehr genutzte Variante: Während man den Gesprächspartner am Telefon interviewt, zeichnet er seine Antworten auf einem Smartphone auf, denn viele Smartphone verfügen heute über recht ordentliche Mikrofone. Nach dem Interview dann überspielt er die entsprechende mp3-Datei zum Reporter. Der Vorteil dieses Verfahrens: man umschifft die für Skype typischen Leitungsaussetzer und „Gluckser".

Eine Ausnahme aber gibt's: O-Töne mit fremdsprachlichen Experten dürfen für einen Kurzbeitrag auch schon mal per Telefon eingeholt werden – sie werden später von einem *Voice-Over*-Sprecher übersetzt, die Originalstimme taucht nur kurz zu Anfang und zu Ende des jeweiligen O-Tons in regulärer Lautstärke auf.

Rückt der Reporter zum Interview aus, ist er heute mit einem Gerät bewaffnet – einem *digitalen Aufnahmegerät*, das seine mp3- oder wav-Dateien wie eine Kamera auf einer *Flashkarte* aufzeichnet. Das wav-Format bietet eine bessere Tonqualität als mp3, benötigt aber mehr Speicherplatz. Entsprechende Dateien können dann flugs in den Rechner übertragen und dort mit der Schnittsoftware weiterverarbeitet werden. Passable Aufnahmegeräte gibt es bereits ab ca. 100,- €. Für den regelmäßigen Einsatz empfehlen sich Geräte in der Preisklasse um 200,- €, zu den bewährten Herstellern zählen Olympus, Sony und Zoom. Ein fundierter Überblick über die Rekorder nebst Testberichten findet sich unter www.audiotranskription.de.

Die heutigen Geräte haben bereits sehr gute *Mikrofone* eingebaut, mit denen sich sendefähige O-Töne und Atmos einholen lassen. Allerdings sind diese Mikrofone gegenüber Explosivlauten wie dem Buchstaben P ziemlich empfindlich, auch Wind vertragen sie schlecht. Deshalb sollte man sich unbedingt einen zusätzlichen *Windschutz* anschaffen – jene „Puschel", die nicht nur Tierfreunde an ein Katzenfell erinnern. Es ist von Vorteil, diese Puschel nicht nur bei Außenaufnahmen übers Gerät zu stülpen, sondern generell für Interviews zu nutzen – das erspart einem manchen Aussetzer auf der Aufnahme. Für Interviews gerade in schwierigen akustischen Situationen (viel Hall, laute Umgebung) empfehlen sich allerdings die klassischen, externen *Reportermikros* etwa von Beyerdynamic oder

Sennheiser. Sie funktionieren nach einem anderen Prinzip und reagieren deutlich gutmütiger zum Beispiel auf Explosivlaute. Deshalb kann man sie deutlich dichter an den Mund des O-Ton-Gebers halten und dadurch die (oft störende) akustische Umgebung besser ausblenden.

Die meisten Fehler werden sowie beim Umgang mit dem Mikro gemacht: Nicht selten halten es die Reporter zu weit weg von der Schallquelle – dem Mund des Interviewten. Die Folge: Die Aufnahme wird zu hallig, die Sprachverständlichkeit leidet. Auch wenn der Gesprächspartner zunächst irritiert reagiert – erklärt man ihm, es sei nun mal eine technische Notwendigkeit, ihm das Mikro in einer Entfernung von 10 bis 15 Zentimeter vor den Mund zu halten, spielt er in der Regel brav mit und hat nach drei Sätzen sowieso vergessen, dass am unteren Rand seines Gesichtsfelds ein Mikrofon ist.

Stereomikrophone ermöglichen räumliche Tonaufnahmen – essentiell insbesondere für Atmos und Reportagen. Sie sind gerade bei Aufnahmen für Features Pflicht, bereichern aber auch manchen Kurzbeitrag. Ein vernünftiges Stereomikro ist für 400 bis 500 Euro zu haben, für viele Zwecke tun es aber bereits die eingebauten Mikros der digitalen Rekorder.

Heute ist es üblich, Kurzbeiträge selbst zu produzieren. Nicht wenige, die in den Hörfunk einsteigen wollen, lassen sich von dieser Kunde abschrecken. Aber: Die Investitionen fürs *Heimstudio* halten sich mittlerweile in überschaubaren Grenzen, zumal manche Sender einen *Eigenproduktionszuschlag* von 10 bis 20 Prozent des Honorars zahlen, sodass sich die Investitionen in absehbarer Zeit amortisiert haben.

Für des Rundfunkers Heimstudio genügt eine recht einfach zu bedienende *Schnittsoftware* für den PC (z. B. Hindenburg), eine halbwegs passable *Soundkarte*, vielleicht ein kleines *Mischpult* sowie ein ordentliches *Mikrofon*. Am besten eignen sich dabei sog. *Großflächenmembran*-Mikrofone, sie sind schon für ca. 200 Euro zu haben. Tauglich sind auch die „*Headsets*" – Kopfhörer mit integriertem Mikro, die an das Arbeitswerkzeug von Hubschrauberpiloten erinnern.

Die wohl wichtigste Rolle spielt die *Akustik* des Aufnahmeraums: Wer sein Studio in einem Loft mit Holzfußboden und hohen Decken einzurichten gedenkt, muss sich auf einen nicht enden wollenden Don-Quichotte-Kampf gegen den Hall gefasst machen. Hier helfen am ehesten Trennwände und Bilderrahmen mit schallschluckendem Schaumstoff. Übrigens: Bei einer technisch anspruchsvollen Produktion wie einem Feature hilft zumeist der Sender mit seinem professionellen Studios und seinem tontechnisch geschulten Personal.

Der O-Ton ist der wohl markanteste Grundbaustein des Hörfunks. Das Zitat in einem Zeitungsartikel lässt den Leser wissen, was jemand wörtlich gesagt hat. Der *O-Ton* in einem Hörfunkbeitrag aber macht zusätzlich klar, auf welche Art und Weise dieser jemand das gesagt hat – böse, ironisch, kalt oder leidenschaftslos. Deshalb sind O-Töne oft das Fleisch in der Radio-Suppe.

Das Sujet der Wissenschaft aber bietet dem Autor eine besondere Hürde: Fachleute neigen dazu, auf Fachchinesisch zu palavern – der sichere Tod für den verständlichen instruktiven Originalton. Abhilfe schaffen kann die Strategie, seinen Gesprächspartner während des Interviews zu bitten, das Gesagte im Interesse des geneigten Laien noch mal in simpleren Worten zu wiederholen. Das funktioniert halbwegs oft, aber nicht immer: Insbesondere jene Forscher, die in Mediendingen eher unerfahren sind und der ungewohnten Interviewsituation nervös gegenüberstehen, werden durch die Intervention des Reporters verunsichert und verfallen dann erst recht in einen hölzernen, mitunter verquasten Duktus.

Dem Reporter bleibt ein Trost: Auch aus einem suboptimalen Interview lässt sich im Nachhinein meist noch einiges herausholen: Manch ein unverständlicher Fachbegriff lässt sich mit der digitalen Schere der Schnittsoftware kurz und schmerzlos herauskürzen. Beim *Voiceover* eines englischen O-Tons kann man bei der Übersetzung behutsam vereinfachen. Und: Sind die O-Töne nicht der Knaller, hilft zuweilen die eher kleinteilige Gestaltung des Beitrags. Dann darf der liebe Experte eben nicht länger am Stück zu Wort kommen (was bei eloquenten Gesprächspartnern durchaus ein Genuss sein kann), sondern man lässt ihn viele, dafür aber kurze Sätze sagen und formuliert den ganzen Rest selber aus.

Kommentare im O-Ton, Beschreiben lieber selbst: Grundsätzlich empfiehlt es sich, vor allem jene Passagen eines Interviews für die O-Töne auszuwählen, in denen ein Wissenschaftler einordnet, kommentiert, Anwendungen und Risiken umreißt oder über Hintergründe und Geschichte seiner Entdeckung erzählt. Einen physikalischen Effekt oder einen komplexen biochemischen Mechanismus erklärt der Autor zumeist besser und einfacher in seinen eigenen Worten. Viele Forscher verfallen hier allzu gern in ihre Fachsprache. Gerade für einen Rundfunkautor – selbst wenn er ein promovierter Physiker, Mediziner oder Biologe ist – kann es nützlich sein, zumindest zu Anfang eines Interviews den Unbeleckten, Ahnungslosen zu spielen. Dann steigt die Chance, von seinem Gegenüber sendbare, nämlich einfach formulierte O-Töne zu bekommen.

Die Atmo: Ebenso wie O-Töne vermögen *Atmos* einem Rundfunkbeitrag gesteigerten Ausdruck zu verleihen. Der Hörer kann unmittelbar erfahren, wie ein spracherzeugender Computer, der Balzruf der Hupfdohle oder der neue schallgedämpfte Rasenmähermotor klingt. Grundsätzlich geht man mit Atmos auf zweierlei Arten um: Markante, im Text thematisierte Geräusche oder Klänge werden bei der Produktion mehrere Sekunden lang in den Vordergrund gestellt; sämtliche Sprache verstummt. Dann besitzen sie die ungeteilte Aufmerksamkeit des Publikums. Oder es wird die Hintergrundatmo eines Labors, einer Fabrikhalle oder eines Hafens dezent unter Sprechertext und O-Töne gemischt. Dann unterstreicht die Atmo den szenischen Charakter einer Reportage und fungiert als akustische Tapete.

Drei Fehler schleichen sich gern bei der Aufnahme von Atmos ein:

1. Sie werden nicht in Stereo aufgenommen.
2. Das Mikro ist zu weit von der Schallquelle entfernt.
3. Die Atmo wird zu kurz aufgenommen: 15 bis 20 Sekunden statt ein bis drei Minuten.

Die Atmos selber am Ort der Reportage aufzunehmen ist ideal. Dann bekommt der Konsument authentisches Material zu hören. Oft aber klappt das nicht – aus den unterschiedlichsten Gründen. Wer mag sich schon bis auf anderthalb Meter an einen hungrigen Löwen heranschleichen, bloß um das Grollen, Knurren und Brüllen auf den Soundchip zu bannen? In diesen Fällen kann das *Geräuscharchiv* der ARD-Sender helfen – oder auch „Freesound" sowie die „Hörspielbox", zwei umfassende Tonarchive im Internet.

Musik: Zuweilen kann der Einsatz von *Musik* ein abstraktes Thema gehörig auflockern – insbesondere dann, wenn dadurch zwei völlig verschiedene Welten aufeinanderprallen, wie in dem DLF-Feature „Schön gerechnet – die Lebenslüge der klinischen Forschung" von Ralf Krauter. Es behandelt den fragwürdigen Umgang vieler Mediziner mit den Regeln der Statistik.

O-Ton:

„Ein anderes Beispiel ist, dass man bei Studien nicht festlegt, über welchen Zeitraum die gehen. Stellen Sie sich vor: Sie gehen hier in Hamburg zur Rennbahn, setzen auf Pferde und wollen Geld gewinnen. Sie setzen meinetwegen auf Hannibal. Das Rennen geht über eineinhalb Meilen und Sie stellen fest: Nach eineinhalb Meilen wäre Hannibal gar nicht erster. Dann lassen Sie einfach das Rennen weiterlaufen. Und irgendwann einmal, wenn Hannibal gerade vorn ist, drücken Sie auf den Auslöser, machen das Photofinish und können dann Ihre Quote kassieren. Also: Viele Studien werden deutlich später beendet, als sie eigentlich geplant sind. Das sind Methoden, die eigentlich völlig untragbar sind."

Musik: (Pippi Langstrumpf-Lied)
„Zwei mal drei macht vier,
widde widde witt und drei macht neune.
Ich mach mir die Welt,
widde widde wie sie mir gefällt."

Journalistische Formate im Funk gibt es viele. Standard ist der *gebaute Beitrag*. In seiner einfachsten Form wechseln sich O-Töne und Sprechertext einfach ab. Gerade in der aktuellen Berichterstattung lässt sich aus Zeitgründen gar nichts anders machen: Der Reporter hetzt um 10 Uhr morgens zu einer Pressekonferenz, führt Kurzinterviews mit den Experten, eilt in sein Büro, schreibt das Manuskript und produziert in aller Eile sein Stück, damit es am Nachmittag gesendet werden kann. Als Daumenregel gilt: Bei vielen Beiträgen liegt das Verhältnis von Sprechertext und O-Ton in etwa bei 50:50. Die einzelnen O-Töne und Sprecherblöcke dauern selten länger als 40 Sekunden, können aber auch deutlich kürzer sein. Mitunter tut es als O-Ton ein einziger, prägnanter Satz, etwa als Einstieg in einen Beitrag, zum Beispiel bei „Neue Turbinen-Schutzschichten gegen Vulkanasche" von Volker Mrasek.

O-Ton: „Nadine, würdest du einmal die Zyklierung wieder starten?"
Sprecher: Forschungszentrum Jülich. Ein Raum so groß wie eine Garage. Nur steht kein Auto drin, sondern ein gut verriegelbare Versuchskammer.
O-Ton: „Eine relativ große Kiste aus Metall, zwei Türen und ein Sichtfenster, um die Probe auch beobachten zu können. Ja!"
Sprecher: Heiß wird sie, die Probe! Die Flamme eines Gas-Brenners ist frontal darauf gerichtet. Es leuchtet orange. Weil in das Verbrennungsgas auch feine Sandpartikel eingeblasen werden, wie der Physiker und Materialforscher Daniel Emil Mack erläutert:

O-Ton: „Wir arbeiten hier mit Temperaturen deutlich über 1000 Grad, typischerweise zwölf- bis vierzehnhundert Grad. Da fängt alles an zu leuchten."

Beim Verfassen der Sprechertexte ist vor allem auf eines zu achten: Kurze Sätze und eine Schreibe, die sich gut und flüssig sprechen lässt. Liest man sich den Text zur Übung selbst laut vor und stolpert dabei über Relativsätze oder längliche Einschübe, sollte man schleunigst umformulieren.

Das Interview hat im Genre des Wissenschaftsjournalismus seine besonderen Tücken: Kaum ein Forscher ist in der Lage, seine Weisheiten innerhalb von drei oder auch fünf Minuten verständlich und bündig auf den Punkt zu bringen. Deshalb senden die Wissenschaftsredaktionen eher selten Interviews – und wenn doch, dann überwiegend mit medienerfahrenen Experten, die dann zum Beispiel den neuen Entwurf für das Embryonenschutzgesetz oder die Debatte um das kommenden EU-Forschungsprogramm einordnen oder kommentieren. Eine gern genommene Variante hingegen ist das *Kollegengespräch* (zumeist live, aber manchmal auch vor der Sendung aufgezeichnet). Hier unterhält sich der Moderator im Studio mit einem Autor, der sich in ein Thema eingearbeitet hat. Wenn's gut läuft, entspinnt sich zwischen beiden ein spannender Dialog, bei dem der Moderator genau jene Fragen stellt, die dem Hörer auf der Zunge liegen.

Kommentare und Glosse schließlich zählen bei Wissenschaft im Radio eher zu den Raritäten. Der Grund: Im Gegensatz zu den meisten politischen Themen (Mehrwertsteuererhöhung, Bundeswehr-Auslandseinsätze) muss man in der Wissenschaft dem Hörer oft erst langatmig verklickern, worum es überhaupt geht. Das Ergebnis ähnelt dann eher einem Erklärstück als einem Kommentar. Aber es gibt natürlich Ausnahmen, und zwar bei Themen, die immer wieder in der öffentlichen Diskussion auftauchen: Atomenergie, Eliteförderung, Stammzellen …

Die Wissenschaftsreportage birgt gerade im Hörfunk enorme Chancen: Man entführt den Hörer akustisch an den Ort des Geschehens, lässt ihn in Labors und Forschungsinstitute hineinhorchen und an Expeditionen teilhaben. Dabei geht es nicht allein um das Vermitteln und Reflektieren wissenschaftlicher Ergebnisse. Zusätzlich kann der Autor auch erfahrbar machen, wie der Forscheralltag aussieht und wie mühselig es sein kann, überhaupt zu einem wissenschaftlichen Ergebnis zu kommen. Noch interessanter, aber auch zeitaufwändiger ist es, als Reporter an einem Experiment oder einer Expedition teilzunehmen – etwa einer Messfahrt mit einem Zeppelin.

Atmo: Zeppelin

Sprecher: Der Plan: Hat der vorausfliegende Motorsegler einen Wirbel auf dem Meer entdeckt, hält der Zeppelin darauf zu und vermisst diesen Wirbel mit seinen Kameras. Gleichzeitig dient der Riese als Schaltzentrale. Von hier aus koordiniert Burkard Baschek die Aktion – unten die drei Forschungsschiffe, oben den Motorsegler.

Atmo: Funkverkehr

Sprecher: Plötzlich herrscht Aufregung, per Funk kommen schlechte Nachrichten. Nervös läuft Baschek in der Kabine hin und her.

O-Ton: „Unser Motorsegler hat ein Problem mit Instrumenten. Die sind jetzt gerade wieder zurückgekehrt zum Flughafen, um das zu reparieren."

Sprecher: Die Kamera funktioniert nicht. Der Grund: unerwartete Spannungsschwankungen im Bordnetz. Für heute ist der Zeppelin auf sich allein gestellt.

O-Ton: „Wir werden jetzt mit dem Zeppelin die Suche nach den Wirbeln übernehmen und hoffen, dass wir in den nächsten ein bis zwei Stunden was gefunden haben. Plan B, aber das sind die Sachen, auf die man sich einstellen muss."

Wichtig hier: Unter jeder Textzeile dieser Reportage liegt eine stereophon aufgenommene Atmo jenes Ortes, an dem die Handlung gerade spielt. Dadurch fühlt sich der Hörer (ohne sich dessen unbedingt bewusst zu sein) mitten ins Geschehen versetzt.

Das Feature gilt vielen Radiomachern als die Königsdisziplin ihres Mediums. Hier ist grundsätzlich alles erlaubt: Hörspielelemente, Literaturauszüge, Klang- und O-Ton-Collagen, Reportagestrecken, Musik, etc. Die Sendeformate reichen vom Zehnminüter (WDR 5 Quarks) über die halbe Stunde (Wissenschaft im Brennpunkt im DLF) bis hin zur ganzen Stunde (WDR 3). Bei so einer langen Strecke empfiehlt es sich oft, eine (oder gar mehrere) Geschichte(n) zu erzählen. So lässt Arndt Reuning in seinem DLF-Feature „Viel hilft wenig – Dünger als Problem" den Chemiker Justus von Liebig als eine Kunstfigur auferstehen, die sich überraschend immer wieder in die Sendung einmischt, um in durchaus energischer Manier die historische Perspektive einzubringen.

Sprecher 1: Gülle und Mist. Dreihundertzehn Millionen Kubikmeter jährlich in Deutschland. Knapp einhunderttausend olympische Schwimmbecken ließen sich damit füllen. Die Fäkalien landen auf dem Acker, und mit ihnen Unmengen an Kunstdünger. Die Nährstoffe wandern am Ende in Bäche, Flüsse, ins Meer und ins Grundwasser.

Sprecher 2: „Halt! Entschuldigen Sie bitte, aber hier muss ich unterbrechen! Gestatten Sie, mein Name ist Liebig. Justus von Liebig. Diese Zuspitzung gefällt mir nicht. Dürfte ich an die Zeiten erinnern, bevor sich die Erkenntnisse aus meiner „Agriculturchemie" bei den Bauern auf breiter Linie durchgesetzt hatten? Die Böden waren ausgelaugt, dem Raubbau preisgegeben. Ich habe den Hunger kennen gelernt. 13 Jahre alt war ich, und dünne Mehlsuppe gab es zu essen. Glauben Sie mir: Der Dünger ist ein großer Segen für die Menschheit. Aber bitte, fahren Sie fort."

Einen ebenso originellen Zugang verfolgen Stefanie Kara und Claudia Wüstenhagen in ihrem Feature „Worte, die Grenzen meiner Welt": Sowohl sprachlich als auch akustisch inszenieren sie einen Gelehrtenstreit als Boxkampf.

Atmo: Boxarena, Schläge, Publikum

Sprecher: Philosophen und Linguisten streiten schon seit Jahrzehnten, ja seit Jahrhunderten. Lange stand Aussage gegen Aussage. Und oft war es ein Kampf Mann gegen Mann. Samuel Johnson...

Zitator: Sprache ist nur das Instrument der Wissenschaft, und Worte sind bloß die Zeichen von Ideen.

Sprecher: ... gegen Wilhelm von Humboldt

Zitator: Der Mensch denkt nur vermittels der Sprache. Ihr Einfluss erstreckt sich über alles, was der Mensch denkt und empfindet, beschließt und vollbringt.

Sprecher: Samuel Johnson, englischer Gelehrter, bezog im 18. Jahrhundert die eine Ecke im Kampf der Sprachphilosophen. Seine Punchline: Wir brauchen Sprache lediglich, um Gedanken auszudrücken. Wilhelm von Humboldt, deutscher Gelehrter, stieg Anfang des 19. Jahrhunderts in die andere Ecke. Er konterte: Wir brauchen Sprache, um Gedanken überhaupt erst zu denken.

Totgesagte leben länger. Nicht selten wurde dem Radio bereits der Tod vorhergesagt. Doch nach wie vor halten sich der tägliche Fernseh- und Radiokonsum des Durchschnittsdeutschen die Waage. Ein wichtiger Grund: Radio ist multitasking-tauglich: Man kann, während man Nachrichten, Wetterbericht oder gut gemachten Wissenschaftsreportagen lauscht, getrost bügeln, kochen oder mit dem Auto im Stau stehen. Das Internet stellt das Medium sicher vor neue Herausforderungen – doch es bietet ebenso viele Chancen. Immer mehr Web-Anbieter (wie zum Beispiel die Online-Enzyklopädie „Wikipedia") entdecken das Medium „Audio" für sich und bieten Interviewausschnitte, Geräusche und sonstige Tonfetzen an.

Außerdem bieten diverse Sender ihr Programm als *Radio On Demand* an. Hat man beispielsweise im Deutschlandfunk um 16:35 Uhr die tägliche Sendung „Forschung aktuell" verpasst, so lassen sich die einzelnen Beiträge nachträglich auf der Internetseite „dradio.de" nachhören. Immer attraktiver werden auch *Podcasts* – wobei man sich einzelne Beiträge oder ganze Sendungen herunterlädt und später, etwa in der Bahn oder im Auto, zu Gemüte führen kann. Mittlerweile veröffentlichen auch Forschungseinrichtungen wie die Helmholtz-Gemeinschaft oder „Welt der Physik" ihre eigenen Podcasts. Und ein passabler Überblick über die stetig wachsende Gemeinde der podcastenden Wissenschaftsblogger findet sich auf: http://wissenschaftspodcasts.de.

Weiterführende Literatur

Walther von La Roche/Axel Buchholz (Hrsg.): „Radio-Journalismus. Ein Handbuch für Ausbildung und Praxis im Hörfunk", 11. Auflage 2016, Springer VS, Wiesbaden

Udo Zindel/Wolfgang Rein (Hrsg.): „Das Radio-Feature", 2. Auflage 2007, UVK Verlagsgesellschaft mbH, Konstanz

Weiterführende Links

www.Beyerdynamic.de
www.sennheiser.de
www.audiotranskription.de
www.hoespielbox.de
www.freesound.org
https://resonator-podcast.de
www.weltderphysik.de/mediathek/podcast
http://wissenschaftspodcasts.de

Wissenschaft im Fernsehen
Infos auf fünf Ebenen

Winfried Göpfert und Anahita Parastar

> **Zusammenfassung**
>
> Erzählformen und Bildsprache von Filmen entwickeln sich ständig weiter, genauso wie die Sehgewohnheiten.
>
> Das Expose fasst den Inhalt des geplanten Beitrags zusammen. Dadurch wird die „Aussage" des Films definiert. Das Treatment ist ein Drehbuchentwurf und skizziert, wie der Film geplant ist, beschreibt also Bild und Ton in chronologischer Abfolge nebeneinander.
>
> Man kann nicht einfach davon ausgehen, dass die Zuschauer interessiert sind, Informationen aus der Wissenschaftswelt zu sehen. Sie wollen „gepackt" und auf unterhaltsame Weise informiert werden. Auch ein Wissenschaftsbeitrag muss zuerst etwas im Zuschauer auslösen – Emotion, Betroffenheit oder Identifikation – bevor dieser bereit ist, eine Sachinformation aufzunehmen. Wenn das gelingt, kann man mit Hilfe der fünf Ebenen eines Films, in nur fünf Minuten eine Menge Information vermitteln.

> **Schlüsselwörter**
>
> Expose, Treatment, Textbuch (Textmanuskript), Recherche, Storyboard

Fernsehen ist ein flüchtiges Medium. Auf den ersten Blick ungeeignet, um komplexe Zusammenhänge verständlich zu machen, die dann auch noch im Kopf des Zuschauers hängen bleiben sollen. Dabei ist Fernsehen im Gegensatz zu allen anderen Medien das einzige, bei dem gleichzeitig auf fünf Ebenen Information vermittelt werden kann:

- Bild
- Atmo (Geräusche)
- Musik
- O-Ton (Original-Töne von Interviewten)
- Text

Werden diese Ebenen richtig eingesetzt, steckt für den Wissenschaftsjournalismus eine große Chance in dem Medium.

Eine spannende Geschichte zu erzählen, ist bei Wissenschaftsthemen wichtig. Kann man einem Roten Faden folgen? Sind die Bilder ungewöhnlich und interessant? Erzeugt der Film Emotionen? Dann kann der Zuschauer die wichtigsten Informationen besser aufnehmen und in Erinnerung behalten. Es ist für ihn meist auch spannender, etwas zu erleben, Wissen scheinbar selbst zu entdecken, als es „doziert" zu bekommen. Erzählformen und Bildsprache von Filmen entwickeln sich ständig weiter, genauso wie die Sehgewohnheiten. Für Redaktion und für Autoren ist es wichtig, diese Entwicklungen im Blick zu behalten, um ein attraktives Programm zu machen.

Expose, Treatment, Beitragstext: Ein Film entwickelt sich. Wenn es sich nicht um einen aktuellen Anlass handelt, bei dem ein Film innerhalb von wenigen Stunden auf Sendung geht, dauert die Arbeit an einem Wissenschafts-Magazinstück oft mehrere Wochen. Während dieser Zeit gibt es mehrere definierte Punkte, an denen der Autor seine Bildideen und Rechercheergebnisse schriftlich festhält: Expose, Treatment, Beitragstext.

Das **Expose** fasst in einem größeren Absatz den Inhalt des geplanten Beitrags zusammen. Dadurch wird die „Aussage" des Films klar definiert.

Ein zweiter Absatz skizziert die Machart und weist insbesondere auf spezielle und unübliche Gestaltungselemente hin.

Copyright: Winfried Göpfert

Diese Schritte dienen nicht nur dem Autor, einen Film zu strukturieren, sie sind auch eine Verabredung mit der Redaktion. Diese kann zu mehreren Zeitpunkten während einer Produktion eingreifen: Passt diese Art der Umsetzung in die Sendung? Doppeln sich bei Themenschwerpunkten Informationen oder Argumentationslinien in verschiedenen Filmen? Kann der Spannungsbogen im Beitrag so funktionieren oder gibt es eine bessere Alternative? Ist die Infokette logisch oder wird der Zuschauer den roten Faden verlieren? Passen die Bildideen zur jeweiligen Aussage?

Dass sich ein Filmvorhaben im Laufe der Recherche ändert, Thesen über den Haufen geworfen werden, neue spannendere Protagonisten oder attraktivere Drehorte auftauchen, gehört zu einem guten Projekt dazu. Deshalb sollte, nachdem die Redaktion grünes Licht gegeben hat, genauer recherchiert werden: Wie hat sich das Thema weiterentwickelt? Welche Gesprächspartner stehen zur Verfügung? Welche Bilder, welche Geschehnisse lassen sich zeigen? Aus all diesen Zutaten setzt sich so langsam eine Story zusammen. Im Kopf des Autors entsteht der Film, zumindest eine erste Idee. Die fasst er im Treatment zusammen. Das Treatment ist also ein Drehbuch-Entwurf.

Dabei sollte das Treatment kein Korsett sein. Wichtig ist vor allem, die Redaktion über Änderungen auf dem Laufenden zu halten, statt auf den Überraschungseffekt bei der Abnahme zu setzen.

Ein Film entsteht immer in Teamarbeit. Deshalb haben Treatments noch einen weiteren Zweck. Es sind außer dem Autor ein Kameramensch, meistens ein Tonassistent, eine Cutterin, manchmal ein Grafiker und immer ein Redakteur am Gesamtwerk beteiligt. Um die Kreativität und Fachkenntnis aller zu nutzen, muss der Autor den Teammitgliedern auch mitteilen, wie er sich den Film vorstellt, der in seinem Kopf schon existiert.

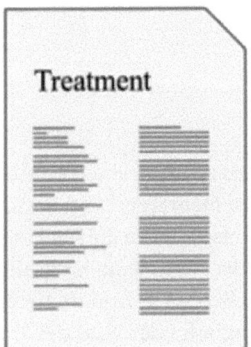

Das Treatment skizziert chronologisch, wie der Film ablaufen soll. Die linke Spalte beschreibt (nicht jede Einstellung, aber doch Sequenz für Sequenz), wie sich der Autor die einzelnen Szenen vorstellt.

In der rechten Spalte wird zusammengefasst, welche Infos der Ton liefert, z. B. welche Aussagen vom Gesprächspartner erwartet werden und was der Begleittext erläutern soll.

Copyright: Winfried Göpfert

Ein so genanntes Storyboard ist zum Beispiel sinnvoll, wenn bei den ersten Filmen eines Autors oder bei grafisch aufwändigen Beiträgen die Bildsequenzen vom Autor als einzelne Skizzen gezeichnet werden.

Trotz aller Planung heißt es flexibel bleiben, denn nicht alles lässt sich vorherbestimmen. Manche Recherche ist vor Ort nicht möglich, weil der Reisekostenetat nicht ausreicht. Beim folgenden Beispiel waren sowohl der Drehort als auch die Protagonisten des Films vor dem Dreh kaum bekannt. So musste der Autor bis zuletzt flexibel bleiben und auf die Gegebenheiten vor Ort reagieren. Gleichzeitig sollten die Beiträge in eine bestimmte Sendung passen, so dass eine frühzeitige Abstimmung mit der Redaktion nötig waren .

Zum 20. Jahrestag der Tschernobyl-Katastrophe war von der Redaktion des ARD-Wissenschaftsmagazins „W wie Wissen" ein Themenschwerpunkt geplant. Drehorte: Tschernobyl und Weißrussland – mit entsprechenden Unwägbarkeiten. Aufgrund der bisherigen Recherche konnte ein Expose vorgelegt werden, das den Inhalt des geplanten Films, Hintergrundinfos und eine erste Filmidee vorstellte.

Expose:

```
Film 1: Der Liquidator
Die Aufräumarbeiten nach dem Reaktorunfall von Tscherno-
byl waren durchweg mühsame Handarbeit. Etwa 800.000 so
genannte Liquidatoren kamen zum Einsatz. 200.000 von ih-
nen, die in der Anfangsphase eingesetzt wurden, bekamen
gefährlich hohe Strahlendosen ab. Sie haben ihre Aufgabe
erfüllt; aber vieles lief dabei nicht gerade optimal: es
entstanden rund 800 nukleare Deponien in dem 30-km-Sperr-
gebiet um den Reaktor mit größtenteils unbekanntem In-
ventar. Die Liquidatoren sind damals angetreten mit dem
Wunsch, die verstrahlten Gebiete wieder bewohnbar zu ma-
chen, aber jetzt kümmert sich niemand mehr um die Depo-
nien und es sieht so aus, als bliebe die Sperrzone auf
Generationen weiter unbewohnbar. Der große Sarkophag des
geschmolzenen Reaktors – als Jahrhundertbauwerk gedacht –
ist inzwischen einsturzgefährdet. Wenn es dazu käme, wür-
de eine riesige radioaktive Staubwolke aufgewirbelt und
verteilt.
Die Helden von einst sind in Vergessenheit geraten. Die
Reportage für „W wie Wissen" begleitet einen der führen-
den Liquidatoren noch einmal an den Ort des Geschehens.
Seine Erinnerungen an die Arbeiten nach der Katastrophe
werden teilweise mit Archivmaterial bebildert.
```

Das Thema des Films ist, die Katastrophe von Tschernobyl zu rekapitulieren und eine Bilanz aus heutiger Sicht zu ziehen. Die gewählte Form ist aber nicht eine Chronik oder ein Bericht mit O-Tönen von Experten, sondern ein persönliches Portrait. Zum Zeitpunkt des Vorschlags stand zwar noch nicht fest, ob sich ein Protagonist für diese Filmidee finden wird, aber der Autor macht deutlich, welche Geschichte er vorhat zu erzählen.

▶ Eine Redaktion kauft lieber eine Geschichte als ein Thema.

Das Treatment wird erstellt, wenn die Recherche fortgeschritten ist, so dass der Dreh ansteht. Am Anfang des Treatments sollten kurz und prägnant die Geschichte, die der Film erzählt, und der Rote Faden formuliert sein. Dann folgt meistens in Tabellenform der Ablauf des Films, wobei in der linken Spalte die geplanten Bildsequenzen und in der rechten der Textinhalt passend zum Bild steht. Mit Textinhalt ist gemeint, dass es sich nicht um den endgültigen Beitragstext handelt. Das würde dazu verleiten, im Schnitt die Bilder nach dem vorformulierten Text zu schneiden. Besser ist es aber, wenn der Film gut „läuft" und der endgültige Text dann erst entsteht.

Jede Redaktion hat besondere Wünsche, was Themenangebote (Exposes) und Treatments angeht. Ein Autor erspart sich Mehrarbeit, wenn er vorab diese Anforderungen mit der Redaktion bespricht. Wie detailliert soll das Treatment sein? Gib es eine Word-Vorlage für das Textmanuskript? Soll der Moderationsvorschlag für den Beitrag ausformuliert sein oder nur stichwortartige Hintergrund-Infos enthalten?

Bei Reportagen oder Berichten mit Reportage-Elementen müssen Autor und Kamerateam am Drehort flexibel auf jede Situation reagieren. In Fällen, wo vorab nicht jede Bildeinstellung planbar ist, muss eine andere Form des Treatments für eine Kommunikation zwischen Autor und Redaktion sorgen – wie im Fall des Tschernobylbeitrags.

Ein regelrechtes Treatment zu verfassen war zu diesem Zeitpunkt noch nicht möglich, Stattdessen wurde der Recherchestand in Form eines erweiterten Exposes zusammengefasst. Darin wird der inzwischen gefundene Protagonist zwar benannt, doch sind Handlungen und Aussagen eher Vermutungen.

Das erweiterte Expose (Treatment-Entwurf):

<u>Der Film erzählt die Geschichte</u> des schwierigen Katastropheneinsatzes und der Aufräumarbeiten in Tschernobyl aus Sicht eines der leitenden Liquidatoren. Georgij Reichman gehörte am 26. April 1986 zum Führungspersonal des Atomkraftwerkes in Tschernobyl. Niemand wusste zu diesem Zeitpunkt, wie man in einer Situation vorgehen soll, die es so noch nirgendwo gegeben hatte. Sie mussten improvisieren, um das schlimmste zu verhindern. Heute ist Reichman noch immer zuständig für den Reaktor 4, dessen

notdürftige Verschalung zusammen zu brechen droht. Im Nachhinein kann er die Fehler von damals genau benennen – die nicht wiederholt werden dürfen.

Emotionales Ziel (Welches Gefühl soll am Ende des Beitrags beim Zuschauer geweckt sein): (Hoch)Achtung vor der Arbeit/dem Lebensweg von Georgij Reichmann (kein Mitleid!)

Argumentatives Ziel (Welche Hauptinfo soll der Zuschauer nach dem Beitrag verstanden haben): Der Reaktor, von dem vor 20 Jahren die Katastrophe ausging, ist heute noch immer eine enorme Strahlenquelle und Gefahr.

Gestaltung: Neudreh und Archivmaterial wechseln sich ab.

Neudreh: gestaltete Bilder aus dem Sperrgebiet von heute (unter anderem mit Kran und Steadycam gedreht).

Archivmaterial: Es gibt eindrucksvolle Bilder vom Katastropheneinsatz, die ein Ukrainischer Kameramann aufgenommen hat, der die Arbeiten monatelang begleitete. Die Bilder wurden bisher kaum gezeigt, einige davon sind sogar noch unveröffentlicht.

Rote Fäden: ein zeitlicher – Chronologie der Erlebnisse von Herrn Reichman, und ein räumlicher – wir nähern uns gemeinsam mit Reichman dem Sarkophag.

Drehorte Neudreh: 1.) Pribjat ist der 2 km vom Kraftwerk entfernte ehemalige Wohnort von Herrn Reichman. Am 26.4. hörte im Städtchen Pripjat das Leben auf. Zurückgeblieben ist eine verlassene Geisterstadt (ehemals 80.000 Einwohner). Die Menschen durften bei der Evakuierung nur Handgepäck mitnehmen. Alles andere blieb zurück. Wir gehen mit dem Liquidator noch einmal in seine alte Wohnung.

2.) Es gibt innerhalb der 30 km-Sperrzone etwa 800 zum Teil hochaktive Müllhalden, deren Inventar weitgehend unbekannt ist.

3.) Das Kraftwerk, seit 28 Jahren der Arbeitsplatz von Herrn Reichman.

In diesem Entwurfs-Treatment ist weitgehend festgelegt, welches Inhalt und Ziele des Beitrags sind und welche Drehorte genutzt werden. Welche Bilder ihm am besten helfen, diese Ziele zu erreichen, kann der Autor aber immer noch vor Ort oder im Schnitt entscheiden. Diese offene Form des Treatments setzt eine Vertrauensbasis auf beiden Seiten voraus und ist nicht für die ersten Filme geeignet, die ein Autor für eine Redaktion realisiert.

Während Dreh und Schnitt fallen also viele Entscheidungen, die nur begrenzt vorplanbar sind. Am Ende steht der fertige Film, der in der „Abnahme" der Redaktion und den Programmverantwortlichen vorgeführt wird. Zuvor wird am Text bis zum Schluss gefeilt: Was muss ergänzend zum Bild gesagt werden? Was sagen die Bilder für sich aus? Was muss also nicht gesagt werden. Wo ist der Satzbau zu kompliziert? Schließlich wird der Text vom Sprecher aufgesprochen („synchronisiert") und im Manuskript festgehalten:

Das Textmanuskript (Textbuch) nennt in einem meist standardisierten ersten Absatz Angaben, die für die spätere Archivierung wichtig sind: Sendung, Sendedatum, Redaktion, Autor, Kamera, Schnitt und Länge des Beitrags. Der Sprechertext folgt dann meist in einer Tabelle, in deren linker Spalte der so genannte Timecode steht, nach dem sich der Sprecher und der Tontechniker im Synchronstudio orientieren. Im folgenden Beispiel gibt es eine zusätzliche Spalte, die den Bildinhalt skizzieren und die punktuell eingesetzte Musik beschreiben und ggf. benennen soll.

Das Textmanuskript

Bericht: Reinhart Brüning
Insert: Georgij Reichman, Leitender Ingenieur
             Tschernobyl

0.03	G.R. läuft im Schnee zwischen Bäumen	Es ist seine erste Reise in die Vergangenheit. Nach 20 Jahren kehrt er dorthin zurück, wo sein früheres Leben stattfand. Bis zum 26.April 1986.
	Kranfahrt: Betritt sein altes Haus	Georgij Reichman lebte mit seiner Familie hier in Pribjat. In Fußentfernung zu Tschernobyl. Er ist ein führender Ingenieur im Kraftwerk. Damals hörte er auf der Straße, dass es eine Störung gegeben habe.
	Musikstimmung in folgenden Sequenzen: mulmig, dann herannahende Bedrohung	
0.31	O-Ton G.R. in Wohnung, unterschnitten mit Kranfahrt: G.R. im Schnee mit Fußball in der Hand	Georgij Reichman: Neben der Brücke von Pripjat ganz nah am Kraftwerk hat mein Sohn damals vier Stunden lang Fußball gespielt. Leider gab es keinen, der ihn gestoppt hat.
0.42	Traumartige Gänge (Steadycam) durch verlassene Wohnung, Schulräume, Kindergarten; düster, zerstört, verlassen	Während die tödliche Strahlenwolke vorüber zog, ging das Leben in Pribjat wie gewohnt seinen Gang. 50.000 Einwohner, fünf Schulen. Die Bewohner waren jung: Im Schnitt 28 Jahre. Fast alles Arbeiter in Tschernobyl.

1.00		36 Stunden lang passierte nichts – erst dann wurde die Stadt vollständig evakuiert. Bis heute ist niemand dorthin zurückgekehrt.
1.15	Archivbilder vom 26./27.April 1989: Panzer auf dem Kraftwerksgelände Musikstimmung: Geräusche sind zu einem bedrohlichen Ton verzerrt	Der Reaktorkern brannte, während nicht einmal die führenden Wissenschaftler über das Ausmaß informiert waren. Obwohl er eigentlich Urlaub hatte, wurde Georgij Reichman trotzdem zur Arbeit gerufen.
1.30	O-Ton: G.R. in Wohnung, unterschnitten mit Archivbildern	Georgij Reichman: Erst als wir am 4. Block des Kraftwerks vorbeigefahren sind, wurde mir das Ausmaß bewusst. Das hier war kein einfacher Unfall, sondern eine große Katastrophe!
1.42	Archiv: Ingenieure und Arbeiter, zum Teil in Schutzanzügen, über Pläne gebeugt	Das große Problem war: Niemand wusste, was im Inneren des brennenden Reaktors wirklich vor sich ging. Und deshalb wusste auch niemand in der Hektik wie man die Katastrophe stoppen sollte.

1.56	O-Ton aus dem off Archivbilder: Arbeiter in Schutzanzügen beim Schweißen	Georgij Reichman: Wissenschaftler kamen angereist und wollten ihre Messgeräte möglichst nah an den Reaktor bringen. Aber sie kannten sich nicht aus. Die Strahlenbelastung war dort enorm. Ich fand trotzdem einen Platz, an dem man ein Loch in den Reaktor brennen konnte. Durch diese Öffnung sollten dann die Messsonden verlegt werde.
2.13	Archiv: Arbeiter laufen hektisch auf dem Reaktorgelände Archiv: Wände des Sarkophags werden auf Schienen zusammengefahren	In den ersten Monaten wurden 200.000 Katastrophenhelfer zwangsverpflichtet. Sie waren beim einzigen Einsatz so hoher Strahlung ausgesetzt, dass sie die in einem ganzen Leben erlaubte Dosis innerhalb von Minuten abbekamen. Die vermeintlich letzte Lösung: Die Strahlung unter einem Sarkophag abkapseln. Hinter meterdicke Betonmauern wurde der Reaktor ferngesteuert eingeschlossen.
2.35	Verwackelte, weiß flimmernde Bilder vom Inneren des Reaktors, Der zum so genannten Elefantenfuß verschmolzene Reaktorkern	Erst Jahre später wagt sich ein Kameramann in das Innerste des Reaktors vor. Die enorme Strahlung lässt das Videomaterial flimmern. Die Bilanz: Alles um den Reaktorkern ist zu einem einzigen strahlenden Klumpen verschmolzen. Das Dosimeter schlägt Alarm.

2.56	Im Innern des Sarkophags, durch Ritzen scheint Tageslicht herein.	Im Inneren des Sarkophags: überall Risse und Löcher. Das Dach kann einstürzen und erneut eine radioaktive Wolke im Umkreis von 30 Kilometern verursachen.
3.14	O-Ton in der Wohnung, unterschnitten mit Totale von Flusslandschaft mit Eisfischern, im Hintergrund das Kraftwerk von Tschernobyl	Georgij Reichman: Je nach Wetterlage kann es auch ganz anders kommen. Bei einem Sturm könnte das radioaktive Material in die beiden Flüsse gelangen, die in der Nähe sind, und mit ihnen weiter bis ins Schwarze Meer. Auf diese Weise würde sich die Strahlung über die ganze Ukraine verteilen.
3.35	Baustelle mit Arbeitern auf dem Kraftwerksgelände, G.R. im Gespräch mit Ingenieur	Tschernobyl wird auf ewig eine gigantische Baustelle sein. Und Georgij Reichman muss dafür sorgen, dass nicht noch mehr Arbeiter den Einsatz mit ihrer Gesundheit bezahlen müssen.
3.44	Außenaufnahmen: Arbeiter richten ein Stahlgerüst auf	Deshalb gibt es neben dem Kraftwerk eine eigens errichtete Übungs-Baustelle. Hier ist genug Zeit, um jeden Handgriff einzustudieren.

3.55 4:04	Arbeiter im Schutzanzug und Atemmasken bei Bauarbeiten im Innenbereich.	Während es im Kraftwerkinnern immer noch darum geht, die Arbeiter nur kurze Zeit der extremen Strahlung auszusetzen. Ihr Einsatz dient dazu, eine Ruine am Zusammenbrechen zu hindern. Wie hier, wo Arbeiter das Fundament für einen Stützpfeiler vorbereiten. Eines Tages soll eine gigantische Konstruktion diese bröckelnde Zeitbombe einschließen. Die größte Halle Europas.
4.22	O-Ton in Wohnung	Georgij Reichman: Ich fürchte es werden noch mehr als 100 Jahre vergehen, bis der Reaktor endgültig besiegt ist.
4.29	G.R. läuft über das schneebedeckte Kraftwerksgelände	Über die Zahl derer, die an den Folgen von Tschernobyl leiden, wird heute noch gestritten.
4.38	O-Ton aus dem off, Musikstimmung: bedrückend	Georgij Reichman: 20 Jahre sind vergangen: Man weiß nicht, wie sich das Fußballspielen damals auf meinen Sohn ausgewirkt hat. Wenn er nun irgendwann krank wird, würde ich denken, dass es daran liegt. Alle Menschen bei uns wurden geschädigt. Wissenschaftler sagen, dass auch die nächsten beiden Generationen die Folgen der Katastrophe spüren werden.

Fernsehen ist kein reines Informationsmedium. So ist das Beispiel auch kein Wissenschaftsbericht im klassischen Sinne, bei dem es um Neues aus der Forschung geht. Derartige Wissenschaftsberichte sind aber in der Fernsehlandschaft kaum noch zu finden. Man kann nicht einfach davon ausgehen, dass die Zuschauer interessiert sind, Informationen aus der Wissenschaftswelt zu sehen. Sie wollen „gepackt" und auf unterhaltsame Weise informiert werden. Auch ein Wissenschaftsbeitrag muss zuerst etwas im Zuschauer auslösen – Emotion, Betroffenheit oder Identifikation – bevor dieser bereit ist, eine Sachinformation aufzunehmen. Wenn das gelingt, kann man mit Hilfe der oben genannten fünf Ebenen eines Films, in nur fünf Minuten eine Menge Information vermitteln. Und man kann – wie im Beispiel – ein zwanzig Jahre zurückliegendes Ereignis rekapitulieren, die Dimension der Tragödie und die heutige Gefahr zeigen und noch eine außergewöhnliche Person vorstellen.

Weiterführende Literatur

Gregor A. Heussen, Der Erzählsatz. Das dramaturgische Skelett einer Geschichte. Darmstadt (Selbstverlag) 2004

Gregor A. Heussen, Dokumentarische Filmformen. Erzählen, Berichten, Kommentieren. Darmstadt (Selbstverlag) 2007

Gerhard Schult/ Axel Buchholz (Hrsg.), Fernseh-Journalismus. Ein Handbuch für Ausbildung und Praxis (Springer VS Journalistische Praxis, 9. Aufl. 2016).

Wissenschaft im Netz
Das Internet als chancenreiches Risikofeld

Volker Lange

Zusammenfassung

Informationen im Netz gehört die Zukunft: Sie sind schnell, multimedial und extrem auf eine spezielle Zielgruppe fokussiert.

Personality is King. Vor zehn Jahren gab es noch das geflügelte Wort vom Content, der der König sei. Das hat sich offenkundig gewandelt. Heutzutage ist die Interaktion mit der Zielgruppe zu einem extrem wichtigen Faktor des Erfolgs geworden. Bei der parasozialen Interaktion sprechen die Akteure die Rezipienten direkt an und erzeugen so die Illusion eines persönlichen Kontaktes.

Gutes Storytelling wird auch weiterhin gefragt bleiben und das gilt für Videos oder Podcasts ebenso wie für Texte. Podcasts sind eine schöne Möglichkeit, ohne allzu große Investitionen und ohne die Begrenzung eines durchformatierten Programms Hörfunk zu machen, ob als kleiner Vortrag, als Diskussion oder als Interview. Publizieren lassen sie sich via iTunes ebenso wie über die eigene Website oder Plattformen wie Youtube.

Schlüsselwörter

Nachrichtendienst, parasoziale Interaktion, Medieninnovationen, Wissenschaftsblog

Mit atemberaubender Geschwindigkeit verändert sich unser Beruf – viel tiefgreifender, als es sich die meisten von uns jemals vorstellen konnten. Der Journalist und Blogger Richard Gutjahr hat das so ausgedrückt: „Ein iPad zu Weihnachten und Butterfahrten durch das Silicon Valley reichen (…) nicht, um in dieser neuen digitalen Welt zu bestehen." Zu schnell wandeln sich die Anforderungen an den Journalismus.

Die Einteilung der Medien in Gattungen ist ein Relikt des 20. Jahrhunderts. Niemand weiß, wie die Medienlandschaft in zehn Jahren aussehen wird. Die folgenden Gedanken können deshalb nicht mehr als eine Zwischenbilanz sein. Sie sollen Mut machen, sich mit einer Branche auseinander zu setzen, die durch diesen Wandel unglaubliche Möglichkeiten bereithält – natürlich inklusive der Möglichkeit zu scheitern.

Um die Dimensionen zu verstehen, hilft ein persönlicher Blick in die Vergangenheit. Es war der 21. April 1993, als auf der Mailingliste www-talk eine Revolution angekündigt wurde: Mit dem „Mosaic" war der erste Internetbrowser erhältlich, der neben Text auch Grafiken anzeigen konnte und noch dazu unter „Windows" lief. Außer einigen Nerds ahnte damals niemand, dass damit die dramatischste Umwälzung der Medienbranche seit Erfindung des Rotationsdrucks losgetreten worden war. Eine Zeit des Experimentierens begann, und wie üblich testeten weniger die großen Medienkonzerne als kleine Initiativen und Einzelpersonen die Möglichkeiten dieses neuen Mediums aus.

Das Magazin „Morgenwelt" war eins jener Projekte. Am 11. Oktober 1996 wurde morgenwelt.de auf einem Server des Deutschen Forschungsnetzes (DFN) frei geschaltet. In Deutschland war „Morgenwelt" das erste Wissenschaftsmagazin, das nur online erschien. Und es verdankte zunächst seine Existenz einer gehörigen Portion Spieltrieb. Als TV-Journalist für die ARD hatte ich es mit einer Fülle interessanter Themen zu tun. Die Recherche ergab oft genug weit mehr Informationen, als sie in einem kurzen Fernsehbeitrag für ein Wissenschaftsmagazin unterzubringen waren. Noch dazu fühlte ich mich allzu oft in der Themenwahl von dem zur Verfügung stehenden Sendeplatz und hin und wieder auch durch den Geschmack der Redakteure eingeschränkt. Da kam mir dieses neue, nahezu unerforschte Medium gerade recht.

Internet-Provider waren damals zwar teuer, aber trotzdem bezahlbar. Für mich als Wissenschaftsjournalisten bot es sich da förmlich an, mit einem eigenen Magazin zu experimentieren. Der Name „Morgenwelt" wurde übrigens inspiriert von einem Roman des britischen Science Fiction Autors John Brunner. Und ebenso wie dessen

Buch sollte das neue Magazin in einer Art Collage die weltweit spannendsten Geschichten rund um Wissenschaft und Kultur zusammentragen. Diese Idee fanden auch einige meiner Kollegen attraktiv – und machten mit. Über eine Refinanzierung machte sich dabei keiner Gedanken. Es war ein Hobby in einer Zeit des Aufbruchs.

So entwickelte sich in nur anderthalb Jahren ein Gemeinschaftsprojekt, das zunächst unaufhörlich zu wachsen schien. Neben einer fünfköpfigen Kernredaktion schrieben bald über 25 Autoren regelmäßig für „Morgenwelt". Wir hatten Korrespondenten in Polen, Brasilien, Thailand oder Norwegen und arbeiteten mit vergleichbaren Projekten in Italien oder Frankreich zusammen. Das Hobby war unversehens zu einer Profession geworden und das bedeutete: Wir brauchten Einnahmen. Die finanzielle Basis bildete neben einer Unterstützung durch die Klaus Tschira Stiftung unser Morgenwelt-Nachrichtendienst.

Gegen Bezahlung lieferten wir aktuelle Wissenschaftsnachrichten an Medien und vor allem an forschungsorientierte Unternehmen. Wir nutzten das Netz zur weltweiten Recherche und wähnten uns als Avantgarde und ein bisschen waren wir es vielleicht auch: Viele Redaktionsstuben hatten damals noch keinen Internetanschluss, geschweige denn Redakteure, die sich mit dem Internet auskannten.

Doch dann kam der Crash auf dem Aktienmarkt. Ab März 2000 kürzten immer mehr Unternehmen ihre Budgets für Öffentlichkeitsarbeit und Wissensmanagement. Unserem Nachrichtendienst gingen die Kunden aus, das Projekt musste wieder drastisch zurückgefahren werden. „Morgenwelt" als elektronisches Magazin überlebte zunächst, sogar preisgekrönt, noch bis ins Jahr 2006. Daneben experimentierten wir im Rahmen eines Projektes der Freien Universität Berlin mit dem wöchentlichen Videoformat wisskomm.de rund um Themen aus der Wissenschaftskommunikation. Außerdem unterstützen wir unter anderem wissenschaftliche Institutionen beim Aufbau ihrer eigenen Online-Projekte. Erfahrungen, wie Wissenschaftsjournalismus im Netz funktioniert, hatten wir schließlich ausgiebig sammeln können. Dachten wir. Denn vorbereitet auf die Umwälzungen, die sich im Hintergrund vollzogen, waren auch wir nicht.

In Wirklichkeit waren diese 10 Jahre nur ein erstes Wetterleuchten gewesen:

- Im Jahr 2004 war die kostenlose Blogsoftware Wordpress veröffentlicht worden, die viele kleinere Redaktionssysteme (wie unseres) überflüssig machen sollte.
- 2005 startete Facebook durch. Wir nahmen es nur am Rande zur Kenntnis.
- 2006 wurde der erste Tweet verschickt und YouTube von Google gekauft.
- 2007 stellte Steve Jobs das iPhone und damit indirekt das mobile Internet vor.

- 2008 präsentierten Nikon und Canon die ersten videofähigen Spiegelreflexkameras. Videos in Kinoqualität wurden für wenige tausend Euro möglich.
- 2009 brachte Amazon weltweit den Kindle auf den Markt und ermöglichte bequemes Selfpublishing bei Büchern.
- 2010 wurden das iPad, Pinterest und Instagram vorgestellt. Das mobile Internet nahm Fahrt auf.
- 2011 wurde Snapchat gegründet und mit Dropbox wurde Cloudcomputing populär. Der weltweit erste Kinofilm mit einem Smartphone wurde gedreht.
- 2012 übernahm Twitter „Vine" und lieferte damit auch Kurzvideos aus.
- 2013 stellte Oculus seine VR-Brille für Entwickler vor.
- 2014 begann HTML5 den Flash-Player abzulösen.
- 2015 machten die Apps Periskope und Meercat Video-Livestreaming mit dem Handy möglich.

Das ist nur kleiner Ausschnitt der digitalen Medieninnovationen des letzten Jahrzehnts. Mit nur geringem finanziellem Aufwand ist heute jede Form des Journalismus möglich, die früher nur finanziell gut ausgestattete Medienhäuser leisten konnten. Von fast jedem Ort der Erde, bei Bedarf auch per Live-Schaltung über Satellit. Hinzu kommt: 2015 war in den USA das erste Jahr, in dem der mobil vernetzte Medienkonsum größer wurde als der im stationären Internet, und das gerade acht Jahre, nachdem durch das iPhone die mobile Datenübertragung überhaupt erst in Schwung kam.

„Das Smartphone", so fasste es der Blogger Sascha Lobo im September 2016 im „Spiegel" zusammen. „hat sich von seinen telefonorientierten Ahnen emanzipiert und ist endgültig zum Internet in der Tasche geworden." Wie wird das erst werden, wenn im Jahr 2020 tatsächlich die 5G-Technologie mit bis zu 10facher LTE-Geschwindigkeit die Marktreife erreicht haben sollte? Welche Inhalte werden dann möglich und von den Rezipienten gefragt sein? Auf jeden Fall werden sie vermutlich drei Eigenschaften haben: Sie werden schnell sein, multimedial und extrem auf eine spezielle Zielgruppe fokussiert.

Noch nie war es so schwierig, so die Wissensplattform für Direct Marketing der Schweizer Post in einem Newsletter schon im Jahr 2012, „Zielgruppen – also Personen mit hoher Ähnlichkeit – zu bestimmen. Gründe sind der Megatrend Individualisierung und der schnelle Wandel bei der Kommunikation und beim Umgang mit Medien und Endgeräten". Dieses Fragmentieren ist in den letzten Jahren immer weiter fortgeschritten. Das spüren auch die Medien.

Die Zielgruppe ist das Maß aller Dinge. Jung oder alt? Vorgebildet und interessiert oder doch eher unterhaltungsorientiert? Wenn man nicht weiß, wer seine Zielgruppe ist und welche Bedürfnisse und Wünsche sie hat, wird man in der segmentierten Welt des Internets scheitern. Warum soll ich mich auf einer mittelmäßigen Website aufhalten, wenn das, was mich wirklich interessiert, nur einen Klick entfernt ist?

Der Trend geht gegenwärtig dahin, vor allem Jugendliche anzusprechen, da sie mit dem Internet ganz selbstverständlich aufgewachsen sind und deshalb als Kunden der Zukunft angesehen werden. Medienhäuser wie „Spiegel" oder die „Zeit" haben speziell für diese Zielgruppe Online-Auftritte wie „bento" oder „ze.tt" konzipiert, letzteren mit dem bezeichnenden Claim „Geschichten, Ideen, Gefühle".

Interessiert sich diese Zielgruppe für Wissenschaft? Und wenn ja, wie muss sie aufbereitet sein? Oder möchte man doch lieber das ältere, wissenschaftlich vorgebildete Publikum erreichen, allerdings um den Preis, dass man Abstriche in der Reichweite machen muss? Hilfreich ist hier immer ein Blick über den großen Teich. In den USA gibt es deutlich mehr Portale mit unterschiedlicher Fokussierung. Auffallen wird einem dann recht schnell, dass die meisten erfolgreichen Angebote, vor allem wenn sie nicht Ableger der großen Medienhäuser sind, stark von den Persönlichkeiten abhängen, die sie präsentieren.

Personality is King. Vor zehn Jahren gab es noch das geflügelte Wort vom Content, der der König sei. Das hat sich offenkundig gewandelt. Heutzutage ist die Interaktion mit der Zielgruppe zu einem extrem wichtigen Faktor des Erfolgs geworden. Ob bei Blogs, bei Facebook oder bei YouTube: Wer im Netz erfolgreich sein will, muss nicht nur einen Rückkanal einrichten, er muss ihn auch aktiv bespielen. Das heißt: Zuhören und gerade dann reagieren, wenn Anregungen oder berechtigte Kritik geäußert werden.

Unter dem Stichwort „Parasoziale Interaktion" wird damit wieder ein Konzept hoffähig, dass die beiden US-Psychologen Donald Horton und Richard Wohl bereits 1956 für die damalige Medienlandschaft entwickelt hatten. Ihr Konzept beruht auf der Erkenntnis, dass audiovisuelle Medien durch wirklichkeitsgetreue Abbildung von Medienakteuren die Illusion eines direkten Kontaktes von Angesicht zu Angesicht vorgaukeln.

Bei der parasozialen Interaktion sprechen die Akteure die Rezipienten direkt an und erzeugen so die Illusion eines persönlichen Kontaktes. Was 1956 technisch noch nicht möglich war, ist heute Alltag: Online kann der Rezipient auf dieses Kommunikationsangebot eingehen und aktiv reagieren. Die Medienperson kann ihrerseits ihr Auftreten an die Reaktionen anpassen. Im besten Fall entsteht so zwischen Medienakteur und Rezipient eine Interaktion, auf deren Grundlage sich eine längerfristige Bindung an das Medium entwickeln kann. Soweit die Theorie. Entwickelt wurde das Prinzip für audiovisuelle Medien wie das Fernsehen. Es kann aber auch für textbasierte Medien wie Blogs gelten, sofern man bereit ist, sich als Person in den Vordergrund zu stellen.

In der Praxis bedeutet das: Man muss erst einmal Interesse wecken, um eine paranormale Interaktion in Gang zu setzen. Fachkenntnisse aus einem Wissenschaftsgebiet reichen nicht mehr aus: Viel wichtiger ist, welche Persönlichkeit man einbringen kann. Beispiele:

- Komme ich beim Schreiben schnell auf den Punkt und kann trotzdem gut erklären?
- Bin ich extrovertiert und liebe es, bei einem Selfie oder einem Video vor der Kamera zu stehen?
- Habe ich ein Gespür für Bilder und Töne, kann gut fotografieren oder filmen und damit Emotionen erzeugen?
- Kann ich unter Zeitdruck arbeiten und vor allem reagieren?
- Kommuniziere ich gerne mit fremden Menschen?
- Kann ich (sachliche) Kritik meines Publikums ertragen? Denn mit Kritik wird man bei einem Rückkanal sicher konfrontiert. Gerade in der Wissenschaft!
- Will ich mich ständig auf dem Laufenden halten, welche Trends sich technisch (und publizistisch) gerade abzeichnen?

Mit einem eigenen Wissenschaftsblog kann man ausprobieren, ob einem der persönliche Draht zum Publikum liegt. Gerade für freie Journalisten ist es außerdem die ideale Plattform, um Erfahrungen im Publizieren zu sammeln, noch dazu mit einem direkten Feedback durch die Leser. Mit wachsender Erfahrung wird man auch die eigene journalistische Kompetenz demonstrieren und sich nach und nach in der Branche einen Namen machen. Diese Reputation kann dann wiederum zu lukrativeren Aufträgen führen. Auf Kollegen, die diesem Weg erfolgreich gegangen sind, komme ich später noch zu sprechen.

Wenn Sie also längerfristig orientiert denken, und nicht auf einen schnellen „Return of Investment" setzen, lohnt sich die eigene Plattform im Netz (oder die Mitarbeit bei einer existierenden) auf jeden Fall. Ob Sie dann eher in nüchternen journalistischen Stil auftreten oder kommentierend und vielleicht sogar polemisch, bleibt Ihrem persönlichen Geschmack vorbehalten. Der Inhalt, nicht die Form ist entscheidend!

Insofern unterscheidet sich das Grundproblem eines Bloggers gar nicht besonders von dem eines Zeitungsverlegers. Habe ich etwas zu sagen und gibt es genug Leute, die das überhaupt lesen wollen? Hat man den ersten Teil der Frage für sich beantwortet, ist ein Weblog wohl der einfachste Weg, der zweiten Antwort auf die Spur zu kommen. Man fängt einfach an.

Die Grundausstattung für die ersten Gehversuche dafür hat heutzutage jeder in der Tasche: das Smartphone. Ob (kurze) Texte, Fotos, Videos oder Audio, alles kann man in einem aktuellen Gerät aufnehmen und zumindest in Ansätzen auch bearbeiten. Und was macht man, wenn man dann in einem halbdunklen Labor steht, in dem zudem die Gerätelüftung deutlich wahrnehmbar rauscht? Dann ist man mit einem Smartphone allein schnell am Ende. Um für eine Multimediareportage gerüstet zu sein, muss man auf jeden Fall noch etwas investieren.

Das fängt bei einem stabilen Einbeinstativ mit Smartphonehalterung an (zur Not geht auch ein Selfie-Stick) und hört bei guten Mikrofonen nicht auf. Im Web finden sich viele praxisnahe Tipps von Kolleginnen und Kollegen, die ihre Ausrüstung vorstellen. Hilfreich ist zum Beispiel die Website webvideoblog.de. Da zeigen Sandra Sperber und Martin Heller, welche aktuelle Technik und Apps es rund ums Smartphone gibt und wie man es optimal im Bewegtbildjournalismus einsetzen kann.

Das ersetzt natürlich nicht das journalistische Handwerkszeug. Im Gegenteil. In einer Welt, in der jeder Mensch Informationen verifizieren und auch selbst sammeln und verteilen kann, wird sich der professionelle Journalismus nur behaupten können, wenn er sich durch Qualität von den Amateuren abgrenzen kann. Gutes Storytelling wird auch weiterhin gefragt bleiben und das gilt für Videos oder Podcasts ebenso wie für Texte.

„Texten fürs Web" nennt die Akademie für Publizistik einen ihrer Kurse und sie bewirbt ihn so: „Nur wenige Sekunden hat man online, um die User für seine Texte zu gewinnen. Umso wichtiger, dass man pointiert schreibt und Leseanreize liefert, treffende Überschriften, Teaser und Cliffhanger formuliert."

Online-Texte müssen leicht und schnell zu lesen sein. Oder anders ausgedrückt: Wer gelernt hat, für das Radio oder das Fernsehen zu texten, der trifft schon mal recht gut den Ton, der im Online-Journalismus gefragt ist. Zwar hat das Argument, dass man am Bildschirm schlechter liest, in Zeiten hochauflösender Displays seine Bedeutung verloren, andererseits muss man davon ausgehen, dass viele User kaum die Ruhe und Konzentration aufbringen, längere und komplexe Themen zu lesen.

Das ersetzt jedoch weder die Recherche, noch die Mühe, ein komplexes Thema so herunter zu brechen, dass es von Laien verstanden wird. Und keine Google-Anfrage ersetzt den Besuch in einem Institut oder auf einem wissenschaftlichen Kongress. Im Gegenteil. In Zeiten, in denen Fotos, Audioschnipsel oder Videos im Netz erwartet werden, gibt es für die Recherche vor Ort keine Ausrede mehr, will man online wirklich fundiert berichten. Mit dem Smartphone hat man das Handwerkszeug dazu ja bereits in der Hand.

Einen Blog kann man dagegen einfach erstellen. Mit der kostenlosen Software „wordpress" kann man seinen Blog entweder auf seinem eigenen Server einrichten oder man sucht einen Provider, der den Blog für wenig Geld hostet. Für Funktionalität und Gestaltung gibt es für Wordpress Unmengen an Templates, entweder kostenlos und für 50 bis maximal 100 Dollar. Die meisten sind nach einer kleinen Einarbeitungszeit kinderleicht zu bedienen. Da sollte also jeder nach seinen Bedürfnissen fündig werden. Steht damit dem eigenen Medien-Start-Up mit entsprechendem Einkommen nichts mehr im Wege? Der Gedanke ist natürlich verführerisch.

Wie man mit anspruchsvollen redaktionellen Inhalten im Internet direkt Geld verdienen kann, dafür hat bis heute noch niemand ein überzeugendes Konzept entwickelt. Die Nutzer haben sich inzwischen an eine „Gratis-Kultur" gewöhnt. Ein Beispiel ist der britische „Guardian", der schon früh auf die Online-Strategie setzte. Obwohl er weltweit 100 Millionen Nutzer hat, waren im Jahr 2015 bereits 60 Millionen Euro Verlust aufgelaufen.

Alan Rusbridger, von 1995 bis 2015 Chefredakteur des Guardian, spekulierte deshalb in einem Interview mit der „Schweiz am Sonntag", wahrscheinlich müssten künftig „eine Vielzahl von Einnahmequellen den Journalismus finanzieren". Dass man mit einem Blog zum Thema Wissenschaft nennenswerte Erträge erwirtschaften kann, ist also extrem unwahrscheinlich. Aber man kann es sehr gut dazu benutzen, um sich in der Branche und darüber hinaus Reputation zu verschaffen.

Als Steigbügelhalter für eine journalistische Karriere haben zum Beispiel Florian Freistetter und Lars Fischer ihre Blogs benutzt. Beide sind inzwischen als Wissenschaftsjournalisten allseits bekannt. Trotzdem möchte ich sie und ihre Arbeit hier exemplarisch kurz vorstellen.

Lars Fischer ist Chemiker und Wissenschaftsjournalist. Einen Namen hat er sich schon 2006 mit fundierten Artikeln in seinem persönlichen „Fischblog.com" gemacht. Schnell wurden Fachkollegen auf ihn aufmerksam. Schon zwei Jahre später übernahm er die redaktionelle Betreuung der Blogplattform „SciLogs" des Spektrum-Verlags. Seit 2010 arbeitete er als freier Redakteur für Spektrum.de. Lars

Fischer experimentiert gerne. Mit einfachen Mitteln hat er mit einem Kollegen seinen Wissenschafts-Video-Podcast „Wir werden alle sterben" bei YouTube ins Leben gerufen, in dem er pointiert und teilweise ironisch aktuelle Wissenschaftsthemen aufgreift und Zusammenhänge erklärt. Prompt räumte er mit einem Video zum „Bauchgefühl in den Zeiten der Cholera" bei dem Videowettbewerb „Fast Forward Science" einen Preis ab. „Der große Vorteil des Bloggens am Anfang war", so Lars Fischer, „dass ich sehr schnell sehr viel geschrieben hab und auch direkt gesehen habe, was funktioniert. Ich glaube nicht, dass ich in einer Redaktion eine bessere Schreibausbildung bekommen hätte".

Florian Freistetter war ursprünglich dagegen ein klassischer Wissenschaftler. Der promovierte Astronom aus Wien arbeitete bis 2010 als Postdoktorand an der Universität Heidelberg. Bereits zwei Jahre zuvor begann er sich mit seinem Blog „Astrodicticum simplex" beim Blogportal scienceblogs.de einen Namen zu machen. Seine fundierten und gut geschriebenen Beiträge fielen auf. Seit 2011 arbeitet er als freier Wissenschaftsautor. Neben seinem Blog veröffentlicht er preisgekrönte Bücher, betreibt den Podcast „Sternengeschichten" und zusammen mit Holger Klein den Podcast WRINT „Wer redet ist nicht tot". Seit 2015 ist er festes Mitglied des Bühnenprogramms der „Science Busters", einem Wissenschaftskabarett aus Österreich, das auch bei 3Sat übertragen wird.

Und womit verdient er sein Geld? Finanziell am wichtigsten seien momentan die Science Busters, Bücher und Vorträge, so Freistetter: „Mit dem Podcast verdiene ich nichts und das Blog ist eher ein Taschengeld." Die sozialen Medien hätten ihm jedoch geholfen, Informationen sehr schnell und gut zu verbreiten und sich eine Leserschaft aufzubauen. „Mit den traditionellen Medien hätte das nicht so gut geklappt."

Was Freistetter und Fischer miteinander verbindet: Beide können wunderbar Geschichten erzählen, beide haben die elektronischen Medien als Chance begriffen. Ihre Projekte mögen zunächst von Neugier, gemischt mit Mitteilungsdrang vorangetrieben werden, sie sind aber vor allem eine Basis, die Autoren zu bekannten und geschätzten Protagonisten eines neuen Wissenschaftsjournalismus zu machen. Und sie nutzen die ganze Bandbreite, die das Internet hergibt: Blogs, Videos und Podcasts:

Mit einem Podcast betreiben Sie Ihren eigenen Radiosender. Podcasts sind übrigens eine schöne Möglichkeit, ohne allzu große Investitionen und ohne die Begrenzung eines durchformatierten Programms Hörfunk zu machen, ob als kleiner Vortrag, als Diskussion oder als Interview. Publizieren lassen sie sich via iTunes ebenso wie über die eigene Website oder Plattformen wie Youtube.

Eine Begeisterung für Podcasts gab es vor 10 Jahren schon einmal. Dann wurde es plötzlich still um dieses Medium. Doch seit ein bis zwei Jahren erleben sie plötzlich eine Renaissance. Wie lange der Trend anhält, weiß natürlich niemand. Die Website wissenschaftspodcasts.de/ sammelt gelungene Beispiele, bei denen sich ein Klick lohnt.

Mir persönlich gefällt zum Beispiel der Podcast „Braincast" von Arvid Leyh sehr gut, den man unter scilogs.spektrum.de/braincast finden kann. Wie der Name schon sagt, geht es dabei rund ums Gehirn und nach über 300 Folgen scheinen dem Autor immer noch nicht die Themen auszugehen.

Doch auch hier gilt wieder: Geldverdienen ist schwierig. Trotz aller Podcast-Renaissance lassen sich großartige Abrufzahlen und damit Werbeeinnahmen nur in Ausnahmefällen erreichen. Eine kleine aber feine Fangemeinde, die vielleicht sogar den Podcast sponsert, lässt sich aber durchaus aufbauen.

Videos bei YouTube oder Facebook können dagegen sechsstellige Abrufe erreichen, auch bei Themen aus der Wissenschaft. Die erfolgreichsten Videoreihen sind derzeit sogenannte Erklärvideos. Ein Beispiel ist der SimpleClub, erdacht und präsentiert von den Studenten Alex Giesecke und Nico Schork. Begonnen haben sie als Schüler im Jahr 2012 mit einer klar definierten Zielgruppe und einem klaren Konzept: Orientiert an einem amerikanischen Vorbild wollten sie für Schüler ein Nachhilfeportal für Mathematik aufbauen. Die Ansprache sollte unterhaltsam sein, damit die Schüler nicht die Lust am Lernen verlieren, aber natürlich auch fachlich korrekt.

Längst gibt es neben den Mathe-Videos auch Tutorials zu Physik- oder Chemiethemen und, unterstützt von einer großen Agentur, arbeitet ein ganzes Team im Hintergrund. Mit Erfolg: Das erfolgreichste Video wurde dabei (Stand 2016) schon fast 900.000 mal abgerufen. Mit solchen Zahlen lässt sich bei YouTube auch Geld durch Werbung verdienen. Neben den Youtube-Videos bietet der SimpleClub inzwischen natürlich auch eine App für mobile Nutzer an.

Philipp Dettmer und Stephan Retter legen mit Ihrem Youtube-Kanal „Kurzgesagt – In a Nutshell" noch eine Schippe drauf. Ihre rein animierten Wissensvideos gingen im Sommer 2013 online und hatten drei Jahre später über 3 Millionen Abonnenten weltweit. Denn neben der herausragenden Qualität der Videos wurde „In a Nutshell" von Anfang an in Englisch mit Untertiteln produziert.

Aber ist das alles noch Wissenschaftsjournalismus? Nicht im klassischen Sinne. Die Beispiele machen jedoch deutlich, dass Videos im Netz auch jenseits von Katzen und Schminktipps erfolgreich sein können, wenn man den Geschmack des

Publikums trifft. Und man kann einiges an den Projekten lernen: Ohne Digitales Marketing läuft heutzutage gar nichts mehr. Ob Facebook, Twitter, YouTube oder researchgate: Sie müssen auf sich aufmerksam machen. Vor allem bei Twitter ist der Vorteil, dass auf der Plattform „so viele Journalisten rumlungern", wie sich Blogger und Twitterer Lars Fischer freut: „Dadurch kennen mich in der Branche inzwischen unglaublich viele Leute."

Das bedeutet also: Sie müssen lernen, sich zu vernetzen und lernen, was die User in Zukunft wirklich wollen, welche Geschichte sie wie erzählt bekommen wollen, als Text auf dem Tablet, als Stippet oder Podcast auf dem Handy oder als Video, das werden sie entscheiden und uns Journalisten dazu zwingen, uns darüber Gedanken zu machen, wie man den richtigen Inhalt für die richtige Situation auf dem richtigen Endgerät macht. So zumindest beschreibt es Christian Jakubetz in seinem 2016 erschienenen Buch „Universalcode 2020". Und Alan Rusbridge, Ex-Guardian-Chefredakteur sagt: „Es reicht nicht, ihnen (den Leserinnen und Lesern) zu sagen, wie wichtig wir sind. Wir müssen es ihnen durch unsere Arbeit zeigen, indem wir Artikel produzieren, die bedeutend sind, die etwas auslösen."

Die Chemikerin Mai Thi Nguyen-Kim ist ein Beispiel dafür: Sie begann 2015 mit Videos auf YouTube. Ihr Kanal MaiLab erreichte Ende 2018 nicht nur rund 200.000 Abonnenten. Es kamen Anfragen von Harald Lesch für das ZDF und von der WDR-Sendung „Quarks & Co". Hinzu kommen diverse Preise. „Mai Thi Nguyen-Kim leistet" so heißt es zum Beispiel in der Begründung des Georg von Holtzbrinck Preises für Wissenschaftsjournalismus „einen herausragenden Beitrag, Wissenschaft einem großen Publikum verständlich und spannend nahe zu bringen".

Wenn das kein Ansporn ist?

Weiterführende Literatur

Gabriele Hooffacker: Online-Journalismus, Journalistische Praxis, (Springer VS, 4. Aufl. 2016)
Christian Jakubetz, Universalcode 2020, Content – Kontext – Endgerät, (UVK, Konstanz 2016)

IV
Themen, Zahlen und Interessen

Medizin und Gesundheit
Ein Kapitel für sich...

Winfried Göpfert

Zusammenfassung

Das Themengebiet Medizin/Gesundheit ist ein wichtiges Standbein des Wissenschaftsjournalismus. In allen Medien, in allen Formaten findet Medizinberichterstattung und Gesundheitsaufklärung statt. Doch viele Medien und Informationsquellen sind von der Industrie gesponsert, und das wird leider nicht überall kenntlich gemacht. Redaktionelle Konzeptionen und die Funktionen der Medien werden diskutiert.

Schlüsselwörter

Medizinberichterstattung, PR und Journalismus, Alternativmedizin, Ratgeberjournalismus

Befragungen zeigen immer wieder, dass Themen aus Medizin und Gesundheit ganz vorn in der Publikumsgunst liegen. Unter den Wissenschaftssendungen im Fernsehen liegen zwar Natursendungen vorn, an zweiter Stelle folgen aber bereits Sendungen zu Medizin und zu Gesundheitsthemen[1]. In den aktuellen Nachrichten- und Magazinsendungen zählen Berichte aus Medizin und Gesundheit zu den thematischen Spitzenreitern aller wissenschaftsjournalistischen Beiträge; genauso ist es in der Wissenschaftsberichterstattung der Tageszeitungen. Kein Zweifel, das Themengebiet Medizin/Gesundheit ist ein wichtiges Standbein des Wissenschaftsjournalismus.

In allen Medien, in allen Formaten findet Medizinberichterstattung und Gesundheitsaufklärung statt. Die Bandbreite reicht von der Kurzmeldung in einer Boulevardzeitung bis hin zur Titelgeschichte des „Spiegel", von den Gesundheits-Tipps im Radio bis zu wöchentlichen Gesundheitsmagazinen in den Dritten Fernsehprogrammen der ARD. Entsprechend vielfältig sind die Konzeptionen der Medizinberichterstattung. Sie reichen von der aktuellen Information bis hin zu groß angelegten und lange geplanten Aufklärungskampagnen.

Information über den neuesten Stand der medizinischen Forschung ist sicher eine der Hauptaufgaben. Wie gefährlich ist das neue Rheumamittel? Welche Impfungen sind angeraten? Wie sieht die optimale Zahnhygiene aus? Die Themen liegen „auf der Straße" – und wenn der Journalist sie nicht dort aufliest, dann findet er Anregungen in den vielen Fachzeitschriften, die im Wesentlichen an Ärzte verteilt werden – zu deren Information und Weiterbildung.

Doch Vorsicht! Die meisten dieser Fachblätter sind von der Industrie gesponsert, und das wird leider nicht überall kenntlich gemacht. Da kann es schon mal vorkommen, dass eine Redaktion „gekauft" wurde und ganze Seiten im redaktionellen Teil in Wirklichkeit aus der PR-Abteilung eines großen Konzerns stammen. Die meisten dieser Fachzeitschriften werden den Ärzten kostenlos ins Haus geschickt – und es ist klar, dass dieser „Service" irgendwie bezahlt werden muss.

Es gibt erhebliche Qualitätsunterschiede zwischen den einzelnen Blättern, und man sollte sich dringend der Seriosität einer Quelle versichern, bevor man sie verwendet. Am ehesten unverdächtig sind die großen (internationalen) Fachblätter wie das „New England Journal of Medicine" oder „Science" und „Nature" oder generell alle

---

1 Winfried Göpfert, Scheduled science: TV coverage of science, technology, medicine and social science and programming policies in Britain and Germany. In: Public Understanding of Science., 5 (1996) 4, 361–374

(nationalen wie internationalen) Fachblätter, die nur Originalarbeiten abdrucken und diese zuvor von einem Gutachtergremium beurteilen lassen. Inzwischen sind diese qualitätsbewussten Blätter teilweise dazu übergegangen, die Verflechtungen ihrer Autoren mit der Industrie offenzulegen.

Eine wichtige Informationsquelle sind nach wie vor die Fachkongresse und Fachtagungen. Auch hier gibt es gesponserte Veranstaltungen, die deshalb keine schlechten Informationsquellen sein müssen, vor allem, wenn Ross und Reiter deutlich genannt werden (siehe Beitrag „Sponsoring, Schleichwerbung, Bestechung"). Kongresse bieten besonders für Hörfunkautoren ideale Arbeitsmöglichkeiten, weil sich die O-Töne gleich mehrerer Gesprächspartner an einem Ort einsammeln lassen.

Service- und Ratgeberfunktionen hat der Medizinjournalismus häufig wahrzunehmen. Allerdings sollte man sich vom Anspruch der Gesundheitserziehung freimachen. Verhaltensänderungen sind über Massenmedien nur schwer zu erzielen. Gesundheitserziehung ist keine Aufgabe der Medien. Aber Informationen über die Gesundheitsvorsorge – oder über den ganz alltäglichen Umgang mit Krankheit und Befindlichkeitsstörungen sind ein attraktiver Stoff für Zeitungen und Sender.

Mit Gesundheitsinformationen lassen sich Marktanteile gewinnen und gute Quoten erzielen. Entsprechend werden Gesundheitsinformationen manipuliert. Da wird mit Angst gearbeitet, da werden Sensationen aufgebauscht, da werden unerfüllbare Hoffnungen geweckt. Nicht umsonst ist im Pressekodex eine der Richtlinien speziell zur Medizinberichterstattung verfasst worden[2].

Die klassische Aufklärungsarbeit ist die Domäne der Spezialseiten für Medizin und Gesundheit. Informationen zur Neuordnung der Krankenkassen und zur Kostendämpfung im Gesundheitswesen gehören ebenso hierher wie die Hinweise auf die Grippeschutzimpfung oder zum gegenwärtigen Stand der Transplantationsmedizin. Derartige Spezialseiten – oder zumindest eine Ecke für den „Gesundheitstipp" oder „Der Hausarzt rät" – finden sich in nahezu jeder Zeitung.

Erst recht die Boulevardzeitungen und die „Regenbogenpresse" räumen der medizinischen Aufklärung breiten Raum ein. Das reicht von sensationell aufgemachten Reportagen in einer Illustrierten über die Schwierigkeiten eines kleinen Patienten

---

2   Ziffer 14 des Pressekodex lautet: „Bei Berichten über medizinische Themen ist eine unangemessen sensationelle Darstellung zu vermeiden, die unbegründete Befürchtungen oder Hoffnungen beim Leser erwecken könnte. Forschungsergebnisse, die sich in einem frühen Stadium befinden, sollten nicht als abgeschlossen oder nahezu abgeschlossen dargestellt werden." (www.presserat.de/pressekodex).

im Schwarzwald, einen Knochenmarkspender zu finden, bis hin zum seriösen Dossier über die Vielzahl von Psychotherapieangeboten in einer Frauenzeitschrift.

In den öffentlich-rechtlichen Fernsehprogrammen gehören die Medizin-Magazine seit Jahrzehnten zum Bestand in den Dritten Programmen, zum Beispiel die wöchentlichen Magazine „Visite" vom NDR oder „Praxis" vom RBB oder „Hauptsache gesund" vom MDR, oder „service: gesundheit" vom HR. Auch Sendeplätze, die traditionsgemäß von der Abteilung „Unterhaltung" bespielt wurden, werden jetzt von Medizinthemen besetzt, so zum Beispiel „Hirschhausens Quiz des Menschen", das die große Samstagsabend-Show ausfüllt.

Die privaten Fernsehsender experimentieren gelegentlich mit eigenen Magazinen, meist im Lifestyle-Format, oder binden Gesundheitsthemen in die aktuellen Programme ein.

Den Laien in den Mittelpunkt zu stellen, ist im Medizinjournalismus noch wichtiger als im Wissenschaftsjournalismus ohnehin. Zu berücksichtigen ist, dass jeder Leser, Hörer oder Zuschauer potentiell ein Betroffener ist. Das bedeutet fast immer, dass die Perspektive der Berichterstattung umzudrehen ist. Schon die Recherche muss nach Antworten suchen auf Fragen, die der Betroffene stellt, nicht der Forscher oder Arzt. Doch die Quellen der Berichterstattung kommen in aller Regel aus dem Medizinbetrieb, aus dem „Gesundheitswesen" im weitesten Sinne. Das ist also die Perspektive der Ärzte, Krankenschwestern und Altenpfleger, der Mitarbeiter von Krankenkassen oder Sozialämtern, der Apotheker, der professionellen Gesundheitserzieher und aller staatlichen und privaten Stellen, die mit ihren eigenen Interessen im Gesundheitswesen mitwirken. Jede Quelle präsentiert dabei immer eigene Sichtweisen, und es kommt für den Journalisten darauf an, die meist unterschiedliche Sicht von Patienten und Angehörigen, für die er schreibt, herauszufinden und herauszuarbeiten.

Sechs verschiedene Aspekte der gesundheitlichen Aufklärung lassen sich dabei unterscheiden:

- Nutzung des Medizinbetriebs (Ärzte, Krankenhäuser), Fortschritte in der Medizin;
- Nutzung des Gesundheitssystems, allgemeine Präventionsprogramme;
- Nutzung eigener Kompetenzen des Patienten, Nutzung des Selbsthilfesystems;
- Individualprophylaxe, Suchtprävention, Selbstbehandlung;
- Kritik an Gesundheitspolitik, Krankenkassen;
- Kritik an Ärzten, Pharmaindustrie, Medizinbetrieb.

Berichte über Neuerungen in Diagnose und Behandlung, Fortschritte in Pharmazie und Medizintechnik belassen den Leser, Hörer oder Zuschauer allerdings grundsätzlich in einer passiven Situation. Dabei sind die Rollen ganz eindeutig verteilt: hier der Experte, der Mediziner, der Pharmakologe – auf der anderen Seite der unwissende Laie. Viele Patienten sind jedoch Experten in eigener Sache. Für den Heilprozess ist es mitunter ganz entscheidend, inwieweit der Einzelne sich aktiv daran beteiligt. Deshalb sind auch Berichte wichtig, die dem Medizinbetrieb gegenüber eine kritische Haltung einnehmen.

Kritik am Medizinbetrieb wird vom traditionellen Medizinjournalismus viel zu selten geübt. Aufgabe der Massenmedien sollte es sein, die Kompetenz des „Laien-Experten" zu erhöhen, seine Position zu stärken und seine Kritikfähigkeit zu schärfen.

Warum nicht einmal Ärzte testen? Beispielsweise ließe sich so feststellen, wie leicht man ein Psychopharmakon verschrieben bekommt, oder ob sich Heilpraktiker und Ärzte in der Behandlung von Alltagsbeschwerden, wie Schlafstörungen und Konzentrationsschwäche, unterscheiden. Warum auch nicht die örtlichen Krankenhäuser einem Vergleich unterziehen?

Jedenfalls ist nicht einzusehen, warum immer nur „Spiegel" oder „Monitor" auf kritische Berichterstattung abonniert sein sollen und alle anderen Medien sich dem Verdacht der Hofberichterstattung aussetzen.

Ärzte freilich beklagen die Aufklärungsarbeit der Medien. Informierte „das Fernsehen" am Wochenende über eine neue Behandlungsmethode, sind am Montag die Praxen voll mit Patienten, die genau diese Methode als die allein seligmachende ansprechen. Dann müsse der Hausarzt, so die gängige Medienschelte, die Dinge wieder zurechtrücken. Liegt tatsächlich eine Falschmeldung oder auch nur eine ungerechtfertigt aufgebauschte Geschichte vor, dann ist die Schelte berechtigt. Hat der Patient nur etwas falsch verstanden, dann muss das zwar der einzelne Arzt ausbaden – aber die Patientenaufklärung gehört ohnehin zu seinen Aufgaben.

Genauso häufig dürfte aber zutreffen, dass der Arzt mit einer Behandlungsalternative konfrontiert wird, die er entweder nicht kannte oder zumindest seinem Patienten nicht vorgestellt hatte. Die Vor- und Nachteile bestimmter Therapien dem Patienten auseinanderzusetzen, gehört zu den Pflichten des Arztes, zu denen er sich freilich nicht immer bereitfindet.

Gesundheitsforen und Anrufaktionen sind bei Redaktionen sehr beliebt – wohl, weil sie die Bindung der Leser/Hörer/Zuschauer an das Medium erhöhen. Zweifellos sind sie von nicht zu unterschätzendem Nutzwert für die Medienkonsumenten. Allerdings wildert auch hier die unsaubere PR im Journalismus und bietet insbesondere privaten Hörfunkstationen, aber auch Zeitungen oder Fernsehsendern ganze

Sendestrecken oder Zeitungsseiten mit „ihren" Experten zu bestimmten Themen an, ohne dass dem Hörer (Leser/Zuschauer) gesagt wird, dass eine bestimmte Firma mit einem bestimmten Interesse dahinter steckt.

Diese Fehlentwicklung ist beileibe nicht auf die Medizinberichterstattung beschränkt und hat mittlerweile auch zu einer Debatte unter Journalisten über die Verwilderung der Sitten in Öffentlichkeitsarbeit und Journalismus geführt. Der Arbeitskreis Medizinpublizisten publizierte entsprechende Standards zu verantwortungsvoller journalistischer Tätigkeit sowie zu seriöser PR-Arbeit. Der Arbeitskreis sich inzwischen mit anderen medizinjournalistischen Vereinigungen zum Verband der Medizin- und Wissenschaftsjournalisten zusammengeschlossen und ebenfalls solche Standards veröffentlicht[3].

Freilich gibt es auch Gesundheitsforen und Anruf-Aktionen, die sorgsam geplant und ausgewogen besetzt wurden und dem Leser/Hörer/Zuschauer ein unbeeinflusstes Urteil erlauben. Dann garantieren Anruf-Aktionen quasi automatisch die richtige Perspektive, da sie von den Patienten direkt und unbeeinflusst eingebracht wird. Vermutlich liegt darin auch ein Teil ihres Erfolges beim Publikum begründet.

Medizinische Sensationen sind selten. Das sieht man schon daran, dass es oft schwer zu erklären ist, wofür der Nobelpreis für Medizin denn nun eigentlich vergeben wurde. Wollte man den Schlagzeilen glauben – wie oft wurde schon der Krebs besiegt, wie oft wurde die ultimative Wunder-Diät entdeckt? Alle diese Versprechungen verschwanden so schnell, wie sie geschrieben wurden.

Die Inflation derartiger Superlative unterminiert nur die Glaubwürdigkeit des Journalismus. Der Vitamincocktail des Tages, die Wunderpille des Monats, die besten Kliniken Deutschlands ... wer bietet mehr? Irgendwann werden die Leser eine tatsächliche Sensation für ebenso übertrieben halten wie die vielen Falschmeldungen zuvor. Jeder Medizinjournalist sollte sich überlegen, ob er sich an diesem Teufelskreis beteiligen möchte.

Wunderheiler, Alternativmediziner und Außenseiter erfreuen sich immer wieder großer Beliebtheit, insbesondere bei nicht einschlägig ausgebildeten Redakteuren. Nach dem Motto „Wer heilt, hat recht" werden nahezu jedem, der das Blaue vom Himmel verspricht, Tür und Tor, Spalten und Sendungen geöffnet. Eine sorgfältige Überprüfung und die Konfrontation mit der Gegenmeinung sollten zum Mindeststandard auch des Medizinjournalismus gehören. Wenigstens sollte man sich in der Recherchephase anhören, welches die Gegenargumente der Schulmedizin sind.

---

3 www.journalistenvereinigung.de, http://www.vmwj.de/

Auf der anderen Seite sollen Journalisten auch registrieren, was in der Bevölkerung vor sich geht. Gibt es tatsächlich einen Trend zur Homöopathie? Nehmen vermehrt Patienten die Angebote von Akupunkteuren in Anspruch? Werden Heilpraktiker auch bei schweren Erkrankungen aufgesucht? Glaubt man, einen solchen Trend aufgespürt zu haben, sollte man ihm nachgehen. Doch sollte geprüft werden, ob durch die „sanfte" Methode nicht andere Verfahren versäumt werden, die bewährt und erfolgreich sind.

Oft sind Journalisten wahren Scharlatanen mit unlauteren Heilsversprechen aufgesessen; aber mindestens ebenso oft haben sie die Schulmedizin damit konfrontiert, dass deren wissenschaftlich abgesicherte, rationale Therapie als kalt und seelenlos empfunden wird und dass bei den Menschen ein Bedürfnis nach mehr als nur medizinischer Hilfe besteht.

Die Entwicklung der Medizin in den vergangenen Jahren beweist, dass diese Lektion von Ärzten und Medizinern begriffen und aufgenommen wurde. Der Medizinjournalismus hat diesen Trend nicht geschaffen, aber er hat ihn in die öffentliche Debatte gebracht. Auch das ist eine Funktion des Journalismus – und nicht die schlechteste.

Auswahlkriterien für Wissenschaftsthemen
Warum das eine in der Zeitung steht, und das andere nicht

Markus Lehmkuhl

Zusammenfassung

Wissenschaftsjournalisten nutzen zwar prinzipiell dieselben Kriterien für die Auswahl wie alle übrigen Journalisten, es gibt aber Unterschiede: Für Wissenschaftsjournalisten ist zum Beispiel „wissenschaftliche Relevanz" ein wichtiges Auswahlkriterium. Ein Maß für die wissenschaftliche Relevanz ist die Resonanz, die ein wissenschaftlicher Aufsatz im Wissenschaftssystem selbst auslöst. Die Grenzen derartiger Relevanzkriterien für Wissenschaftsthemen werden vorgestellt, erläutert und diskutiert.

Schlüsselwörter

Nachrichtenfaktoren, wissenschaftliche Relevanz, Resonanz, Fachzeitschriften, Impact Factor, peer review, alternative Metriken, open access

Journalisten wählen ständig aus. Sie wählen aus der Flut von dem, was täglich passiert, Ereignisse oder Themen für die Berichterstattung aus. Sie wählen zwischen unterschiedlichen Formen aus, wie sie das aufbereiten, was sie öffentlich machen wollen. Und sie wählen aus, welche Aspekte eines Ereignisses oder Themas Teil der Berichterstattung werden sollen und welche Experten befragt werden. Im Vordergrund dieses Aufsatzes steht die Auswahl von Ereignissen und Themen.

Es gibt eine Vielzahl von Auswahlkriterien. Am bekanntesten sind die so genannten Nachrichtenfaktoren, die einen Nachrichtenwert begründen. Wenn etwas zum Beispiel neu (1) und überraschend (2) ist, darüber hinaus viele Menschen betrifft (3), eindeutig zu interpretieren ist (4) und einen regionalen Bezug aufweist (5), dann ist der Nachrichtenwert dieses Ereignisses relativ hoch.

Nachrichtenfaktoren sind aber nur ein Kriterium neben anderen. Ihre Erklärungskraft für die Auswahl sollte insbesondere bei Wissenschaftsthemen nicht überschätzt werden. Denn es gibt jeden Tag sehr viele wissenschaftliche Ereignisse, die ähnliche Nachrichtenwerte haben. Es müssen von Journalisten also außer den Nachrichtenfaktoren noch andere Kriterien angelegt werden, um eine Auswahlentscheidung treffen zu können. Eines ist die „wissenschaftliche Relevanz". Es handelt sich um ein kompliziertes Kriterium, was schon allein dadurch deutlich wird, dass es umstritten ist. Matthias Kohring zum Beispiel, ein bedeutender Mannheimer Journalismustheoretiker, behauptet, wissenschaftliche Relevanz sei für den Journalismus grundsätzlich ohne Bedeutung. Den Auswahlkriterien nähert man sich am besten, indem man die Komplexität des wissenschaftsjournalistischen Entscheidungsproblems systematisch aufschlüsselt, und zwar in eine Sach-, Zeit- und Sozialdimension.

Sachlich ist die Auswahl erstens kompliziert, weil ein Journalist die Zahl der Optionen nicht kennt. Dies gilt zwar nicht nur, aber ganz besonders für die Auswahl von Studienergebnissen. Deren Zahl ist seit dem Beginn wissenschaftlicher Tätigkeit mit einer jährlichen Rate von ungefähr drei Prozent gestiegen. Aktuell erscheinen allein in den von der Datenbank Scopus erfassten über 20.000 wissenschaftlichen Zeitschriften aus allen Disziplinen 5000 – 6000 neue Studienergebnisse *täglich*. Tatsächlich ist die Zahl noch wesentlich höher, weil viele der neuen Open-Access-Journale und viele nicht-englischsprachige Journale nicht in Scopus gelistet werden.

Zweitens ist die Auswahl kompliziert, weil die Resultate sehr speziell sind. Um eine gesellschaftliche Relevanz einschätzen zu können, muss ein Journalist mindestens ansatzweise verstehen, worum es eigentlich geht. Darüber hinaus sorgt die Spezialität der Befunde dafür, dass diese Ergebnisse für sich genommen in der Regel gesellschaftlich irrelevant sind, weil sich deren Bedeutung erst dadurch erschließt, dass viele weitere Ergebnisse einbezogen werden. Oder aber die Bedeutung verlagert sich ins Ungewisse zukünftig zu erwartender Ergebnisse, was den Journalismus dann zu Formulierungen zwingt, Entdeckung x *könnte* im Zeitraum y zum Fortschritt z führen.

Drittens schließlich wirken Zweifel an der Integrität der wissenschaftlichen Ergebnisse komplexitätssteigernd. Die riesige Zahl von Publikationen erzeugt innerhalb der Wissenschaft eine große Konkurrenz um Aufmerksamkeit und damit um die Publikation in jenen Journalen, die wegen ihres Renommees die geringe Chance auf Beachtung vergrößern. Dies wiederum schafft Anreize für Wissenschaftler, möglichst spektakuläre Resultate auch mit unlauteren Mitteln zu erzielen. Denn die großen und einflussreichen Journale drucken vor allem sehr interessante, möglichst brandneue Resultate, nicht lediglich Wiederholungen eines schon bekannten Ergebnisses. Allerdings ist es sehr schwierig, das Problem zu quantifizieren. Fälschungen wie die des Koreaners Hwang Woo-suk oder haarsträubende Schlampereien wie die von Felisa Wolfe-Simon – beide in der renommierten Zeitschrift Science veröffentlicht – mögen Einzelfälle sein. Allerdings deuten unter anderem Anteile unter biomedizinischen Studienergebnissen von über 50 Prozent, die sich nicht wiederholen lassen, auf Tricksereien in nennenswertem Umfang hin.

Darüber hinaus hat sich im Zuge der Open-Access-Bewegung eine Art Schattenreich tausender wissenschaftlicher Journale etabliert, die auch völlig minderwertige oder gänzlich gefakte Resultate veröffentlichen. Erstmals augenscheinlich wurde das Problem durch ein Experiment von John Bohannon im Jahr 2013. Er hatte 304 Variationen eines von ihm selbst verfassten wissenschaftlichen Schrottpapers an Open Access Journale geschickt. Kernbotschaft: Es ist gelungen, aus Flechten einen Krebswirkstoff zu gewinnen. Mehr als 50 Prozent der Zeitschriften akzeptierten das Paper.[1] Zwei Jahre später gelang es ihm, gemeinsam mit Redakteuren des Senders ARTE eine gefakte Studie in einem minderwertigen Fachjournal unterzubringen und damit insbesondere den Journalismus hinters Licht zu führen. In der Studie wurde ermittelt, dass Schokolade mit hohem Kakaoanteil schlank mache. Das Ergebnis wurde auch in Deutschland von zahlreichen Medientiteln aufgegriffen. Das größte Aufsehen hat wohl ein ähnlicher Ansatz eines Rechercheteams unter anderem der Süddeutschen Zeitung, des NDR und des WDR erregt. Den Reportern war es wie Bohannon zuvor gelungen, Nonsens-Paper in wissenschaftlichen Raub-

---

1 Bohannon, John. 2013. "Who's Afraid of Peer Review?" *Science* 342 (6154): 60–65.

journalen unterzubringen. Darüber hinaus ermittelten sie, dass tausende deutsche Wissenschaftler in solchen Raubjournalen publiziert haben.[2]

Zusammengefasst steht ein auswählender Journalist in sachlicher Hinsicht vor einer unüberschaubaren Fülle von neuen Resultaten, dessen öffentliche Relevanz er angesichts ihrer Spezialität allenfalls ausnahmsweise ermessen kann und deren Akkuratheit in aller Regel jenseits seiner Beurteilungskompetenz liegt.

Die sachliche Komplexität wird durch die Zeitknappheit im Journalismus tendenziell verschärft. Selbst wenn Journalisten die Kompetenzen hätten, den sachlichen Problemen zu begegnen, fehlt ihnen die Zeit. Auswahlentscheidungen können besonders im Nachrichtenjournalismus allenfalls für kurze Zeit aufgeschoben werden. Der Redaktionsschluss naht und sorgt für Entscheidungsdruck. In online Medien, die ja bekanntlich keinen Redaktionsschluss mehr kennen, ist der Zeitdruck noch höher. Wer eine gute Geschichte online als erster hat, der hat größere Chancen, mehr Leser als die langsamere Konkurrenz zu gewinnen. Darüber hinaus wird die Zeitknappheit dadurch verschärft, dass Medienunternehmen die produktive Effizienz ihrer Journalisten immer weiter zu steigern suchen. Immer mehr muss von immer weniger Journalisten im selben Zeitraum bewältigt werden.

Die soziale Komponente journalistischer Entscheidungen schließlich umschreibt den Einfluss Dritter auf die Auswahl. Es lassen sich grob drei Personengruppen unterscheiden, die die Auswahl von Wissenschaftsjournalisten beeinflussen: Die Kollegen, die Quellen (zum Beispiel Pressereferenten von Forschungsorganisationen oder wissenschaftlichen Fachverlagen) und das Publikum. Dieses Einflussgefüge kann man sich vorstellen wie ein Netzwerk wechselseitiger Beobachtungen. Ein Wissenschaftsjournalist beobachtet in der Regel sorgfältig, was die Kollegen in anderen Medientiteln ausgewählt haben. Die Pressereferenten beobachten, was herausgegriffen wurde. Sie verfolgen damit die Absicht, die Entscheidungsgründe zu entschlüsseln und ihre eigenen Botschaften zukünftig so zu gestalten, dass ihre Auswahlchancen steigen. Und das Publikum beobachtet, was ausgewählt wurde. Es reagiert mit Zuwendung oder Ablehnung, was im online-Journalismus durch

---

2   Bauer, Patrick, Till Krause, Katharina Kropshofer, Katrin Langhans, Lorenz Wagner, Felix Ebert, Laura Eßlinger, Jan Schwenkenberger, Vanessa Wormer, and Francesco Cicodello. 2018. „Das Scheingeschäft: Dubiose Unternehmer geben sich als Fachverleger aus und veröffentlichen gegen Geld auch den größten Unsinn als seriöse Studie." *SZ Magazin*, July 20. 29.

die Klickzahlen jedem Journalisten offensichtlich wird, woraus dieser wiederum Schlüsse zieht für zukünftige Auswahlentscheidungen.

Wie begegnet nun der einzelne Wissenschaftsjournalist den skizzierten Schwierigkeiten? Wenn man diese Frage auf den Umgang mit Studienergebnissen bezieht, dann orientiert er sich bei der Auswahl an der wissenschaftlichen Relevanz der Journale, in denen die Studien erscheinen. Dadurch versucht er das Problem zu umgehen, auf irgendeinen wissenschaftlichen Flimflam reinzufallen. Er vertraut durch diese Begrenzung der Auswahlkompetenz der großen, einflussreichen Journals, häufig zurecht, manchmal – wie die Betrugsfälle zeigen – zu Unrecht.

Was ist dann überhaupt wissenschaftlich relevant? Es ist offensichtlich nicht ganz einfach, auf diese Frage eine befriedigende Antwort zu geben. Relevant ist ein Ergebnis zunächst grundsätzlich dann, wenn es von einem wissenschaftlichen Journal nach Prüfung durch Fachexperten, den so genannten Peers, als veröffentlichungswürdig angesehen wird. Dies gilt allerdings mittlerweile für Tausende von Ergebnissen, die täglich veröffentlicht werden.

Das vielleicht deutlichste Maß für die Relevanz eines wissenschaftlichen Befundes ist die Resonanz, die ein wissenschaftlicher Aufsatz im Wissenschaftssystem selbst auslöst. Gemessen werden kann diese Resonanz an der Zahl der wissenschaftlichen Veröffentlichungen, die auf den Aufsatz Bezug nehmen und ihn zitieren.

Ein historisches Beispiel mag das veranschaulichen: Der berühmt gewordene Aufsatz, in dem schottische Wissenschaftler 1997 über das Klonschaf Dolly berichteten, wurde tausende Male von anderen wissenschaftlichen Arbeiten zitiert. Das ist sehr häufig. Man kann gestützt auf diese Zahl sagen, dass dieser Aufsatz wissenschaftlich hoch relevant gewesen ist, weil die dokumentierten Ergebnisse häufig Bezugspunkt für andere Forschungen geworden sind. So genau konnte man das 1997 natürlich nicht wissen. Es gab damals nur eine Orientierungsmarke, die Aufschluss über die mögliche wissenschaftliche Relevanz zu geben vermochte: Der Aufsatz erschien in der Zeitschrift „Nature", einer der bedeutendsten Wissenschaftsjournale der Welt.

Wissenschaftliche Zeitschriften haben einen sogenannten *Impact Factor*. Der gibt an, wie oft Artikel aus dieser Zeitschrift durchschnittlich zitiert wurden. „Nature" hat einen relativ hohen Impact Factor, ähnliches gilt für „Science" oder das „New England Journal of Medicine (NEJM)". Das Erscheinen in einer Zeitschrift mit hohem Impact Faktor deutet also darauf hin, dass es sich wahrscheinlich nicht um Flimflam handelt, der des Hinsehens unwürdig ist.

Für Wissenschaftsredaktionen ist wissenschaftliche Relevanz grundsätzlich ein wichtiges Kriterium, um die Orientierung zu erleichtern. Deshalb greifen die Wissenschaftsredaktionen großer Tageszeitungen häufig auf Ergebnisse zurück, die aus solchen Fachzeitschriften stammen. In einer relativ groß angelegten Untersuchung am Beispiel der drei Themenfelder Grippepandemien, Ebola und Antibiotikaresistenz zeigte sich, dass sich die Auswahl von Studienergebnissen durch Journalisten auf nur wenige Journals konzentrierte, wobei Science und Nature mit einigem Abstand führen, gefolgt vom New England Journal of Medicine, The Lancet, PLOS one und den Proceedings der National Academy of Science (PNAS). Auch in älteren Untersuchungen spielten für die Auswahl vor allem jene Fachzeitschriften eine Rolle, die über einen hohen Impact Factor verfügen, also „Nature", „Science", das „New England Journal of Medicine (NEJM)", „The Lancet" und einige andere.[3]

Das wissenschaftliche Journal, in dem eine neue Studie erscheint, ist deshalb ein Faktor für die Auswahl von Studienergebnissen durch den Journalismus. Der Grund ist einfach: Angesichts der riesigen Zahl von Journalen, kann der Journalismus nur eine winzige Zahl von wissenschaftlichen Journalen regelmäßig beobachten. Was in den anderen Wissenschaftsmagazinen passiert, entdeckt der Journalismus allenfalls zufällig. Es gibt keine systematische Beobachtung der neuen wissenschaftlichen Resultate, die über einen sehr kleinen Kreis von Journals hinausreicht.

Erheblich relativiert wird die Bedeutung wissenschaftlicher Relevanz durch die Beobachtung, dass die Medien bestimmte naturwissenschaftliche Disziplinen eindeutig bevorzugen, und zwar jene, in denen sich Publikumsnähe offenbar leichter herstellen lässt. Das ist vor allem die Medizin, die die Themenauswahl deutlich dominiert. Wäre wissenschaftliche Relevanz der einzige Nachrichtenfaktor, wäre nicht zu erklären, warum die Medizin Relevantes hervorbringt, die Mathematik jedoch nicht. Wissenschaftliche Relevanz ist in auf Wissenschaft spezialisierten Redaktionen ein Auswahlkriterium unter anderen, nie das einzige.

Ganz neue Möglichkeiten für die Analyse der Nachrichtenauswahl ergeben sich durch die Digitalisierung. So genannte alternative Metriken, kurz **„Altmetriken"**, geben darüber Aufschluss, wo und wie oft ein wissenschaftliches Resultat zum Beispiel in sozialen Netzwerken geteilt wird. Auch wird es anders als früher möglich, die journalistische Resonanz wissenschaftlicher Studien durch automatische Verfahren

---

[3] Carola Pahl: Die Bedeutung von Wissenschaftsjournalen für die Themenauswahl in den Wissenschaftsressorts deutscher Zeitungen am Beispiel medizinischer Themen. In: Rundfunk und Fernsehen, Jg.46, Nr.2-3, 1998, S. 243–253.

besser zu messen. Durch solche Analysen lässt sich neuerdings die Dominanz der großen Journals bei der Nachrichtenauswahl auch relativ genau quantifizieren. 50 Prozent aller Studienergebnisse eines Jahres, die durch Journalisten weltweit ausgewählt werden, werden in nur 40 der Tausende zählenden wissenschaftlichen Zeitschriften veröffentlicht, die meisten davon sind in Science, Nature, JAMA, NEJM, Nature Communications, Lancet, PNAS und Pediatrics erschienen.[4]

Neben der Konzentration auf wichtige Journale spielen Pressemitteilungen eine sehr wichtige Rolle für die Auswahl. Dies lässt sich darauf zurückführen, dass Journalisten Studienergebnisse in schon für die Öffentlichkeit aufbereiteter Form brauchen, weil sie wegen der Zeitknappheit ansonsten Schwierigkeiten haben, mit der Spezialität der Befunde zurechtzukommen. Es mag deprimierend klingen, aber die Befunde aus der Journalismusforschung dazu sind relativ ernüchternd: Auswahl von Studienergebnissen findet in der Regel auf Basis der Pressemitteilungen statt, nicht auf Basis der Originalquellen. Mit anderen Worten: Journalisten lesen allenfalls ausnahmsweise die Studien, über die sie nachrichtlich berichten.

Bei den Sozialwissenschaften einschließlich der Wirtschaftswissenschaften spielt wissenschaftliche Relevanz im Regelfall eine eher untergeordnete Rolle. Dies wird vor allem dadurch deutlich, dass es anders als in den Naturwissenschaften keinen Kanon von renommierten sozialwissenschaftlichen Zeitschriften gibt, aus denen bevorzugt Nachrichten ausgewählt werden. So ist auch die Auswahl sozialwissenschaftlicher Nachrichten oft nicht von der wissenschaftlichen Relevanz motiviert. Die Meldungen etwa, dass mit steigendem IQ die Wahrscheinlichkeit sinkt, geküsst zu werden, mag gängige Urteile über das Sexappeal kluger Köpfe bestätigen (deshalb steht es in der Zeitung), wissenschaftlichen Relevanzkriterien genügen Meldungen dieser Art nicht.

Ein weiterer Grund für die Unterschiede bei den Sozialwissenschaften besteht darin, dass sozialwissenschaftliche Ergebnisse traditionell nicht zur Kernkompetenz von Wissenschaftsredaktionen zu rechnen sind. Entsprechend wählen anders qualifizierte Journalisten aus, wenn Sozialwissenschaftliches zu verkünden ist. Und für diese Journalisten spielt es eine ungeordnete Rolle, ob eine wissenschaftliche

---

4 Lehmkuhl, Markus. 2018. „Die Macht der großen Journals." Accessed November 06, 2018. https://www.meta-magazin.org/2018/06/26/die-macht-der-grossen-journals/. Lehmkuhl, Markus. 2018. „Welche Studie darf's denn heute sein?" Accessed October 29, 2018. https://www.meta-magazin.org/2018/06/19/welche-studie-darfs-denn-heute-sein/.

Botschaft ein Peer Review durchlaufen hat. Und es spielt auch keine Rolle, ob ein Ergebnis aus wissenschaftlicher Sicht relevant ist oder nicht.

Das lässt sich wiederum durch ein historisches Beispiel illustrieren: Im Dezember 2005 erzeugte eine wissenschaftliche Nachricht große Resonanz in den deutschen Nachrichtenredaktionen. Das Passivrauchen, hieß es etwa auf der Titelseite der „Süddeutschen Zeitung", sei für über 3.300 Todesfälle jährlich verantwortlich. Dabei handelte es sich um eine Arbeit von Epidemiologen der Universität Münster. Auf Initiative des Deutschen Krebsforschungszentrums in Heidelberg hatten sie aus einer Vielzahl von Studien eine konkrete Zahl von Todesfällen errechnet, die auf das Passivrauchen zurückzuführen waren.[5]

Warum erzeugte diese Studie so große Resonanz? Ausschließen kann man, dass wissenschaftliche Relevanz von Bedeutung war. Es handelte sich um ein Ergebnis, dass zu diesem Zeitpunkt kein peer review durchlaufen hatte. Entsprechend war es auch von keinem wissenschaftlichen Journal publiziert worden.

Der wohl wichtigste Grund ist wohl darin zu sehen, dass dieses Ergebnis an eine laufende Diskussion anschloss, die vor Inkrafttreten der heute gültigen Regeln zum Nichtraucherschutz im Frühjahr 2006 geführt wurde. Das ist aber nicht der einzige Faktor, der die Resonanz erklären hilft.

Es handelt sich um eine klare Ursache-Wirkungs-Beziehung. Solche Botschaften werden von den Massenmedien bevorzugt ausgewählt. Sie lassen sich problemlos vereinbaren mit dem Zwang zu Kürze und Prägnanz, denen der Journalismus in der Nachrichtengebung unterworfen ist. Die Journalisten können sie in 1'30 lange Medienbeiträge übersetzen oder in 60 Zeilen Zeitungstext.

Die Botschaft in dieser Form war neu, ein weiteres Merkmal, das die Auswahlchancen begünstigte. Anstelle der statistischen Wahrscheinlichkeit einer Gesundheitsgefährdung wird hier auf eine ganz massive Folge konkret hingewiesen: Passivrauchen tötet. So deutlich hatte das bisher niemand gesagt.

Das Thema betrifft jeden, das kann man als weiteres Kriterium nennen. Üblicherweise fühlen sich Nichtraucher prinzipiell nicht angesprochen, wenn es um

---

5 Ulrich Keil; Heiko Becher; Jan Heidrich et al.: Passivrauchbedingte Morbidität und Mortalität in Deutschland. In: Deutsches Krebsforschungszentrum (Hrsg.): Passivrauchen. Ein unterschätztes Gesundheitsrisiko, Heidelberg 2005, S. 19–33.

die Gefahren des Rauchens geht. Hier nun wird eröffnet, dass auch Nichtraucher vom Rauchen gefährdet werden. Es fühlen sich also alle angesprochen.

Die Botschaft bestätigt gängige Erwartungen, sie revidiert sie nicht. Wenn Erwartungen bestätigt werden, begünstigt das die Resonanz. Eine Botschaft, die gängigen Erwartungen widerspricht, hat es viel schwerer. Im Mai 2003 berichteten etwa zwei amerikanische Forscher im „British Medical Journal" über die Ergebnisse einer epidemiologischen Studie mit Tausenden von Teilnehmern. Sie hatten herausgefunden, dass entgegen der bisher gängigen Vorstellungen kein erhöhtes Mortalitätsrisiko vom Passivrauchen ausgeht.[6]

Dass diese Nachricht keine Resonanz erzeugt hat, kann damit erklärt werden, dass der öffentliche Konsens über die Schädlichkeit des Passivrauchens sehr dominant ist.[7] Von diesem Konsens abweichende Botschaften sind zwar grundsätzlich interessant, weil sie überraschen. Sie haben einen attraktiven Neuigkeitswert. Trotzdem überspringen solche Botschaften nicht so leicht die Thematisierungshürden. Während die Botschaft des Krebsforschungszentrums ohne sorgfältige Prüfung die Tore passiert, ist das im Falle der zweiten Botschaft nicht so leicht möglich. Wer mit sehr Überraschendem aufwartet, der muss mit einer eingehenden Überprüfung seiner Botschaft durch den Journalismus rechnen.

Bei einer solchen Prüfung spielt die Quelle einer Botschaft eine wichtige Rolle. Versender im ersten Beispiel ist das Deutsche Krebsforschungszentrum, eine angesehene, weithin bekannte Forschungseinrichtung, deren Botschaften deshalb vor allem eines sind: glaubwürdig. Die Quelle ist nicht verdächtig, aus unlauteren, eigennützigen, moralisch negativ aufgeladenen Motiven heraus, etwa aus Gewinnstreben zu handeln. Ihre Botschaften tragen den Nimbus wissenschaftlicher Autorität. Deshalb besteht kein Grund, die Botschaft misstrauisch zu beäugen.

Bei der zweiten Nachricht liegen die Dinge anders. Die Autoren haben für die Finanzierung ihrer Befragungen Geld genommen, und zwar von der Tabakindustrie. Das diskreditiert die Glaubwürdigkeit auch wissenschaftlich-seriöser Forschungs-

---

6 James E. Enstrom; Geoffre C. Kabat: Environmental tobacco smoke and tobacco related mortality in a prospective study of Californians, 1960–98. In: British Medical Journal, Vol. 326, 2003, pp. 1057ff.

7 Sheldon Ungar; Dennis Bray: Silencing science: partisanship and the career of a publication disputing the dangers of secondhand smoke. In: Public Understanding of Science, Vol. 14, 2005, pp. 5–23.

ergebnisse auf nachhaltige Weise. Da hilft es auch nichts, dass die Autoren am Ende der Studie versichern, selbst noch nie geraucht zu haben.

Regionale Nähe ist ein Nachrichtenfaktor, der häufiger als man vielleicht gemeinhin annehmen mag, die Auswahl beeinflusst. So zeigt sich, dass die Redaktionen wissenschaftliche Nachrichten aus dem Land bevorzugen, in dem sie erscheinen. Insbesondere für Regionalzeitungen hat eine wissenschaftliche Nachricht dann größere Auswahlchancen, wenn sie sich in irgendeiner Weise regionalisieren lässt. Dazu genügt, dass in der Region Experten verfügbar sind, die Stellungnahmen liefern zu einem Forschungsresultat, das anderswo hervorgebracht worden ist.

Aufmerksamkeitskriterien des Journalismus üben auch einen Reiz aus auf Forschungsinstitutionen, denen es um Resonanz für ihre Botschaften geht. Im Falle des Deutschen Krebsforschungszentrums macht sich das einerseits dadurch bemerkbar, dass überhaupt eine solche Studie wie im genannten Beispiel gemacht wird. Es drängt sich der Verdacht auf, dass diese Studie nicht nur entstanden ist, weil es einen wissenschaftlichen Klärungsbedarf gab. Sie wurde wahrscheinlich auch gemacht, weil die Forschungsfrage öffentlich präsentable und instrumentalisierbare Ergebnisse versprach.

In der Präsentation der Ergebnisse drückt sich das noch deutlicher aus. Denn in der Zusammenfassung wurde ausdrücklich darauf hingewiesen, dass unter den 3300 Toten jährlich 60 Säuglinge sind. Nicht hingewiesen wurde dagegen darauf, dass knapp zwei Drittel der Opfer des Passivrauchens über 74 Jahre alt waren, d. h. mit großer Wahrscheinlichkeit zur etwa gleichen Zeit gestorben wären, wenn auch nicht an den Folgen des Passivrauchens. Die Nachricht hätte einen großen Teil ihres Reizes verloren, wenn dieser Zusammenhang nicht im Inneren der Studie versteckt worden wäre.

Zahlenspiele
So lügt man mit Statistik

Günther Rager und Bernd Weber

> **Zusammenfassung**
>
> Zahlen suggerieren Genauigkeit, doch sie sind oft überflüssig oder gar manipuliert. Die wichtigsten Fälle beim fehlerhaften Gebrauch von Zahlen und statistischen Auswertungen werden amüsant erläutert und kritisch analysiert.

> **Schlüsselwörter**
>
> Mittelwert, Hochrechnung, Umfragen, Quellen, Fragestellung, Antwortmöglichkeit, Trendaussagen

„Rechnen sollte man halt können! Man hätte im Handumdrehen den Unsinn durchschaut, den uns da eine sensationell klingende Information auf den Tisch brachte – ungeprüft weiter in die Hände der staunenden Leser: 3,5 Millionen Hunde, die es derzeit in der Bundesrepublik gibt, fabrizieren täglich eine Million Tonnen an Häufchen. Nicht möglich, schreit der Zeitgenosse empört statt nachzurechnen, schlicht zu ‚kürzen' und zu begreifen, dass 3 1/2 Hunde, auch wenn sie noch so drücken, niemals eine Tonne fertigbringen. So familiär ist heutzutage der Umgang mit Millionen und Milliarden geworden, dass allmählich der Sinn dafür verloren ging, was die vielen, all zu vielen Nullen in unseren (vor allen Dingen öffentlichen) Haushalten bedeuten. Die nachträgliche Prüfung ergab, dass nicht ‚täglich', sondern allenfalls ‚jährlich' ge-meint sein konnte. Pro Hund ein Kilogramm am Tag – das macht erst aufs Jahr hochgerechnet eine Milliarde Kilo oder eine Million Tonnen. ‚Erst' im Sinne von ‚nur'? Die Bilanz ist auf jeden Fall, so oder so, umwerfend."

So hieß es in einem „Streiflicht" der „Süddeutschen Zeitung". Wir sind unempfindlich gegenüber Zahlen geworden. Sie müssen nur groß genug und für den eigenen Standpunkt brauchbar sein. Sicherlich haben viele Hundegegner die Zahl aus dem Eingangsbeispiel gerne geglaubt – ohne sie zu prüfen. Eher kam wohl ein Hundebesitzer auf die Idee, nachzurechnen, weil er sich über die Meldung geärgert hat.

Scheinbar unverrückbare Exaktheit muss sein. Als am 6. April 1909 der Amerikaner Robert E. Peary als erster Mensch den Nordpol erreichte, gab er in seinem Tagebuch seine Position mit 89 Grad, 57 Minuten und 11 Sekunden nördlicher Breite an. In Wahrheit konnte er mit seinen Instrumenten seine Position unmöglich bis auf 11 Bogensekunden, also auf 30 Meter genau angeben. Er wusste aber, dass der genaue Wert ihm eine Aura von Glaubwürdigkeit verleihen würde.

Überflüssige Zahlen gibt es mehr als genug. Viele Zahlen dienen Journalisten nur dazu, sich als besonders sachkundig auszuweisen. Überflüssige Zahlen stören aber den Lesefluss, ohne inhaltlich weiterzuführen. Dass die Konzentration eines Schadstoffs 900 ppm beträgt, sagt allenfalls Fachleuten, aber kaum einem Leser etwas.

Hochgerechnete Umfrageergebnisse sind besonders problematisch. Sie können die Wirklichkeit gar nicht so exakt abbilden, wie oft suggeriert wird. Zum Beispiel Wahlprognosen mit der berühmten „Sonntagsfrage": Allein die mathematisch-statistisch bedingte Fehlerbreite der üblichen Repräsentativumfragen mit 1.000 Befragten beträgt für die großen Parteien plus/minus drei Prozentpunkte, für die kleineren etwa die Hälfte. Diese Abweichung kann zwar verkleinert werden, indem man mehr Menschen befragt, sie ist aber grundsätzlich unvermeidlich.

Die methodischen Grundlagen von Umfragen zu erkennen, ist daher auch für die Leser unverzichtbar, damit sie die Ergebnisse einordnen können. Welche Bevölkerungsgruppe wurde befragt? Wie viele Personen umfasst die Stichprobe? Mit welcher Methode wurde gearbeitet – telefonische, persönliche oder schriftliche Befragung? In welchem Zeitraum wurde interviewt?

Auch die Definition von Begriffen beeinflusst häufig das Messergebnis. Beispiel: „Arbeitslosigkeit". Wer weiß schon, welche Erwerbslosen als arbeitslos gezählt werden, und welche ebenfalls arbeitslos sind, aber in der amtlichen Statistik nicht auftauchen? Die OECD hat die je nach Definition abweichende Arbeitslosigkeit in verschiedenen Ländern ausgerechnet. Sie kam beispielsweise für das Jahr 2005 auf Quoten von 9,8 bis 10,4 Prozent für Griechenland oder 9,1 bis 9,5 Prozent für Deutschland. Die Bundesagentur für Arbeit veröffentlichte für den gleichen Zeitraum eine Arbeitslosenquote von 11,7 Prozent. Jede dieser Zahlen ist so richtig oder falsch wie die andere – sie sind nur verschieden definiert. Wenn nötig, hilft auch bewusstes Umdefinieren weiter. So wurden in der DDR in Zeiten der Gemüseknappheit die besonders schweren Melonen statt dem Obst dem Gemüse zugerechnet – so ließ sich das Plansoll an Gemüsetonnen besser erreichen.

Zumindest dem Journalisten sollte die Definition des Gemessenen klar sein. Sonst entsteht ein völlig falsches Bild:

```
Wenn der Deutsche nicht arbeitet, trinkt er: Das ist das
Ergebnis einer Umfrage nach den Feierabendaktivitäten der
Bundesbürger. Mit 47,7% steht der Besuch einer Gaststät-
te an der Spitze, gefolgt von ‚sich privat treffen' mit
45,7% und ‚Freizeitsport' 22%.
```

Schon beim ersten Lesen müssten sich jedem Journalisten diese Fragen aufdrängen: Waren Mehrfachnennungen möglich, sodass die Werte zusammen mehr als 100 Prozent ergeben? Warum kommt das Stichwort „Fernsehen" nicht vor? Sollten sich tatsächlich täglich mehr Leute in Gaststätten aufhalten als vor dem Fernseher? Vermutlich ging es bei dieser Umfrage nur um Aktivitäten außerhalb der eigenen vier Wände. Dies wiederum steht nirgendwo in den 40 Zeilen, die hier auszugsweise zitiert werden.

Die Fragestellung kann bei Umfragen zur Vollständigkeit gehören. Schon ein „Klassiker" ist folgendes Beispiel: 1983 hatte das Meinungsforschungsinstitut „Emnid" im Auftrag des Fernsehmagazins „Panorama" gefragt: „Wenn die Verhandlungen zwischen den Vereinigten Staaten und der Sowjetunion erfolglos bleiben, sollen demnächst auch bei uns in der Bundesrepublik neue Raketen aufgestellt werden. Sind Sie für oder gegen die Aufstellung neuer Raketen?" Ergebnis: Nur 14 Prozent waren für die Aufstellung.

Sechs Tage später schloss „Emnid" eine Befragung für das Bundesverteidigungsministerium ab. Diesmal sollten die Befragten folgendem Statement zustimmen oder es ablehnen: „Der Westen muss gegenüber der Sowjetunion stark genug bleiben. Deshalb ist es nötig, in Westeuropa moderne Atomwaffen aufzustellen, wenn die Sowjetunion ihre neuen Mittelstreckenraketen nicht abbaut." Das Ergebnis: 58 Prozent stimmten dieser Aussage zu.

Die Antwortmöglichkeiten können es ebenfalls in sich haben. Die „Forschungsgruppe Wahlen e. V." legte dar, wie ein Umfrageergebnis des „Instituts für Demoskopie" in Allensbach auf die Form der Abfrage zurückzuführen sei. Es wurde nach der Zufriedenheit mit dem öffentlich-rechtlichen Rundfunk gefragt. Bei einer Wiederholung der Umfrage wurden die Antwortmöglichkeiten erweitert: Die beiden unspezifischen Kategorien „es geht" und „teils/teils" wurden hinzugefügt. Diese Erweiterung der Antwortmöglichkeiten verändert natürlich die Verteilung der Antworten: So würden „mehr Antworten von ‚Zufriedenen' und ‚Unzufriedenen' auf die Mitte umgelenkt. Diese Auswirkung musste erfahrenen Umfrageforschern von vornherein bewusst sein." So sei es zu erklären, dass das Ergebnis mit 21 Prozent Zufriedenheit deutlich anders ausfiel als in der Studie zuvor – da waren es rund 50 Prozent.

Eine Kombination aus mehreren „Fehlern" ist auch nicht selten. Ein berühmtes Beispiel aus der Sportgeschichte: die Tour de France 2006. Dort wurden viele Topfahrer wegen Dopings ausgeschlossen. Die ARD wollte wissen: „Wie hat sich die spanische Dopingaffäre auf Ihr Interesse für die Tour de France ausgewirkt?" So mutierte im ersten Schritt der Skandal auch um den deutschen Topfahrer Jan Ullrich zur „spanischen" Affäre.

Dann lieferte die ARD drei Antwortmöglichkeiten: „Die Affäre betrifft die Tour nicht direkt, daher ist mein Interesse gleich stark." und „Die schwarzen Schafe sind jetzt raus. Deshalb ist mein Interesse für die Tour noch gestiegen." sowie „Die Tour interessiert mich überhaupt nicht mehr, die Topfavoriten sind nämlich nicht mehr dabei." Leider nicht dabei war die Antwortmöglichkeit „Ich schaue mir die Tour nicht mehr an, weil ich den Glauben in einen dopingfreien Radsport verloren habe".

Sind die Antwortmöglichkeiten schon tendenziös, ist die Befragungsmethode ein Garant dafür, dass die Ergebnisse der Umfrage ohnehin nur bedingt aussagekräftig sind. Denn die ARD befragte eine völlig unrepräsentative Gruppe. Beim „Voting" wurden „mehr als 13.000 Stimmen" abgegeben – von den Tour-de-France-interessierten Besuchern der speziellen ARD-Tour-Homepage. Geradezu erstaunlich, dass sich unter diesen Umständen immerhin noch 25 Prozent der „Voter" entschieden für „Die Tour interessiert mich überhaupt nicht mehr, die Topfavoriten sind nämlich nicht mehr dabei". Die ARD interpretiert das so: „Fans halten der Tour die Treue" und „Mehr als 75 Prozent haben sich von den Doping-Ereignissen... nicht negativ beeindrucken lassen".

Statistische Fachbegriffe erschweren die Arbeit der Journalisten zusätzlich – z. B. die unklare Definition eines Mittelwertes. Wenn etwa Mediziner behaupten, dass eine Operation durchschnittlich fünf Jahre überlebt wird und diese Aussage auf hundert Fällen beruht, so könnten 50 Patienten bei der Operation gestorben sein und die anderen 50 Patienten die Operation um zehn Jahre überlebt haben. Rechnerisch sind aber auch ganz andere Überlebenszeiten denkbar. Das arithmetische Mittel ist hier ohne eine Angabe der Streuung der Werte wenig sinnvoll. Aber welcher Journalist weiß schon, wann welcher Mittelwert aussagekräftig ist?

Trendaussagen, die mit Zahlenmaterial belegt werden sollen, sind mit Vorsicht zu genießen. Manchmal werden da Statistiken ins Feld geführt, die einen Trend nur scheinbar stützen. In einem Artikel mit dem Untertitel „Versuch über das Positive" war zu lesen: `Auch die Schwefeldioxyd-Emissionen, die als eine wichtige Ursache des Waldsterbens gelten, sind ... zurückgegangen. Und sie werden mit der zunehmenden Rauchgasentschwefelung weiter sinken. Ein modernes Kraftwerk produziert pro kW-Stunde 99 Prozent weniger Staub, 85 Prozent weniger Schwefeldioxyd und 50 Prozent weniger Stickoxyd als eine alte Anlage.`

Im Einzelnen sind die Zahlenangaben sicher richtig. Ob sie indes die Tendenzaussagen stützen, kann nur vermutet werden. Problematisch ist die Wiedergabe dieser Zahlen im geschilderten Zusammenhang allemal. Denn um zu belegen, dass sich im Umweltschutz alles zum Positiven wendet oder schon gewendet hat, müsste der Leser erfahren, wie viele alte und wie viele moderne Kraftwerke es gibt und in naher Zukunft geben wird, und ob die verbleibende Belastung akzeptierbar ist. Solange diese Angaben fehlen, ist er dem Autor hilflos ausgeliefert.

Linear fortgeführte Trends sind immer gefährlich, auch wenn die Zahlen stimmen. Mark Twain stellte mit unabweisbarer Logik fest: „Binnen 170 Jahren hat sich der untere Mississippi um 240 Meilen verkürzt. Das macht im Durchschnitt 1 1/3 Meile pro Jahr. Daher sieht jeder Mensch, es sei denn, er ist blind oder ein Idiot, dass vor einer Million Jahren der Untere Mississippi mehr als eine Million Dreihunderttausend Meilen lang gewesen ist... Genauso sieht man sofort, dass heute in 742 Jahren der Untere Mississippi nur noch eine Meile und dreiviertel messen wird."

Unvollständigkeit der Angaben ist einer der häufigsten Mängel im journalistischen Umgang mit Zahlen. Zahlenangaben sind nur dann ausreichend, wenn der Leser die Chance hat, im Sinne der jeweiligen Argumentation die Interpretation gedanklich nachzuvollziehen. Angaben wie `Bei Tempo 200 passieren weniger Unfälle als bei Tempo 50` brauchen Bezugsgrößen, um interpretierbar zu sein. Dazu gehört auch die Basis der statistischen Aussage. Bei Tempo 200 geschehen vor allem deswegen weniger Unfälle als bei Tempo 50, weil kaum jemand so schnell fährt.

Darum wäre der Forderung nach Vollständigkeit auch nicht Genüge geleistet, wenn bei einer Umfrage nur steht: `19 Prozent der in der Selbstverwaltung engagierten Studenten sind für Gewalt gegen Personen und Sachen – im Vergleich zu 8 Prozent der übrigen Studenten.` Es müsste mindestens noch dabeistehen, wie viele Studierende (500) befragt wurden, und wie viel Prozent der Befragten zum Zeitpunkt der Umfrage in der Selbstverwaltung tätig waren (2 Prozent). Dann kann der Leser selbst nachrechnen – was allerdings besser der Journalist tut, bevor er die Meldung ins Blatt rückt.

In unserem Beispiel sind also zehn Befragte in der Selbstverwaltung tätig, und wir müssen mit dem Problem fertig werden, dass davon 1,9 Befragte für Gewalt gegen Personen und Sachen sind. Und schon fragt man sich, ob wenigstens die anderen Ergebnisse stimmen – und ob nicht ohnehin die untersuchte Fallzahl viel zu klein ist.

Die selektive Wahrnehmung und Verbreitung von Zahlen ist eine weitere Sünde, die Journalisten begehen – bewusst oder unbewusst. Dereinst entbrannte ein heftiger Streit zwischen Gewerkschaften und Regierung über die Frage, wie es um die Jugendarbeitslosigkeit stand. Die Gewerkschaft meldete: So viele arbeitslose Jugendliche ohne Lehrstelle wie noch nie. Die Regierung konterte: So viele Lehrstellen wie noch nie. Beide belegten ihre Behauptungen mit Zahlen. Liest man beides zusammen, wird klar, dass dahinter kein Widerspruch stecken muss. Vermutlich hatten beide

Seiten Recht. Doch leider waren beide Zahlen selten zusammen in einem Artikel zu finden. Meist wurde abwechselnd die eine oder die andere Behauptung verbreitet.

Die Quelle einer Zahl sollte möglichst immer mit genannt werden. Die Zahl der bei einer Demonstration verletzten Polizisten ist vergleichsweise einfach abzufragen. Aber wer zählt die verletzten Demonstranten? Wenn es um die Zahl der Teilnehmer an einer Demonstration geht, klaffen nicht selten Welten zwischen den Angaben des Veranstalters und der Behörden. Wenn verschiedene Quellen unterschiedliche Zahlen nennen – warum nicht die unterschiedlichen Zahlen mit unterschiedlichen Quellenangaben zitieren? Die Nennung der Quelle sollte selbstverständlich zu jeder zitierten Zahl dazugehören.

Zwar sehen es bei Umfragen die erhebenden Institutionen aus Imagegründen meist gerne, wenn sie genannt werden. Dagegen sind die Auftraggeber oft schwerer zu ermitteln. Fast alle Umfragen haben Auftraggeber. Umso wichtiger ist es, möglichst viel darüber zu erfahren, für wen die Zahlen erhoben wurden und wie sie zustande gekommen sind.

Die Interessen des Auftraggebers können ein erster Hinweis auf die kritischen Punkte einer Untersuchung sein. So überraschte seinerzeit der Berliner Senat mit der Meldung, dass jetzt die Mehrheit der Bevölkerung die Bewerbung um die Olympischen Spiele unterstütze – entgegen früheren Umfragen. Die zugrunde liegende Suggestivfrage lautete: „Die Olympischen Spiele in Los Angeles, Seoul und Barcelona waren finanziell erfolgreich und haben zu wichtigen Neubauten geführt. Was ist Ihre Meinung zu Berlin? Sind Sie für die Olympischen Spiele in Berlin oder gegen die Olympischen Spiele in Berlin?"

Und wer war der Auftraggeber der Umfrage? Die „Berliner Olympia GmbH".

Auch die Einordnung der Quelle kann zu einer vollständigen Quellenangabe gehören – indem beispielsweise etwas über die Seriosität der Institution gesagt wird, von der die Zahlen stammen. So ist es wissenswert für den Leser, dass so manche „Blitzumfrage" von wenig anerkannten Institutionen durchgeführt wird. Es kann auch eine wichtige Information sein, dass bestimmte Institute bestimmten Parteien nahe stehen. Mit der Einordnung der Quelle wird dem Leser ein Angebot gemacht, dieses zusätzliche Wissen in seine Interpretation des Sachverhalts mit einzubeziehen.

Natürlich wird jetzt mancher Redakteur einwenden, es sei alleinige Sache der Wissenschaft, sich mit derartigen „Feinheiten" herumzuschlagen. Der Journalist sei ohnehin völlig dem Wissenschaftsbetrieb ausgeliefert. Das stimmt so nicht ganz. Zum einen können sich Journalisten sachkundig machen, wenn sie dies nicht sind.

Und wenn zum anderen Journalisten öfter Zahlen nicht veröffentlichen, weil sie sie für undurchsichtig halten, dann würden sie – vielleicht schon beim nächsten Mal – bessere Unterlagen bekommen.

Auch das Argument, dass die kritische Prüfung in wissenschaftlichen Zeitschriften geschehe, zieht nicht. Denn häufig werden Forschungsergebnisse in den Massenmedien veröffentlicht, bevor sie in einschlägigen Fachzeitschriften zu lesen sind. Außerdem gibt es sehr viele Ergebnisse, die nie in wissenschaftlichen Fachzeitschriften erscheinen, aber in den Massenmedien große Resonanz finden. Gerade unter diesem Gesichtspunkt ist die Forderung nach einer sachkundigen Prüfung besonders wichtig.

Es gibt Zahlen-Mogelpackungen, die bis in die zweite Kommastelle hohe Exaktheit vortäuschen. Es wird zu viel mit Zahlen manipuliert, als dass der Redakteur die Unschuldsvermutung „Wird schon stimmen" gelten lassen sollte.

Journalisten und Redakteure sollten misstrauischer sein. Das Publikum ist es bereits. Nur 55 Prozent der Bundesbürger glauben an Umfragen, 24 Prozent nicht, 21 Prozent antworten „weiß nicht". Woher wir das wissen? Natürlich aus einer Umfrage.

Risiken der Statistik
Fehler machen selbst Statistiker

Bärbel-Maria Kurth

Zusammenfassung

Theoretische Grundlagen statistischer Methoden und Verfahren. Anhand von eindrucksvollen Beispielen werden die praktischen Auswirkungen von Fehlern in der statistischen Verarbeitung deutlich gemacht.

Schlüsselwörter

deskriptive Statistik, Mortalität, Prävalenz, Inzidenz, Epidemiologie, Risiko, Bias, confounder, Wahrscheinlichkeit, Akzeptanz, Krebsregister, Prozentangaben, Häufigkeitszahlen

Es gibt kaum noch eine Sozial- oder Naturwissenschaft, die sich nicht statistischer Methoden bedient. Dabei können Statistiken leicht fehlinterpretiert und Schlussfolgerungen suggeriert werden, die jeglicher Grundlage entbehren. Es ist daher gerade für Wissenschaftsjournalisten wichtig, über Möglichkeiten und Grenzen der Statistik Bescheid zu wissen.

Statistik ist eine mathematische Disziplin mit philosophischer Komponente, die das Prinzip „Zufall" zu fassen und seiner Unberechenbarkeit zu berauben versucht. Das mit dem Zufall ist wichtig und sollte nicht einfach so überlesen werden: Bei der Lösung der Rechenaufgabe 2+2 kommt nicht zufällig 4 heraus, sondern es ist die einzige richtige Lösung. Alles andere ist falsch.

Wenn man wissen möchte, was man beim nächsten Wurf mit einem Würfel für eine Zahl wirft, dann gibt es sechs verschiedene Antwortmöglichkeiten, jede davon kann mit gewisser Sicherheit als richtig angesehen werden. Das abstrakte Maß für diese Sicherheit ist die Wahrscheinlichkeit, deren Wert man über empirische Beobachtungen annähernd bestimmen kann: Mit wachsender Zahl von Würfen pegelt sich der Anteil einer bestimmten gewürfelten Zahl immer mehr auf ein Sechstel ein.

Das „Gesetz der großen Zahlen" ist die theoretische Grundlage der Statistik. Niemand käme auf den Gedanken, nach fünfmaligem Würfeln, wobei zufällig fünfmal eine Sechs herauskam, zu behaupten, dieser Würfel würfele stets nur Sechsen.

Anders ist die Einstellung bei weniger durchschaubaren Ereignissen: Fünf Frauen versuchen eine neue Diät zur Gewichtsreduktion. Alle fünf nehmen im Ergebnis tatsächlich ab. Diese Diät garantiert also hundertprozentigen Erfolg, oder?

Häufigkeiten und Prozentzahlen sind Gegenstand der deskriptiven Statistik. Beispiel: Wie berechnet man die Mortalität (d.h. die Sterblichkeit), die Prävalenz (Auftretenshäufigkeit von Erkrankungen) oder die Inzidenz (Häufigkeit von Neuerkrankungen) in einem Zeitraum? Man zählt innerhalb einer gewissen Zeitspanne die Zahl der Toten (für die Mortalität), der Kranken (für die Prävalenz) oder Neuerkrankten (für die Inzidenz) in einer bestimmten Region und teilt sie durch die Zahl der dort lebenden Einwohner, gewöhnlich berechnet auf 100.000 Einwohner. Auf diese Weise stellte man dann beispielsweise fest, dass in den südlichen Kreisen der ehemaligen DDR mehr Krebsfälle pro 100.000 Einwohner zu verzeichnen waren als in den nördlichen Regionen.

Aus den Ergebnissen der deskriptiven Statistik kann aber noch nicht auf mögliche Ursachen geschlossen werden. Krebs ist eine Alterskrankheit, die südlichen Kreise der neuen Bundesländer hatten eine überalterte Bevölkerung, während in den nördlichen Kreisen eine Altersstruktur mit einem größeren Anteil jüngerer Einwohner vorlag. Allein dadurch entstehen Unterschiede in den Erkrankungsraten.

Insbesondere die Epidemiologie beschäftigt sich mit derartigen Problemen. Dabei erfreut sie sich regen Interesses in den Medien. Vermutlich wegen der Kombination von Medizin und Statistik: Medizin „geht immer", und Statistiken weisen den Journalisten als besonders sachkundig aus.

Die Epidemiologie (epi=über, demos=Volk, logos=Lehre), also „die Lehre von dem, was im Volke geschieht", stellt vergleichende Beobachtungen von Bevölkerungsgruppen an, die sich in bestimmten Merkmalen und in ihrem Gesundheitszustand unterscheiden, und gibt auf Grund dieser Vergleiche quantitative Risikoeinschätzungen für diese Bevölkerungsgruppen.

Das klassische Risikokonzept, wie es in der Epidemiologie verwendet wird, definiert das Risiko, dass ein bestimmtes Ereignis eintritt, als dessen Wahrscheinlichkeit. Die Wahrscheinlichkeit eines Ereignisses wiederum wird bestimmt durch dessen relative Auftretenshäufigkeit: Erkranken in einer bestimmten Population von 1.000 Probanden zwei an Lungenkrebs, so beträgt das Risiko hier 0,2 Prozent. Ist in einer anderen Bevölkerungsgruppe die Erkrankungsrate (Inzidenzrate) ein Prozent, so liegt im Vergleich zur ersten ein fünfmal so hohes Risiko vor. Das *relative Risiko* der zweiten Gruppe beträgt dann im Vergleich zur ersten 5.

Mit diesem Risikokonzept wird in epidemiologischen Studien festgestellt, wie sich das Erkrankungsrisiko von Personen, die einem bestimmten Faktor ausgesetzt sind, von dem der „nichtexponierten" Personen unterscheidet. Auf diese Weise wurde beispielsweise in einer Vielzahl von Studien in allen Teilen der Welt festgestellt, dass Raucher mindestens zehnmal häufiger an Lungenkrebs erkranken als Nichtraucher. Das relative Risiko ist 10 (und größer). An der risikoerhöhenden Wirkung des Rauchens bei Lungenkrebs bestehen also keine Zweifel mehr. Anders stellt sich die Situation bei der Aufdeckung anderer, ernährungs- oder umweltbedingter Krebsrisiken dar.

Unsicherheiten im Umgang mit epidemiologischen Risikoeinschätzungen entstehen durch:

- subjektiv bedingte Verzerrungen der Risikoeinschätzungen,
- verschiedene Akzeptanzschwellen für unterschiedliche Risiken,
- Fehlinterpretationen der gefundenen Resultate sowie
- widersprüchliche Einschätzungen der Risiken durch Epidemiologen selbst.

Unterschiede in der Risikobewertung durch Epidemiologen einerseits und die Bevölkerung andererseits entstehen durch unterschiedliche Möglichkeiten der Risikoabschätzung. Der Normalbürger bewertet absolute und relative Risiken in der Regel intuitiv, indem er sich an der Auffälligkeit eines Ereignisses orientiert. Ein Ereignis wird für um so wahrscheinlicher gehalten, je auffälliger es ist, d. h. je leichter gleiche oder ähnliche Ereignisse erinnert oder vorgestellt werden können. Da dies wiederum sehr durch die Häufigkeit beeinflusst wird, mit der die Medien ein Thema behandeln, sind die subjektiven Risikoeinschätzungen oft weit entfernt von der tatsächlichen Bedeutung der Risiken.

So erbrachte eine 1991 von der Zeitschrift „Geo" durchgeführte Umfrage unter ost- und westdeutschen Bürgern zur subjektiven Einschätzung gesundheitsbedrohender Faktoren ein recht unterschiedliches Bild. Westdeutsche nannten am häufigsten: „Asbest", „Giftmüll" und „starke Medikamente", Ostdeutsche nannten: „Giftmüll", „Asbest" und „verschmutztes Trinkwasser", Experten dagegen: „Rauchen", „wenig Bewegung" und „Spirituosen".

Wie weit die Risikoeinschätzungen der „Laien" von denen der Experten abweichen, ist offensichtlich. Interessant an der „Geo"-Umfrage ist, dass eine zusätzlich unter Journalisten durchgeführte Befragung etwa gleiche Ergebnisse wie die Bevölkerungserhebung brachte. Damit ergibt sich ein Teufelskreis: Die Medien beeinflussen, wie die Bevölkerung bestimmte Risiken wahrnimmt; diese in der Bevölkerung verbreitete, verzerrte Risikoeinschätzung beeinflusst wiederum die Journalisten bei der Auswahl zu veröffentlichender Ergebnisse und bewirkt dadurch eine weitere Verzerrung.

Der Dissens in der Bewertung von Gesundheitsrisiken ist aber nicht einfach dadurch zu erklären, dass die Einen Risiken „richtig", weil objektiv bewerten, während die Anderen eine „falsche", weil subjektiv verzerrte Wertung vornehmen.

Weitere Einflussfaktoren sind zu berücksichtigen. So führt der Grad der Betroffenheit zu einer unterschiedlichen Risikobewertung: Risiken, die unmittelbar vor der eigenen Haustür lauern, werden für größer erachtet als weiter entfernte. Eine Umfrage in Santa Monica ergab, dass Ölbohrungen an weiter entfernt liegenden Küsten für absolut harmlos gehalten wurden, während Bohrungen vor der eigenen Küste ein hohes Risiko darstellten.

Ebenso beeinflusst das „Katastrophenpotential" eines Ereignisses die subjektive Risikobewertung. Je mehr Menschen auf einmal sterben können, umso höher wird das Risiko eingeschätzt. Das führt zu der sehr verzerrten Vorstellung, dass das Risiko, bei einem Flugzeugabsturz ums Leben zu kommen, höher sei als das, Opfer eines Unfalls im Straßenverkehr zu werden.

Die Akzeptanz eines Risikos ist von weiteren Faktoren abhängig. Beispielsweise werden Risiken, denen man unfreiwillig ausgesetzt ist, höher bewertet als freiwillig eingegangene – vor allem dann, wenn diese auch noch einen gewissen „Lustgewinn" bringen. Es ist nicht ungewöhnlich, dass ein Raucher, der sich freiwillig einer möglichen Krebsgefährdung aussetzt, die weit über jedem umweltbedingten Risiko liegt, sich gleichzeitig subjektiv durch wachsende Luft- und Wasserverschmutzung bedroht fühlt. Letztere Risiken werden auf Grund ihrer unfreiwilligen Zumutung, des fehlenden „Lustgewinns", der mangelnden Kontrollierbarkeit und der „Unnatürlichkeit" ihrer Ursachen (Industriebetriebe) in keiner Weise akzeptiert.

Der Statistiker trägt die Verantwortung, wenn er uninterpretierte, nur grob verarbeitete Daten an die Presse gibt. Dafür gibt es ein berühmt gewordenes Beispiel. So wurde im Jahr 1992 kartographisch aufgearbeitetes Datenmaterial über die Krebs-Neuerkrankungsraten von 1983 bis 1987 einer ostdeutschen Illustrierten offeriert. Grundlage dafür waren die Krebserkrankungen, die die behandelnden Ärzte dem Krebsregister der DDR gemeldet hatten. Das DDR-Krebsregister gilt als eines der vollständigsten und zuverlässigsten der Welt, so dass an der rein formalen Richtigkeit der berechneten Daten kein Zweifel besteht. Dennoch war die Herausgabe einer „bunten Flickenkarte", in der die Krebserkrankungsraten (insgesamt!) in den verschiedenen Kreisen der damaligen DDR durch fünf unterschiedliche Farben gekennzeichnet waren, ein Beispiel dafür, wie auch ein Statistiker selbst den Missbrauch seiner Ergebnisse verschulden kann.

Die Karte wurde in der Illustrierten vor dem Hintergrund rauchender Schlote unter der Überschrift publiziert: Krebsatlas Ost – Die Karte der Tränen. Dazu die Untertitel: Zum ersten Mal veröffentlicht: Krebs in den neuen Bundesländern. Ärzte schlagen Alarm.

Auch mit entsprechenden Präventionsempfehlungen war man nicht sparsam: In welcher Farbe wohnen Sie? Lila bedeutet: Gehen Sie zur Vorsorge, größte Krebsgefahr. Hellgrün: Keine Sorge, langes Leben. Bestimmte Kreise wurden als Krebsnester abklassifiziert.

Solche Kommentare und Überschriften hat der Statistiker geradezu provoziert. Die Angst vor Krebs ist allgegenwärtig. Deshalb kann man nicht Unterschiede an Erkrankungsraten einfach willkürlich einfärben, zumal sie völlig unterschiedliche Intervalle bei den Erkrankungshäufigkeiten repräsentieren.

Die Farben müssen nicht einmal statistisch signifikante Unterschiede dokumentieren. In sehr dünn besiedelten Kreisen mit weniger als 100.000 Einwohnern ist die jährliche Erkrankungsrate sehr großen Schwankungen unterworfen, so dass schon im nächsten Jahr ein Wechsel zu anderen Farben auftreten kann.

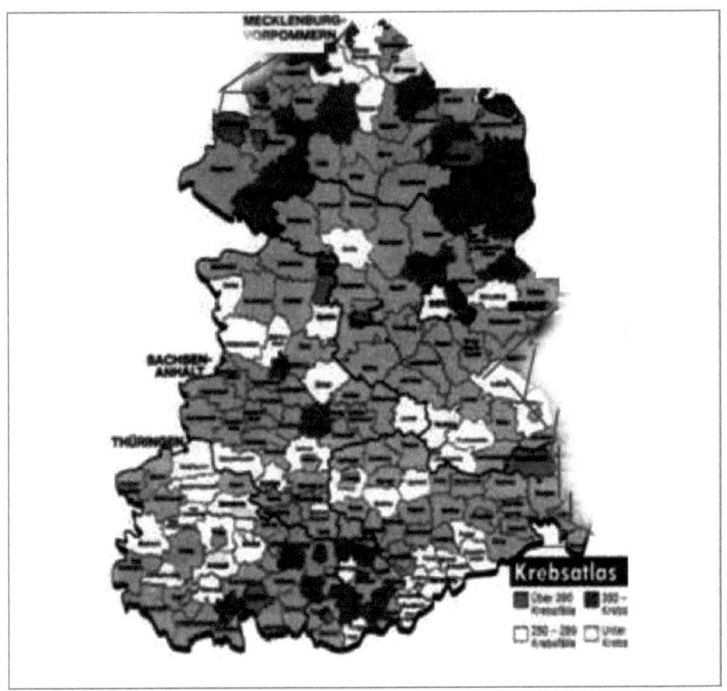

Ein Krebsatlas aufgrund von unbereinigten Daten. Hier werden die „Krebsnester" hauptsächlich mit Umweltproblemen in Verbindung gebracht. Sie lassen sich aber auch ganz anders erklären.
Copyright: B. Kurth

Auch das Zusammenfassen aller möglichen Krebserkrankungen ist hier unzulässig. Für jede Krebsart sind Faktoren bekannt, die diese Erkrankung begünstigen. So ist für Lungenkrebs das Rauchen der wichtigste Risikofaktor, für Magen- und Darmkrebs hält man bestimmte Ernährungsformen für risikoerhöhend, für Brustkrebs sind neben der Ernährung bestimmte Faktoren des Reproduktionsverhaltens entscheidend: z. B. das Alter bei der Geburt des ersten Kindes und die Zahl der geborenen Kinder.

Diese Faktoren treten nicht überall gleichmäßig gehäuft in einem bestimmten Kreis auf, so dass die vorhandenen Unterschiede für jede Krebsart gesondert betrachtet werden müssen.

Die folgende exemplarische Vorgehensweise zeigt, dass die so offensichtlich erscheinenden Differenzen sich in Luft auflösen können: Die größten Unterschiede in den Krebserkrankungsraten sind durch die Altersstruktur erklärbar. Da Krebs eine Alterskrankheit ist, haben stark überalterte Kreise von vornherein eine höhere Erkrankungszahl. Aus der veröffentlichten Karte ist nicht ersichtlich, inwieweit eine „Altersstandardisierung" vorgenommen wurde.

Stellt man z. B. nur die Erkrankungshäufigkeiten an Lungenkrebs als Karte dar, wie sie auf Grund der unterschiedlichen Altersstruktur zu erwarten sind, so ergibt sich auf ganz natürliche Weise ein buntes Bild (siehe die beiden Abbildungen auf den folgenden Seiten). Bildet man nun die Differenz zwischen den auf Grund der Altersstruktur erwarteten Erkrankungsraten und den tatsächlich beobachteten und berücksichtigt lediglich signifikante Abweichungen, so stellt sich die eingefärbte Karte schon weitaus weniger abwechslungsreich dar. Dennoch bleiben signifikante regionale Unterschiede übrig.

Wird jetzt noch die Tatsache berücksichtigt, dass sich etwa 95 Prozent aller Unterschiede in den Krebserkrankungsraten durch individuelles Verhalten erklären lassen, so muss man die Unterschiede im Verhalten der Menschen (Rauchen, Alkoholkonsum, Übergewicht usw.) heranziehen. Diese sind beispielsweise aus den arbeitsmedizinischen Untersuchungen der ehemaligen DDR bekannt.

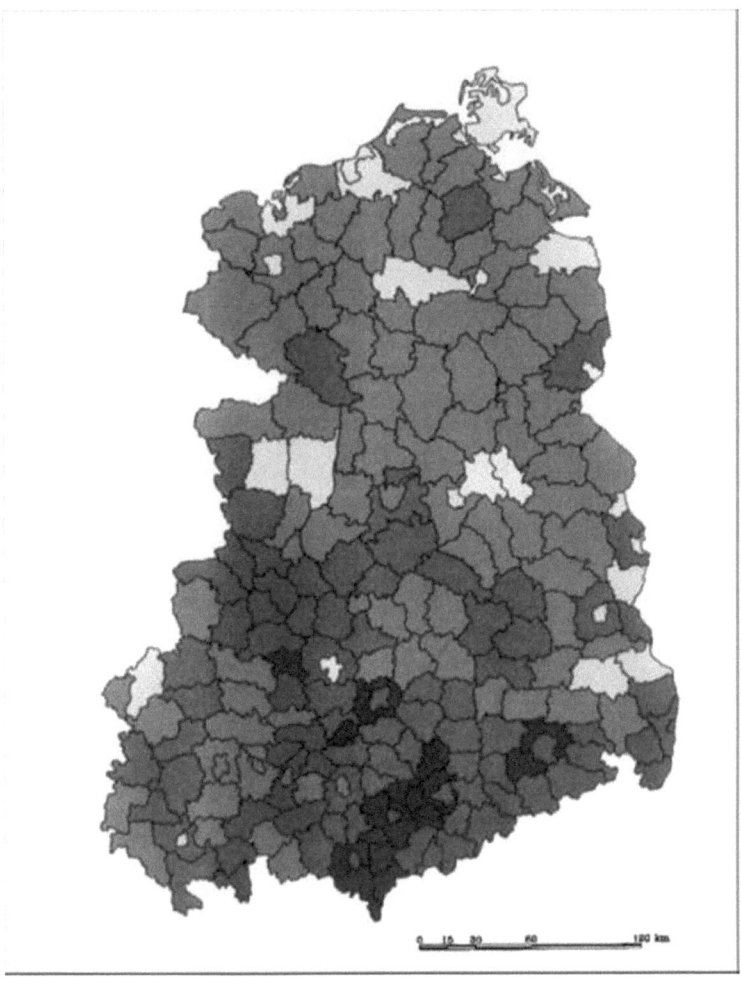

Legt man nur die *Altersstruktur* der ehemaligen DDR-Bevölkerung zugrunde und berechnet die „erwarteten" Erkrankungshäufigkeiten für Lungenkrebs, dann ergibt sich schon allein dadurch ein eindrucksvoller „Krebsatlas".

Copyright: B. Kurth

Risiken der Statistik 177

Berechnet man die „erwartete" Erkrankungshäufigkeit an Lungenkrebs aufgrund der Altersstruktur *und* des Raucheranteils der Bevölkerung – und zieht diese Werte von den beobachteten Lungenkrebsfällen ab, so ergibt sich eine recht monotone Karte. Vom ehemaligen „Krebsatlas" bleibt nicht viel übrig.
Copyright: B. Kurth

Legt man die prozentualen Anteile von Rauchern in der Bevölkerung zugrunde, um die erwarteten Lungenkrebserkrankungsraten zu berechnen, so streben die noch verbleibenden Abweichungen zwischen erwarteten und beobachteten Häufigkeiten deutlich gegen Null. Was also bleibt von den Krebsnestern?

Je schwächer der Zusammenhang, umso schwieriger ist die Arbeit des Epidemiologen. Für das Rauchen konnte eine risikoerhöhende Wirkung bei Lungenkrebs von bis zu 3.000 Prozent nachgewiesen werden. Rauchen ist zu einem inzwischen über jeden Zweifel erhabenen Risikofaktor nicht nur für Lungenkrebs avanciert. Aber „schwache" Zusammenhänge (grob: Risikoerhöhung unter 100 Prozent) sind viel schwerer nachweisbar.

Bias (Verzerrung) und confounder (Störfaktoren) sind die beiden „Hauptstörenfriede" jeder epidemiologischen Untersuchung. Sie wirken sich bei kleinen Risiken besonders verheerend aus und können entweder die tatsächlich vorhandenen, kleinen Risiken völlig verschwinden lassen oder in ihr Gegenteil, d. h. in einen präventiven Effekt verkehren. Oder aber sie lassen Scheinzusammenhänge sichtbar werden, die in Wirklichkeit gar nicht vorhanden sind.

So gibt es beispielsweise recht widersprüchliche Ergebnisse zum Zusammenhang zwischen Brustkrebs und verschiedenen Ernährungsfaktoren, wie Fett- und Alkoholkonsum.

Erst wenn eine größere Anzahl von Studien ähnliche, plausible Ergebnisse geliefert hat, erscheint das Resultat gesichert. Leider ist in der Praxis oftmals das Gegenteil der Fall. Die Ergebnisse widersprechen sich und lassen sich schwer miteinander in Einklang bringen.

Dennoch ist der so mühevolle und kostspielige Nachweis kleiner Risiken von Bedeutung, wenn ein sehr großer Teil der Bevölkerung davon betroffen ist. Selbst eine nur 30-prozentige Erhöhung des Erkrankungsrisikos für Brustkrebs durch Alkoholkonsum, wie in etlichen Studien zu sehen, darf vom Standpunkt der Gesundheitsvorsorge nicht vernachlässigt werden.

Prozentzahlen oder Häufigkeiten? Jede Angabe hat ihre Vorteile – aber auch Nachteile, die leicht zur Manipulation genutzt werden können. „Eine 25-prozentige Erhöhung des Erkrankungsrisikos für Brustkrebs durch eine neue Substanz" – das hört sich dramatisch an. Hört man dagegen, wie viele Menschen es betrifft, sieht das schon ganz anders aus: Von 10.000 Frauen entwickeln drei Brustkrebs. Wenn sie der neuen Substanz ausgesetzt werden, sind es vier. Das ist ein Anstieg um 25

Prozent. Aber es ist nur ein Fall unter 10.000. Die Angabe von Häufigkeiten gibt ein realistischeres Bild als die Prozentangabe.

Dennoch haben beide Darstellungsweisen ihren Sinn, wie das folgende Beispiel deutlich macht: Die Daten der Krebsstatistik belegen, dass sich die Erkrankungsraten für Männer über 65 in den letzten Jahren kaum verändert haben (siehe Abbildung). Das ist ein wichtiger Hinweis darauf, dass es keine Veränderung in den Risikofaktoren gegeben hat. Aber: diese Angabe sagt nichts über die tatsächlichen Erkrankungszahlen aus, mithin über die Belastung des Gesundheitssystems. Denn die Erkrankungshäufigkeit steigt mit dem Alter. Und die Menschen werden immer älter. Betrachtet man daher die Häufigkeiten der Erkrankungen, so sagt die Prognose voraus, dass allein für Männer über 65 die Zahl der Neuerkrankungen rund 100.000 im Jahr 1998 auf fast 160.000 im Jahr 2020 steigen wird. Übrigens: Bei Frauen verhält es sich ganz ähnlich.

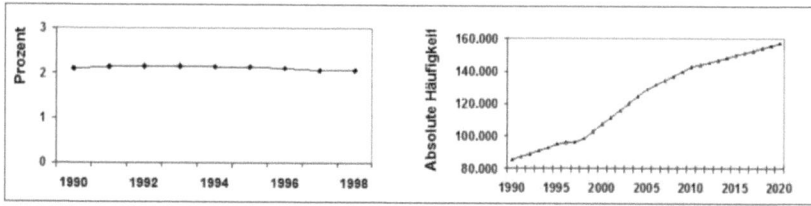

Links: Prozentuale Neuerkrankungsraten an Krebs für Männer über 65. Die Werte sind altersstandardisiert und bleiben konstant. Ein wichtiger Hinweis darauf, dass sich offenbar in den Risikofaktoren nichts geändert hat. In der rechten Grafik sind die tatsächlichen Häufigkeiten der Neuerkrankungen aufgezeichnet. Da die Bevölkerung immer älter wird, nehmen auch die Fälle an Krebserkrankungen zu. Ein wichtiger Hinweis für künftige Belastungen im Gesundheitswesen.
Copyright: B. Kurth

Hypothesen von Fachwissenschaftlern auf Grund vorliegender Daten zu überprüfen, ist eine der wichtigsten Aufgaben der Statistik. Mittels statistischer Tests wird entschieden, ob die aufgestellte Hypothese eher wahr oder eher falsch ist.

Ein Beispiel aus der Medikamententestung: Es gibt bewährte Medikamente zur Blutdrucksenkung auf dem Markt. Jedes neue, weiterentwickelte Produkt wird daran gemessen, ob es bessere Behandlungserfolge liefert als das alte. Dazu wird man Patienten, die an Bluthochdruck auf vergleichbarem Niveau leiden, willkürlich in zwei Gruppen einteilen und die eine Gruppe mit dem alten, bewährten Medikament behandeln, die andere mit dem neuen. Die Behandlungsergebnisse – in Form der gesenkten Blutdruckwerte – werden nun miteinander verglichen. Dieser Vergleich liefert eine Entscheidung zwischen zwei Hypothesen:

- Hypothese 0, auch Nullhypothese genannt, geht davon aus: „Das neue Medikament liefert keine besseren Erfolge als das alte, bewährte."
- Hypothese 1, auch Gegenhypothese genannt, behauptet: „Das neue Medikament liefert bessere Behandlungserfolge".

Jede Entscheidung kann auf Grund von zufälligen Einflüssen mit einer bestimmten Wahrscheinlichkeit auch falsch sein. Man unterscheidet hierbei den Fehler erster Art (Die Gegenhypothese wird angenommen, obwohl die Nullhypothese richtig ist) und den Fehler zweiter Art (Die Nullhypothese wird akzeptiert, obwohl die Gegenhypothese wahr ist).

Die beiden Fehlerarten sind gegenläufig: Je kleiner der Fehler erster Art ist, desto größer ist der Fehler zweiter Art, und umgekehrt. Die meisten statistischen Tests treffen nur dann eine Entscheidung für die Gegenhypothese, wenn der Fehler *erster* Art kleiner als 5 Prozent ist. In allen anderen Fällen entscheidet man sich für die Nullhypothese.

Im erwähnten Beispiel erscheint das plausibel: Ist die erreichte Senkung des Blutdrucks *wesentlich* größer beim neuen Medikament als beim alten, d. h. geht sie weit über das durch Zufallsschwankungen erklärbare Maß hinaus, so wird man sich für das neue Medikament entscheiden. Andernfalls bleibt man lieber beim altbewährten. Diese konservative Vorgehensweise nützt den Patienten. Das Risiko, das durch ein neues Medikament eingegangen werden könnte, soll minimiert werden.

Die konservative Methode kann aber bedrohlich werden, wenn es z. B. um die gesundheitlichen Auswirkungen von Dioxin geht. Wiederum haben wir eine Nullhypothese: „Dioxin hat keine gesundheitlichen Auswirkungen". Die Gegenhypothese lautet: „Dioxin hat Gesundheitsschädigungen zur Folge."

Auf einmal wird die konservative Herangehensweise des statistischen Tests aufregend: Wie viele Probanden und welcher Grad gesundheitlicher Auswirkungen müssen aufgebracht werden, um einen signifikanten Einfluss nachweisen zu können? Anders als bei der Medikamententestung kann man hier die Zahl der Dioxin-Exponierten nicht selbst bestimmen. Schon das Fehlen einer ausreichenden Zahl Exponierter kann den Nachweis eines signifikanten Einflusses von Dioxin zu einem hoffnungslosen Unterfangen werden lassen.

Bei derartigen Problemstellungen müsste nicht der Fehler erster Art, sondern der Fehler *zweiter* Art (die Wahrscheinlichkeit des fälschlichen Verwerfens der Hypothese einer Gesundheitsschädigung) so klein wie möglich gehalten werden. Das wäre ganz leicht durch Vertauschen der Null- mit der Gegenhypothese zu erreichen, wenn nur die Gegenhypothese so präzise zu erfassen wäre. Dies ist aber nicht der Fall – das methodische Problem ist nicht lösbar.

So bleibt dem Statistiker nur das ungute Gefühl, mit dem verfügbaren Instrumentarium nicht das beantworten zu können, was eigentlich gefragt ist. Die Antwort „Ich weiß es nicht" ist die ehrlichste und wissenschaftlichste, die in diesem Falle gegeben werden kann, auch wenn gerade diese Antwort oft fehlgedeutet wird.

Was charakterisiert den Statistiker? Ein Journalist, ein Philosoph und ein Statistiker sind gemeinsam mit dem Zug in der Schweiz unterwegs und sehen im Vorbeifahren drei schwarze Schafe auf einer Wiese. „Oh", ruft der Journalist, „in der Schweiz sind alle Schafe schwarz". „Unsinn", sagt der Philosoph, „in der Schweiz gibt es drei schwarze Schafe". „Auch das ist nicht korrekt", entgegnet der Statistiker. „Wir haben bislang lediglich empirisch ermittelt, dass es in der Schweiz mindestens drei Schafe gibt, die jeweils zumindest auf einer Seite schwarz sind."

Kommunikation für die Wissenschaft

Die Presse- und Öffentlichkeitsarbeit in wissenschaftlichen Einrichtungen hat sich enorm verändert

Mirjam Kaplow

> **Zusammenfassung**
>
> Das Konzept des Public Understanding of Science ist überholt. Neben der breiten Öffentlichkeit muss eine Vielzahl von Zielgruppen individuell mit für sie geeigneten Mitteln bedient werden. Wissenschaftskommunikation muss stärker nach der Relevanz von Themen für die unterschiedlichen Zielgruppen fragen und eher wenige, ausgewählte Themen nachhaltig anbieten. Sie wird sich künftig noch weiter professionalisieren, sie wird Bestandteil der Gesamtstrategie von Forschungseinrichtungen sein und sie wird nach ihrem Beitrag zum Erreichen der strategischen Ziele gefragt werden. Beispiele für moderne Wissenschaftskommunikation werden vorgestellt und diskutiert.

> **Schlüsselwörter**
>
> Zielgruppe, Partizipation, Stakeholder management, Citizen Science-Programme, Policy Briefs, strategische Kommunikation, agile Entwicklung, social media, follower, retweets, Downloads, Mailings, Portfolioanalysen

Die Wissenschaftskommunikation hat sich verändert. Dabei zeichnen sich deutlich zwei Entwicklungen ab.

Erstens: Die Wissenschaft ist politisch geworden. Die Politik, so heißt es auf den Fluren und in den Sitzungen der Forschungseinrichtungen, soll beraten werden. Parlamentarische Abende und politische Frühstücke haben Hochkonjunktur. Expertendienste, Diskussionsrunden, Policy Briefs und Studien schießen wie Pilze aus dem Boden. Allerorten entstehen Abteilungen für Wissenschaftspolitik und politische Kommunikation, werden Lobbyisten im Dienste der Forschung eingestellt, darunter auch viele Journalisten. Die Ziele sind vielfältig und häufig unklar: Geht es darum,

- einen Gesetzgebungsprozess zu beeinflussen?
- als neutraler Experte wissenschaftliche Hintergrundinformationen zu liefern?
- Forschungsrahmenprogramme mitzugestalten?
- gute Voraussetzungen für die Verteilung von Geldern zu schaffen?
- die Ministerien von Bund und Ländern als Auftraggeber zu gewinnen?
- oder darum, die eigene Grundfinanzierung zu sichern?

So vielfältig die Ziele und Zielgruppen sind, so unterschiedlich und passgenau sollten auch die Formate sein. Politische Kommunikation ohne echte politikrelevante Inhalte erzeugt nur unnötigen Lärm.

Zweitens: An die Stelle bloßer Information ist die Partizipation getreten. Zielten bisherige Formate der Wissenschaftskommunikation in erster Linie auf den informierten Bürger, so geht es seit neuestem um Teilhabe. Konzepte wie „Citizen Science" zielen darauf ab, die Menschen mithilfe von Partizipationsformaten in den Forschungsprozess einzubinden. Wissenschaftliche Projekte werden unter Mithilfe oder komplett von interessierten Laien durchgeführt. Sie melden Beobachtungen, führen Messungen durch oder werten Daten aus. Nach dem Prinzip der „Schwarmintelligenz" sollen sie so eigene Beiträge zu Forschungsergebnissen liefern, sollen Teil der Forschung werden. „Citizen Science-Programme" entstehen überwiegend aus dem Rechenschaftsdruck öffentlich geförderter Einrichtungen und auch hier stellt sich die Frage, ob der Aufwand, der häufig in derartige Programme gesteckt wird, den Nutzen für die jeweilige Einrichtung rechtfertigt.

Politische Kommunikation und Citizen Science sind Bespiele dafür, dass das Betätigungsfeld der Wissenschaftskommunikation breiter geworden ist. Die Frage nach Nutzen und Aufwand bleibt. Eine Wissenschaftskommunikation, die in erster Linie darauf abzielt, Forschungsergebnisse der breiten Öffentlichkeit oder

der Politik allgemeinverständlich zu kommunizieren, entspricht heute nicht mehr den Bedürfnissen einer Forschungseinrichtung.

Stakeholdermanagement statt Öffentlichkeitsarbeit, das ist heute Kommunikation für eine Forschungseinrichtung. So unterschiedlich die Profile von Wissenschaftseinrichtungen sind, eines haben alle gemeinsam: Sinkende öffentliche Zuschüsse müssen durch ein höheres Volumen an Drittmitteln kompensiert werden. Wissenschaftskommunikation richtet sich daher an neue Zielgruppen: Die breite Öffentlichkeit tritt in den Hintergrund. Unternehmen und politische Einrichtungen rücken noch weiter ins Zentrum.

Für die Kommunikation von Wissenschaftseinrichtungen bedeutet dies eine besondere Herausforderung. Gegenüber der breiten Öffentlichkeit müssen sie sich als unabhängige Experten auf ihrem Gebiet präsentieren. Sie müssen sich bei Themen wie Klimawandel, Flucht und Fluchtursachen oder Cybercriminalität dem kritischen Dialog stellen und Rechenschaft über die von der Öffentlichkeit bereitgestellten Mittel geben. Gegenüber Auftraggebern aus Industrieunternehmen muss sich eine Forschungseinrichtung als verlässlicher Partner etablieren, der das Unternehmen durch innovative Lösungen unterstützt und seine Interessen wahrt. Insbesondere Forschungseinrichtungen, deren Schwerpunkt wie bei der Fraunhofer-Gesellschaft auf der angewandten Forschung liegt, müssen diesen Spagat täglich leisten.

Vom Tagesgeschäft zur strategischen Planung. Während vor einigen Jahren der Alltag in den Pressestellen von Forschungseinrichtungen noch überwiegend durch tagesaktuelle Aktionen (Pressemitteilung zum 60. Geburtstag von Professor X, Tag der offenen Tür, Aktualisierung der Website) geprägt war, geht die Entwicklung heute in Richtung einer strategischen Kommunikation. Dies bedeutet zum einen die Einbettung der Kommunikation in die Gesamtstrategie einer Forschungseinrichtung. Zum anderen eine genaue Analyse der Zielgruppen und die Entwicklung von passenden Kommunikationsformaten.

Bei der strategischen Planung werden zunächst die Themengebiete festgelegt, auf denen eine Forschungseinrichtung überwiegend arbeitet. So hat zum Beispiel die Fraunhofer-Gesellschaft in ihrem Strategieprozess sechs Forschungsfelder festgelegt. Die Leibniz-Gemeinschaft verfügt über fünf Sektionen, die Helmholtz-Gemeinschaft ist in sechs Forschungsbereiche gegliedert. Die Aufgabe der Kommunikation besteht darin, die Themen aus der Strategie für die verschiedenen Zielgruppen aufzubereiten und in geeignete Kommunikationsmaßnahmen umzusetzen.

Für eine erfolgreiche Identifikation von geeigneten Themen ist es zunächst wichtig, die Innensicht einer Forschungseinrichtung mit den wirtschaftlichen oder gesellschaftlichen Entwicklungen abzugleichen. Dies geschieht durch

- Auswertung von (Fach)medien,
- Beobachtung von Marktanalysen,
- Diskussionen in Strategieworkshops.

Auf der anderen Seite liefern die Forschungsprojekte und -themen der Institute den wissenschaftlichen Input.

Die Sicherheit persönlicher Daten war im Jahr 2016 ein bestimmendes Medienthema. Dem gegenüber standen Forschungsprojekte, in denen das Fraunhofer-Institut für Offene Kommunikationssysteme FOKUS gemeinsam mit Partnern aus der Industrie an der Entwicklung von „Next Generation IDs" oder Verschlüsselungstechnologien für Daten arbeitete. In Themenworkshops, an denen Wissenschaftler und Kommunikationsfachleute teilnehmen, werden beide Sichten miteinander abgeglichen, gemeinsam Themen identifiziert und Prioritäten gesetzt.

Im Anschluss daran werden Ziele definiert, die mit Mitteln der Kommunikation erreichbar sind. Kommunikationsziel kann es sein, eine Technologie, an der die Einrichtung forscht, in einer bestimmten Branche bekannter zu machen (Beispiel: autonomes Fahren) und auf der Internationalen Automobilausstellung IAA Kontakte zu den Entwicklern in dieser Branche zu knüpfen.

Ziel kann auch sein, ein Thema aus der Grundlagenforschung politischen Einrichtungen gegenüber bekannt zu machen oder in der Öffentlichkeit zu seiner Diskussion anzuregen (Beispiel: personalisierte Medizin).

Durch das gemeinsame Erarbeiten von Themen vor dem Hintergrund von aktuellen gesellschaftlichen und wirtschaftlichen Trends ist gewährleistet, dass die Außendarstellung einer Forschungseinrichtung in Einklang mit ihren wissenschaftlichen *Zielen* steht und dennoch den Bedürfnissen externer *Zielgruppen* gerecht wird.

Jedem Thema werden geeignete Formate und Maßnahmen zugeordnet. Während für ein Thema die Kombination von einer Fachmesse mit einem vorhergehenden Kundenmailing, einem Expertenforum im Internet und einem Hintergrundgespräch für Journalisten sinnvoll ist, bringt bei einem anderen Thema vielleicht schon eine Pressemitteilung oder ein gekonnter Twitter-Post die gewünschten Resultate. In der Regel wird eine Reihe von verschiedenen Formaten und Aktivitäten über das Jahr zu *Kommunikationskampagnen* kombiniert, die von den jeweiligen Abteilungen für Kommunikation durchgeführt und begleitet werden.

Analog hat nach wie vor Konjunktur: *Printmaterialien* reichen von wissenschaftlichen *Fachartikeln* und *Postern* bis hin zu kundenspezifischen Produktinformationen. Neben *Rechenschaftsberichten* über die verwendeten Forschungsmittel stehen *Imagebroschüren*, die sich an den Publikationen von Unternehmen orientieren. So bringen zum Beispiel die Fraunhofer-Gesellschaft mit dem Fraunhofer-Magazin „weiter.vorn", die Max-Planck-Gesellschaft mit „Max Planck Forschung", oder die Leibniz-Gemeinschaft mit „die beste der möglichen Welten" eigene Hochglanzbroschüren heraus, die sie an ihre Zielgruppen versenden und im Internet zum Download anbieten. Dabei werden Artikel über laufende Projekte unter verschiedenen Schwerpunktthemen wie „Flucht" oder „Intelligente Energienetze" gebündelt und allgemeinverständlich dargestellt.

Mit der **Politisierung der Wissenschaftskommunikation** treten zunehmend Formate ins Zentrum, die Fakten und Hintergrundinformationen liefern, um politische Entscheidungsprozesse zu unterstützen – etwa zu Themen wie Klimawandel, Entwicklungsökonomie oder Datensicherheit. Policy Briefs oder Studien, die häufig von den Ministerien direkt beauftragt werden, bereiten ein Thema auf, liefern Empfehlungen und bieten Handlungsoptionen an, z. B. für den Aufbau der Telekommunikationsinfrastruktur. Im Zentrum dieser Publikationen stehen oftmals Infografiken und Bild-Text-Kombinationen, z. B. zum Thema „Digital Divide", die den politischen Handlungsbedarf unmittelbar deutlich machen. Neben Print- oder Online-Produkte treten Veranstaltungen wie parlamentarische Abende oder Frühstücke, zu denen die Forschungseinrichtungen einladen, um Parlamentarier über bestimmte Themen zu informieren und ihre Interessen gegenüber der Politik zu vertreten.

Internet und Social Media sorgen für eine extreme Beschleunigung – auch der Wissenschaftskommunikation. Hier gilt es Bewährtes wie statistische Informationen zu Forschungsthemen und Organisation oder die allseits beliebten Karriereseiten zu erhalten und gleichzeitig aktuelle Forschungsnews oder Veranstaltungshinweise der jeweiligen Einrichtung geschickt über Kanäle wie Facebook, Twitter, Research Gate oder Youtube zu verbreiten. Die Kombination aus Web, Social Media und einem Beitrag in den Medien ist dabei oft der Königsweg. Trotzdem ist Social Media kein Selbstzweck: Das Monitoring der einzelnen Kanäle und eine genaue Analyse der Follower ist notwendig, um Spam zu vermeiden und Mehrwert für die Kommunikation zu schaffen. In Hinblick auf das Internet sind zurzeit insbesondere mobile Geräte eine Herausforderung. Der hierarchische Aufbau „klassischer" Webseiten mit ihren meterlangen Strukturbäumen wird Mobilgeräten nicht gerecht und doch haben viele Forschungseinrichtungen noch nicht auf ein „responsive" Design umgestellt, das eine komfortable Navigation und Darstellung auf Tablets und Smartphones ermöglicht.

Fachmessen und Firmenpräsentationen sind wichtiger als Tage der offenen Tür. Nach wie vor öffnen eine Vielzahl von Forschungseinrichtungen ihre Labore zu „Tagen der offenen Tür" oder bei den bundesweiten „Langen Nächten der Wissenschaft". Die Teilnehmerzahl ist jedoch stark gesunken. Während die „Lange Nacht der Wissenschaften" in Berlin im Jahr 2006 rund 130.000 Menschen besuchten, waren es 2016 nur noch 29.000. Auch die Wahrnehmung der vom Bundesministerium für Bildung und Forschung initiierten Wissenschaftsjahre mit ihrer Vielzahl von Veranstaltungen sinkt. Wurden im Jahr 2003 noch rund 2.000 Einzelveranstaltungen angeboten waren es 2015 nur noch 800. Stattdessen zeigen sich Forschungsinstitute zunehmend auf nationalen und internationalen Fachmessen oder Kongressen, um ihre Zielgruppen aus der Industrie direkter zu erreichen. So präsentiert sich zum Beispiel die Fraunhofer-Gesellschaft mit Gemeinschaftsständen mehrerer Institute auf großen Fachmessen, wie der CeBIT und der Hannover Messe, und nutzt diese Auftritte dazu, mit potenziellen Kunden in Kontakt zu treten und Projekte anzubahnen.

Eine erfolgreiche Pressearbeit ist nach wie vor das effizienteste Format, um alle Zielgruppen zu erreichen. Der Erfolg hängt jedoch in hohem Maße vom Neuigkeitswert und Gehalt der Information ab. Pressemitteilungen oder Pressekonferenzen bringen nur bei wirklich bahnbrechenden Forschungsergebnissen (z. B. einer Veröffentlichung in „nature") oder Neuentwicklungen die gewünschte Resonanz.

Um ein neues Thema zu platzieren, kann man es zunächst ausgewählten Journalisten exklusiv anbieten. Dabei gibt man ihnen die Gelegenheit, sich vorab in Hintergrundgesprächen zu informieren oder eine neue Technologie auszuprobieren, um als erste darüber berichten zu können. Im Anschluss daran wird in der Regel eine Pressemitteilung versandt, die die wichtigsten Informationen zum Projekt, bei Veranstaltungen natürlich Zeit und Ort sowie Kontaktinformationen enthält.

Aufgrund von wirtschaftlichen Aspekten hat sich die Presselandschaft in den letzten Jahren stark verändert: Die Redaktionen sind ausgedünnt, die Ansprechpartner wechseln, den verbleibenden Journalisten bleibt kaum Zeit für eine solide Recherche. Und die Konkurrenz der schnellen Online-Medien ist groß. Umso mehr lohnt es sich auf etablierte Kontakte zu setzen, um den ein oder anderen fundierten Hintergrundartikel zu platzieren.

Für den Erfolg einer Pressemitteilung ist die Bebilderung eines Themas von hoher Bedeutung. So bietet es sich an, Pressemitteilungen mit Bildmaterial anzureichern sowie Fernsehjournalisten die Gelegenheit zu geben, Labore und Versuche zu filmen. Sofern ein Thema für die Medien von Interesse ist, folgen in der Regel eine Vielzahl von Anfragen nach Interviews und Drehterminen. Sie werden von den Kommunikatoren der Forschungseinrichtungen gemeinsam mit den beteiligten Wissenschaftlern vorbereitet und durchgeführt.

Jedes Thema sollte dabei für die entsprechenden Medien, Zeitungen und Zeitschriften, Hörfunk, Fernsehen und Social Media angemessen aufbereitet werden.

Exemplarisch für das Vorgehen bei der Pressearbeit sei hier die „mentale Schreibmaschine" von Fraunhofer FOKUS (vormals Fraunhofer-Institut für Rechnerarchitektur und Softwaretechnik FIRST) erläutert. Am Institut wurde eine Schnittstelle zwischen Gehirn und Computer entwickelt. Sie zeichnet die menschlichen Hirnströme mit Hilfe eines EEG-Geräts auf. Intelligente Algorithmen filtern und klassifizieren die Gehirnsignale und wandeln sie in Steuersignale um, mit denen man einen Cursor bewegen kann. Zu Beginn des Jahres 2006 war es bereits möglich, eine „mentale Schreibmaschine" zu steuern, d. h. mit dem Cursor einzelne Buchstaben auszuwählen und einfache Sätze zu schreiben.

Auf der CeBIT 2006 sollte das System im Auftrag des Ministeriums für Bildung und Forschung (BMBF) erstmals live vorgeführt werden. Im Vorfeld der Messe wurde das Thema einer überregionalen Tageszeitung exklusiv angeboten. Sie berichtete über einen Selbstversuch mit der „mentalen Schreibmaschine", der auf der Titelseite angekündigt wurde. Zeitgleich mit dem Erscheinen verschickte das Institut eine Pressemitteilung mit der Ankündigung der Versuche auf der CeBIT und kontaktierte persönlich weitere Journalisten. Die Pressemitteilung wurde unter anderem von der Deutschen Presse Agentur (dpa) aufgegriffen, um ein Interview erweitert und an alle angeschlossenen Redaktionen weitergeleitet. Die Nachricht wurde bundesweit in über 50 Zeitungen abgedruckt.

Entsprechend groß war das Medieninteresse – insbesondere von Hörfunk und Fernsehen – an den Live-Versuchen auf der CeBIT. So berichteten zum Beispiel das Morgenmagazin und die heute-Sendung des ZDF. Im Rahmen der CeBIT-Pressearbeit erreichte das Institut darüber hinaus die Anfrage zu einem Live-Versuch mit der „mentalen Schreibmaschine" in einer Wissenschaftsshow der ARD. Er wurde am 4. Mai zur Primetime um 20:15 Uhr im Rahmen der „Großen Show der Naturwunder" ausgestrahlt und erreichte 4,8 Millionen Zuschauer.

Die Erfolgskontrolle von Kommunikation wird auch in der Wissenschaft immer wichtiger. Die Frage nach geeigneten Kennzahlen und Analysetools, die die Wirksamkeit von Kommunikationsmaßnahmen messen und transparent machen, wird überall diskutiert. Kennzahlen für die Pressearbeit sind zum Beispiel die Anzahl der veröffentlichten Beiträge zu einem Thema in relevanten Medien, die Anzahl der damit erreichten Leser in der gewünschten Zielgruppe und die daraus resultierenden konkreten Anfragen.

- Im *Internet* werden etwa die Anzahl von Besuchen auf der Internetseite, die Verweildauer der Besucher und die Häufigkeit der Besuche gemessen.
- In Hinblick auf *social media* werden follower und retweets gezählt.
- Bei *Informationsmaterial* geben die verteilte Auflage sowie die Häufigkeit der Nachfrage nach bestimmten Materialien oder *Downloads* aus dem Internet Auskunft.
- Bei Veranstaltungen und Messen werden die Anzahl der Besucher, die Entstehung von längerfristigen Kontakten und die daraus resultierenden Projekte oder Aufträge erfasst, bei Mailings die Rücklaufquote sowie die daraus entstehenden Kundentermine, um nur einige der möglichen Kennzahlen zu nennen.

Mit Hilfe von Portfolioanalysen können die Kennzahlen ausgewertet werden und so über einen längeren Zeitraum Auskunft über die Wirksamkeit der einzelnen Maßnahmen und Formate geben. So können sie verdeutlichen, inwieweit die Kommunikationsaktivitäten Einfluss auf die Erträge einer Abteilung haben. Insofern hilft eine angemessene Erfolgskontrolle bei der Begründung und Rechtfertigung von Kommunikationsmaßnahmen innerhalb einer Einrichtung und ist darüber hinaus ein wertvolles Steuerungsinstrument für die eigene Arbeit.

Wenn Veränderungen stattfinden, steigt die Bedeutung der internen Kommunikation. Sinkende öffentliche Zuschüsse und steigender wirtschaftlicher Druck zwingen die Forschungseinrichtungen zu mehr Effizienz. Wie Wirtschaftsunternehmen auch müssen sie ihre Erträge steigern, ihre Forschungsprojekte mit wenig Personal bearbeiten und dennoch auch langfristig angelegte Forschungsthemen sichern.

Eine transparente Gesamtstrategie, funktionierende interne Prozesse, Synergien zwischen einzelnen Abteilungen, eine hohe Motivation und Identifikation der Mitarbeiter sowie die Möglichkeit sich in Veränderungsprozesse einzubringen, sind wichtige Faktoren der Unternehmensführung. Die Mittel der internen Kommunikation können dabei einen entscheidenden Beitrag leisten:

- Newsletter,
- Mitarbeiterzeitungen,
- Intranet und
- Institutsversammlungen

informieren über Strategien, Veränderungen in der Organisation oder den Inhalt laufender Projekte. Aber Formate für bloße Verlautbarungen sind nicht mehr zeitgemäß. In der internen Kommunikation haben sich daher in den vergangenen Jahren agile Formate mit einem hohen Maß an Beteiligung und Flexibilität durchgesetzt. So hat Fraunhofer FOKUS seinen Intranetauftritt nach agilen Methoden entwickelt. Zunächst wurden im Rahmen einer Online-Mitarbeiterbefragung die Anforderungen an System, Inhalt und Layout ermittelt. Anschließend wurde das System in einem offenen Prozess aufgesetzt, sodass die Mitarbeiterinnen und Mitarbeiter die Entwicklung begleiten und kommentieren konnten. Parallel wurden Layout sowie Inhalt entwickelt und ebenfalls schrittweise implementiert. Jeder einzelne Entwicklungsschritt konnte am laufenden System kommentiert werden. Die agile Entwicklung führte nicht nur zu einem hohen Entwicklungstempo. Das fertige Produkt erfreut sich hoher Akzeptanz unter den Mitarbeitern und ist mittlerweile die zentrale Informationsplattform im Institut.

„Wichtig ist, dass man nicht aufhört zu fragen", soll Albert Einstein einmal gesagt haben. Und so könnte auch das Motto der Wissenschaftskommunikation lauten. Sie sollte in erster Linie der Komplexität ihres Gegenstandes angemessen, sachlich und informativ sein. Wer nicht aufhört zu fragen, wer auch für komplizierte Zusammenhänge ausreichend Neugierde mitbringt, wer hinter der Komplexität von wissenschaftlichen Fragen deren Relevanz für den Alltag erkennen und die Fachsprache allgemeinverständlich übersetzen kann, wird mit Wissen aus erster Hand, mit immer neuen Einsichten und spannenden Themen belohnt.

Das Konzept des Public Understanding of Science ist jedoch überholt. Es wird für die Belange der Forschungseinrichtungen nicht mehr genügen. Neben der breiten Öffentlichkeit muss eine Vielzahl von Zielgruppen individuell mit für sie geeigneten Mitteln bedient werden. Wissenschaftskommunikation muss daher künftig stärker nach der Relevanz von Themen für die unterschiedlichen Zielgruppen fragen und eher wenige, ausgewählte Themen nachhaltig bedienen. Sie wird sich künftig noch weiter professionalisieren, Bestandteil der Gesamtstrategie von Forschungseinrichtungen sein und nach ihrem Beitrag zum Erreichen der strategischen Ziele gefragt werden. Wissenschaftskommunikation ist kein Selbstzweck mehr.

Sponsoring, Schleichwerbung, Bestechung
... wenn Öffentlichkeitsarbeit Journalismus ersetzt

Winfried Göpfert

Zusammenfassung

Geschickt nutzen viele PR-Abteilungen die gegenwärtige Schwäche des Journalismus und versuchen das publizistische System in ihrem Sinn zu beeinflussen. Dabei bedient sich die PR legitimer wie illegitimer Mittel. Es liegt an der mangelnden personellen Ausstattung der Redaktionen, wenn Journalisten PR-Angebote annehmen müssen. Verschiedene Konfliktsituationen werden vorgestellt und bewertet.

Schlüsselwörter

Sponsoring, Schleichwerbung, Outsourcing, Satelliten-Symposium, gekaufte Redaktion, Reise- und Aufenthaltskosten

Der Journalismus erlebt derzeit eine Periode der Schwäche: Redaktionen werden abgebaut, Kompetenzen werden ausgelagert, Produkte der Öffentlichkeitsarbeit ersetzen journalistische Darstellungen ohne dies in ausreichender Form kenntlich zu machen.

Öffentlichkeitsarbeit ist eine Wachstumsbranche: Offizielle Zahlen gibt es nicht, Schätzungen gehen sehr auseinander, denn sie gehen von uneinheitlichen Definitionen aus. Aber für lange Zeit konnte man davon ausgehen, dass es in Deutschland mehr Journalisten als PR-Mitarbeiter gibt. Das freilich dürfte sich in den vergangenen Jahren massiv geändert, nämlich umgekehrt haben.

Damit verschiebt sich das Gleichgewicht im publizistischen System in Richtung interessengeleiteter Kommunikation. PR kann nicht interessenneutral sein. Letztlich muss die Marktposition gefestigt, müssen Produkte verkauft, müssen Images gepflegt werden. Geschickt nutzen viele PR-Abteilungen die gegenwärtige Schwäche des Journalismus und versuchen das publizistische System in ihrem Sinn zu beeinflussen. Dabei bedient sich die PR legitimer wie illegitimer Mittel.

Legitime Maßnahmen der Öffentlichkeitsarbeit sind zum Beispiel Pressemitteilungen. Sie werden immer häufiger in journalistisch verwertbarer Form angeboten. Sie können so direkt in das Satzsystem oder den Sendeablauf übernommen werden und bedürfen keiner weiteren Bearbeitung. Das erhöht die Chance, interessengeleitete Informationen ungefiltert in die Öffentlichkeit gelangen zu lassen. Die Vorgehensweise der PR ist legitim. Es liegt an der mangelnden personellen Ausstattung der Redaktionen, wenn Journalisten derartige Informationen unbearbeitet und nicht nachrecherchiert ins Blatt oder in die Sendung nehmen müssen.

Aber auch, wenn Wissenschafts-News nicht direkt von den PR-Agenturen, sondern von den scheinbar neutralen Presseagenturen kommen, kann sich dahinter PR verbergen. Denn die Wissenschaftsberichte der Agenturen beruhen zu rund zwei Dritteln auf den Vorlagen von Öffentlichkeitsarbeit. Nur ein Drittel der agenturbasierten Wissenschafts-Berichterstattung ist also auf journalistische Initiative und Recherche zurückzuführen. Das hat Folgen, denn die Mehrzahl der Zeitungshäuser hat keine eigene Wissenschaftsredaktion und bezieht ihre Wissenschaftsberichterstattung fast ausschließlich über Agenturen.

Freie Journalisten bemängeln vor allem die unzureichenden Honorare, wodurch sie gezwungen sind, nennenswerte Einkünfte neben ihrer journalistischen Arbeit aus anderen Tätigkeitsbereichen zu beziehen. Vielfach sind dies Tätigkeiten im PR-Bereich, die meist angemessen, mitunter auch sehr großzügig bezahlt werden.

Mischformen zwischen Journalismus und PR sind problematisch, denn sie machen Journalisten tendenziell korrumpierbar. Zwar achten viele Journalisten streng darauf, dass sich die Bereiche thematisch nicht überschneiden. Wenn sie also für die Firma XY im PR-Bereich tätig sind, berichten sie in ihrer journalistischen Tätigkeit grundsätzlich nicht über diese Firma und ihre Produkte. Aber erstens lässt sich das nicht immer so einfach trennen und zweitens entsteht auf die Dauer vielleicht doch eine industriefreundliche Haltung, die – im Konfliktfall – eine mögliche Kritik dann weniger scharf ausfallen lässt.

Legitim ist auch hier das Vorgehen der PR-Verantwortlichen, wenn sie beispielsweise für eine Firmenbroschüre einen Journalisten anheuern, weil sie dessen Kompetenz schätzen, komplizierte Dinge einfach ausdrücken zu können.

Es liegt an der mangelnden Ausstattung der Redaktionen, wenn Journalisten nicht so honoriert werden, dass sie von ihrer journalistischen Arbeit leben können.

Wie weit solche Doppelbeschäftigungen verbreitet sind, offenbarte eine Umfrage, die die Wissenschafts-Pressekonferenz (wpk), eine recht aktive Vereinigung von Wissenschaftsjournalisten, zu diesem Thema unter ihren Mitgliedern gemacht hat. So wurde gefragt, wer lukrative PR-Jobs einer Firma angenommen habe und gleichzeitig zum betreffenden Themenkreis scheinbar unabhängig berichtet habe: Etwa 20 Prozent gaben zu, dies selber schon getan zu haben, rund 40 Prozent gaben an, dass sie mitbekommen hätten, dass andere so etwas täten. Es scheint sich also nicht um ein Randphänomen zu handeln.

Illegitime Formen der Einflussnahme durch PR sind insbesondere dann zu vermuten, wenn sich die Öffentlichkeitsarbeit nicht zu erkennen gibt, wenn sie verdecktes Sponsoring betreibt und verdeckte Subventionen verteilt.

Verdecktes Sponsoring (Schleichwerbung) wird selten publik, aber es gibt indirekte Hinweise. So werden sowohl im öffentlich-rechtlichen wie im privat-kommerziellen Fernsehen und Radio die redaktionelle Planung und Produktion ganzer Sendereihen nach außen verlagert (Outsourcing). Dabei werden zumeist die billigsten Angebote bevorzugt, wobei nicht selten die entstehenden, realen Herstellungskosten unterboten werden. Beide Seiten nehmen wissentlich oder unwissentlich in Kauf, dass die Produzenten andere Formen der Subventionierung finden müssen. Magazine in Hörfunk und Fernsehen werden folglich durch interessierte Dritte gesponsert

- durch eine produktfreundliche Berichterstattung,
- durch zufällig wirkende Namensnennung und Demonstration am Objekt,
- durch direkte Übernahme von Filmen oder Radiobeiträgen,
- oder durch direkte Befragung von der Industrie ausgewählter und bezahlter Experten.

Die oftmals nicht genannten „Sponsoren" beeinflussen so Themenwahl und Tendenz der Berichterstattung. Solche Vermischungen von Journalismus und PR sind nicht neu, es hat sie immer schon gegeben. Neu ist, dass diese Tendenzen sich beschleunigen und dass sie für legitim gehalten werden. Bei manchen öffentlich-rechtlichen Rundfunkanstalten werden bereits rund 50 Prozent aller nichtaktuellen Programme von Auftragsproduzenten hergestellt. Bei privat-kommerziellen Stationen oft mehr.

Ähnliche Tendenzen zeigen sich im Online-Journalismus: Kennzeichnend für diese Art der Publikation ist, dass bereits im journalistischen Text Verweise (Links) auf weiterführende Informationsangebote eingebaut werden. Damit ist aber gleichzeitig die Verlockung gegeben, derartige Vernetzungen zur verdeckten Subventionierung zu missbrauchen. Denn Online-Produkte sind kostenlose Angebote und leben von der Werbung. Viele Online-Zeitungen lassen sich bereits heute ihre Inhalte durch gezielte Links sponsern, ohne die Einflussnahme von dritter Seite kenntlich zu machen. Gemeinhin nennt man das „Schleichwerbung" – und von unabhängiger Berichterstattung kann dann natürlich kaum noch die Rede sein.

Der Rückgriff auf das journalistisch arbeitende Personal ist legitim, solange es nur um die Beschäftigung eines renommierten Autors etwa zur Gestaltung der Firmenbroschüre geht. Illegitim ist die Beschäftigung von Journalisten, wenn dadurch Einfluss auf deren Berichterstattung genommen werden soll.

Dies zeigt sich beispielsweise am Verhalten von Journalisten, die Fachkongresse besuchen. Normal kalkulierende Journalisten können sich die Reisekosten bei den üblichen Zeilenhonoraren nicht leisten – wohl aber Journalisten, die für medizinische Fachblätter schreiben. Ihre Reise- und Übernachtungskosten werden von interessierten Pharmafirmen mit einem Trick übernommen. Parallel zum Kongress, meist im gleichen 5-Sterne-Hotel, finden nämlich Spezial-Veranstaltungen statt. Auf diesen Satelliten-Symposien präsentieren die Firmen ihre neuesten Produkte. Die eingeladenen Journalisten können darüber berichten und gleichzeitig Vorträge auf dem Hauptkongress besuchen. Die Reise- und Aufenthaltskosten werden komplett übernommen.

Durch die großzügige Übernahme aller Kosten werden die teilnehmenden Journalisten in einer gewissen Weise manipuliert. Denn als Gegenleistung wird erwartet, dass sie besonders über die Satelliten-Symposien berichten, auf denen die Firmen ihre Sicht der Dinge präsentieren. So wird die Berichterstattung der Fachzeitschriften beeinflusst und die nachfolgende Berichterstattung der Laienpresse, wenn Zeitungen und Sendeanstalten sich der Fachjournale als Quelle für die eigene Berichterstattung bedienen.

Auch das Ausmaß der indirekten Bestechung hat die erwähnte Studie der Wissenschafts-Pressekonferenz (wpk) erforscht: Etwa 20 Prozent konnten auch hier bejahen, sich in derartigen Konfliktsituationen befunden zu haben und um die 40 Prozent wussten von „anderen", die dies getan hatten.

Medizinische Fachzeitschriften sind selten unabhängig, insbesondere solche, die an Ärzte gerichtet sind und über die neuesten Entwicklungen der medizinischen Forschung berichten. Schon immer waren diese meist kostenlos verteilten Blätter auf das „Wohlwollen" der Anzeigenkunden angewiesen. Das Schalten von Anzeigen wurde häufig mit einem produktfreundlichen redaktionellen Umfeld erkauft. Diese Gewohnheit wurde inzwischen zur gängigen Praxis – bis hin zum „Verkauf" redaktionellen Raums. Artikel werden angeboten und gedruckt, die nichts anderes als Öffentlichkeitsarbeit sind, aber den Anschein redaktioneller Recherche erwecken. Die Leserschaft scheint das hinzunehmen oder gar zu akzeptieren. Vielleicht auch deshalb, weil in der medizinischen Forschung selber die Abhängigkeit von der Industrie groß ist. So ergaben Untersuchungen, dass medizinische Studien zur Wirksamkeit von neuen Medikamenten zu höchst unterschiedlichen Ergebnissen kamen. Pikant war allerdings, dass die positiven Ergebnisse meistens in den Studien erzielt wurden, die von der betreffenden Firma finanziert worden waren. Die fehlende journalistische Unabhängigkeit wird hier also durch die fehlende wissenschaftliche Unabhängigkeit noch gesteigert.

Ganz konsequent: wenn Öffentlichkeitsarbeit Journalismus ersetzt: Bei der „Badischen Zeitung" in Freiburg wurden in den vergangenen Jahren einmal pro Woche die Berichte aus Wissenschaft und Forschung nicht mehr von den Journalisten der Zeitung gemacht. Das Blatt übernahm diese direkt von der örtlichen Universität. Deren Pressestelle gestaltete die Wissenschaftsseite mit eigenen Meldungen und Berichten. Im Seiten-Impressum wurde die Pressestelle als „Redaktion" benannt. Inzwischen wurde die Wissenschaftsberichterstattung der Badischen Zeitung und damit die fragwürdige Kooperation mit der Universitäts-Pressestelle eingestellt – aus Kostengründen.

Möglicherweise war den Verantwortlichen klar geworden, dass ein vielleicht betriebswirtschaftlich erfolgreiches Modell publizistisch wenig Sinn macht. Denn was hat der Leser davon, wenn etwa bei einem Betrugsfall in der Freiburger Uni ausgerechnet deren Pressesprecher den Fall für die Zeitung aufklären soll?

Journalismus und Öffentlichkeitsarbeit sind ganz zweifellos aufeinander angewiesen. Aber sie haben unterschiedliche Funktionen wahrzunehmen. Wird Journalismus nachhaltig geschwächt, entfällt eine wichtige gesellschaftliche Funktion, die von der Öffentlichkeitsarbeit nicht wahrgenommen werden kann und auch nicht wahrgenommen werden soll. Die mangelnde Ausstattung von Redaktionen wurde mit dem schwächelnden Anzeigenmarkt begründet. Doch mit Besserung der Situation sollten die Verantwortlichen darauf achten, dass die journalistische Qualität nicht auf der Strecke bleibt. Es ist zu verstehen, wenn PR diese Schwächesituation ausnutzt, denn es ist ihr Zweck, Aufmerksamkeit zu erringen. Nicht hinzunehmen sind allerdings die illegitimen Methoden, Einfluss auf die journalistische Berichterstattung zu nehmen.

Öffentlichkeitsarbeit ist überfordert, kritikwürdige Entwicklungen im eigenen System aufzuspüren und öffentlich zur Debatte zu stellen. Öffentlichkeitsarbeit braucht als Gegenpart einen funktionierenden, unabhängigen Journalismus. Insbesondere die illegitimen Methoden der Öffentlichkeitsarbeit gefährden eine unabhängige Berichterstattung.

Defizite im Wissenschaftsjournalismus
Fehlerhaftes und Fehlendes

Markus Lehmkuhl

Zusammenfassung

Fehler sind ein Defizit im Journalismus, insbesondere im Wissenschaftsjournalismus, und es lässt sich trefflich darüber streiten, ob Faktenfehler oder Deutungsfehler die folgenreicheren Auswirkungen haben. Markus Lehmkuhl führt dies an berühmten Beispielfällen vor. Die weitere Diskussion widmet sich der Frage, worin weitere Defizite im Wissenschaftsjournalismus zu sehen sind, wer eventuell als Verursacher in Frage kommt und wie eine defizitäre Berichterstattung verbessert werden könnte.

Schlüsselwörter

Faktenfehler, Deutungsfehler, Gentechnik, Klonen, Übertreibungen

Für junge Leute, die sich mit dem Gedanken tragen, Wissenschaftsjournalist zu werden, ist eines häufig klar: Das, was da jeden Tag in Magazinen, Zeitungen, im Fernsehen und Hörfunk über Wissenschaft verbreitet wird, ist oberflächlich, sensationalistisch, irrelevant oder gar falsch, kurz: Das, was da jeden Tag erscheint, ist defizitär. Besonders verbreitet ist diese Ansicht unter jungen Leuten, die selbst ein naturwissenschaftliches Studium hinter sich gebracht haben und nun, gestützt auf die im Studium erworbene Expertise, antreten, um alles besser zu machen. Man kann durchaus den Eindruck gewinnen, dass das Beseitigen von Defiziten einer der Motoren ist, die das Interesse für den Beruf des Wissenschaftsjournalisten antreiben, wenn auch nicht der wichtigste.

Teilweise bestärken diesen Eindruck Untersuchungen, in denen Wissenschaftler nach ihren Meinungen zur wissenschaftsjournalistischen Qualität befragt werden. Wissenschaftler geben in Befragungen oft an, dass sie die Berichterstattung über Wissenschaft im Allgemeinen für defizitär halten. Befragt nach der Qualität der Berichterstattung, die ihre eigenen Arbeiten betreffen, fällt das Urteil dagegen anders aus: Eine Mehrheit der Wissenschaftler gibt nämlich an, die Berichterstattung sei gut gewesen oder sogar sehr gut, wobei besonders das Fernsehen relativ gut wegkommt. Selbst die Boulevardpresse wird noch erstaunlich gut beurteilt, wenngleich hier negative Erfahrungen eher die Regel zu sein scheinen.[1]

Der schlechte Ruf, den der Wissenschaftsjournalismus unter naturwissenschaftlich ausgebildeten jungen Leuten und unter Wissenschaftlern hat, scheint nicht zu gelten, wenn es um die eigene Arbeit geht (siehe hierzu auch das Kapitel „Wissenschaftler und Journalisten").

Wie es um die Qualität des Wissenschaftsjournalismus tatsächlich bestellt ist, ist schwer zu beantworten. Es gibt zwar Dutzende von Untersuchungen, die sich entweder mittelbar oder unmittelbar mit Fragen der Qualität beschäftigt haben. Diese Analysen haben in der Regel auch relativ eindeutige Befunde geliefert. Allerdings kann trefflich darüber gestritten werden, ob es sich bei dem, was da an Defiziten gegeißelt wird, überhaupt um Defizite handelt.

Urteile über Defizite im Journalismus basieren grundsätzlich immer auf einem streitbaren Bild von dem, was Wissenschaft ist oder sein sollte. Und sie basieren

---

1 Vgl.: Marianne G. Pellechia: Trends in science coverage: a content analysis of three US newspapers. In: Public understanding of Science, Vol.6, 1997, pp. 49–68. Vgl. auch: Anders Hansen; Roger Dickinson: Science Coverage in the British Mass Media. Media Output and Source Input. In: Communications, Vol.17, No.3, 1992, pp. 365–377.

grundsätzlich immer auf einem streitbaren Bild über das Publikum, an das der Journalismus seine Botschaften adressiert. Dies soll im Folgenden deutlich gemacht werden. Beginnen wir mit einem Defizit, das auf den ersten Blick wie ein eindeutiges Defizit erscheint, beginnen wir mit den Fehlern.

Eher selten stimmt alles, was in der Zeitung steht oder von Hörfunk und Fernsehen verbreitet wird. Journalismus über Wissenschaft hat es oft mit sehr speziellen Dingen zu tun. Es geht um physikalische Einheiten, es geht um Moleküle, es geht um statistische Wahrscheinlichkeiten. Das scheint dafür zu sorgen, dass sich häufiger als etwa in der Politikberichterstattung Fehler einschleichen.

Fehler sind ein Defizit des Wissenschaftsjournalismus im Besonderen und des Journalismus im Allgemeinen. Darauf kann man sich relativ schnell einigen. Diese Einigkeit beschränkt sich allerdings auf einen bestimmten Typ von Fehlern, nämlich auf die *Faktenfehler*. Das gilt besonders dann, wenn diese Fehler Fakten betreffen, auf die sich dann weiterführende Bewertungen und Einschätzungen gründen. Um das zu veranschaulichen, muss man sich etwas genauer mit diesem Fehlertyp beschäftigen.

Faktenfehler deuten auf Unachtsamkeiten oder auf ungenügende fachliche Durchdringung eines Themas. Unter Faktenfehler zu rechnen ist etwa, wenn bei der Bestimmung von Radioaktivität die Einheit Curie mit Bequerel verwechselt wird oder wenn in der Berichterstattung über die erste in Deutschland durchgeführte Gentherapie der Erkrankte bei der dpa an Nieren*fell*krebs statt an Nieren*zell*krebs leidet. Ebenfalls in diese Kategorie gehören Rechenfehler, die sich immer dann gerne einstellen, wenn konkrete Messresultate relationiert werden sollen.

Ein Beispiel für einen typischen Rechenfehler liefert der „Berliner Tagesspiegel". Bei der Berichterstattung über die Nitrofen-Belastung von Lebensmitteln im Jahr 2002 vergleicht das Blatt Nitrofenwerte in Futterweizen (15,9 mg/kg) und im Staub einer Lagerhalle (2.000 mg/kg) mit dem zulässigen Grenzwert für Lebensmittel (0,01 mg/kg). Es wird vorgerechnet, dass der gemessene Wert in der Lagerhalle 2.000-fach über dem Grenzwert von Lebensmitteln liege, tatsächlich liegt er 200.000-fach höher.[2]

Es handelt sich bei solchen Fehlern fraglos um Irrtümer. Kaum jemand wird bestreiten, dass es sich um Defizite handelt, jede Redaktion wird bemüht sein, sie

---

2 „Tagesspiegel": 02.06.2002 Bioweizen im Giftlager und 03.06.2002 Gift im Staub.

zu vermeiden. Allerdings sind die publizistischen Auswirkungen, die solche Fehler haben, im Regelfall eher gering. Dennoch sind es gerade diese Fehler, an denen sich die Urteilsfindung von Lesern oder Zuschauern über die journalistische Qualität zu orientieren scheint. Was diese Fehlerkategorie vor allem auszeichnet, ist der Umstand, dass diese Fehler auf einen individuellen Irrtum zurückführbar sind: Der Irrtum ist menschlich, er ist einer einzelnen Person zurechenbar und ließe sich zum Beispiel durch sorgfältigeres Arbeiten beheben.

Bei den fehlerhaften Vereinfachungen, der nächsten Fehlerkategorie, ist das so einfach nicht mehr. Hier verweist ein Irrtum fast immer auf ein Geflecht redaktioneller Zwänge. Der Irrtum ist nicht mehr nur menschlich, er kann nicht mehr ohne weiteres einer einzelnen Person zugerechnet werden. Stattdessen treten solche Fehler als Folge der arbeitsteiligen Produktion von Botschaften nachgerade zwangsläufig auf. Deshalb geraten bei diesem Fehlertyp die Vokabeln „richtig" und „falsch" unter Rechtfertigungsdruck. Es wird fragwürdig, ob überhaupt von einem Fehler gesprochen werden kann.

Ein Beispiel für eine fehlerhafte Vereinfachung liefert der „Berliner Kurier", eine Boulevardzeitung, die in Berlin und Brandenburg verbreitet wird. Das Blatt erklärt seinen Lesern in einem Stichwortkasten:
`Klonen ist die Produktion` *völlig identischer* `Lebewesen!`
Das ist falsch, sagt jeder Experte. Beim Klonen von Säugetieren entstehen *nahezu erbgleiche* Lebewesen, die sich in Größe, Aussehen etc. unterscheiden können. Die Identität eines Menschen oder eines Tieres wird eben nicht allein durch sein Genom bestimmt. Seine Identität ist das Resultat eines komplexen Zusammenspiels zwischen Umwelt und Erbanlagen.

> ▶ Wer das nicht erwähnt, der vermittelt den unrichtigen Eindruck, dass die Identität eines Lebewesens vollständig von den Genen determiniert werde. Und solch ein Eindruck ist nicht nur falsch, sondern sogar gefährlich.

Sehr wahrscheinlich, so vermuten wir einmal, wird der Chefredakteur des „Berliner Kuriers" die Einschätzung, dass es sich um einen Fehler handele, nicht teilen. Statt von einem Fehler wird er eher von einer vernachlässigbaren Ungenauigkeit sprechen. Er wird darauf hinweisen, dass es in seiner Zeitung ganz unmöglich sei, eine so differenzierte Erklärung in einem Stichwortkasten von 20 Zeilen unterzubringen. Der Berliner Kurier sei halt gezwungen zu Kürze und möglichst großer Prägnanz. *Nahezu erbgleich* ist aber nicht prägnant und außerdem erklärungsbedürftig, was das Verwenden dieses Begriffes unmöglich macht.

Solche Fehler verweisen auf strukturelle Unverträglichkeiten zwischen Journalismus und Wissenschaft. Der „Irrtum" lässt sich nicht auf eine Fehlleistung eines Einzelnen, eine Unachtsamkeit oder fachliche Mängel zurückführen. Es ist durchaus wahrscheinlich, dass der Journalist, der dieses Stichwort verfasst hat, den Unterschied zwischen *identisch* und *nahezu erbgleich* kennt. Der Irrtum verweist hier auf eine grundsätzliche Unverträglichkeit zwischen den Erfordernissen boulevardesker Mediensprache und den wissenschaftlichen Anforderungen an Genauigkeit.

▶ Die fehlerhaft vereinfachende Darstellung entsteht zwangsläufig, weil die Anforderungen an die Machart einer Boulevardzeitung und die Anforderungen nach wissenschaftlicher Exaktheit unverträglich sind.

Solche Fehler ließen sich auch nicht dadurch beheben, dass man den „Berliner Kurier" mit hervorragend ausgebildeten Wissenschaftsjournalisten beglückt, die orientiert an wissenschaftlichen Anforderungen von Genauigkeit 20 Zeilen lange Stichwortkästen füllen.

Bei den Deutungs- und Auslassungsfehlern ist das ganz ähnlich. Mediale Deutungen erscheinen nur dann als fehlerhaft, wenn man sich orientiert an den Deutungen der Wissenschaft. Hier drängt sich die Frage auf, an welchen Deutungen man denn Medien sonst messen soll, wenn sie über wissenschaftliche Ereignisse berichten. Immerhin handelt es sich um Redaktionen, die häufig selbst den Anspruch erheben, Ereignisse aus der Welt der Wissenschaft zu spiegeln. Sie wollen darüber informieren, was ist. Und sie wollen bei bedeutenden Ereignissen zusätzlich auch noch erklären, warum ist, was ist. Sie wollen also aktuelles Wissenschaftsgeschehen deuten und einordnen, um so einen Beitrag zu leisten zur Meinungsbildung ihres Publikums. Dabei orientieren sich Massenmedien aber häufig nicht an wissenschaftlichen Kategorien.

Ein Beispiel aus der „Westdeutschen Allgemeinen Zeitung" mag das veranschaulichen: In einem Hintergrundbericht informiert die „WAZ" ihre Leser über das Klonen von Dolly, des wohl bekanntesten Schafes, das jemals geboren worden ist. Die Klonierung wird gedeutet als der „vorläufige Endpunkt" einer Entwicklung, die mit der Entdeckung der molekularen Struktur der DNS durch Crick und Watson begonnen hätte. Ohne weitere Vorrede heißt es weiter:

```
Anfang der 80er Jahre kommt das erste gentechnisch her-
gestellte Medikament (Insulin) in den USA auf den Markt.
Es folgt das Krebsmittel Interferon. 1984 präsentieren
```

britische Wissenschaftler ein Tier, das je zur Hälfte aus Schaf und Ziege besteht. 1988 wird in den USA mit der »Krebsmaus«, in deren Erbsubstanz ein menschliches Krebsgen eingeschleust wurde, erstmals auf ein genmanipuliertes Tier ein Patent erteilt. 1991 werden in Holland menschliche Gene in Milchkühe verpflanzt, aus deren Milch ein Antibiotikum gewonnen werden kann. Und im vergangenen Jahr gelang am Roslin Institut, jenem Institut, das jetzt mit Dolly von sich reden machte, die Herstellung von zwei genetisch identischen Zwillingsschafen aus embryonalem Gewebe. Ein Institut in Neuseeland stellte am Mittwoch identische Drillingslämmer vor, die aus einem Embryo geklont wurden. Die Versuche machen auch vor dem Menschen nicht halt. Schon vor vier Jahren gelang einem US-Forscher im Reagenzglas das Klonen eines menschlichen Embryos.[3]

Einem Experten, der mit den wissenschaftlichen Zusammenhängen des Klonexperimentes vertraut ist, dürfte der Zusammenhang, in den Dolly in diesem kurzen Abschnitt eingebettet wird, bizarr erscheinen. Es ist nämlich nicht ganz einfach zu entscheiden, ob hier überhaupt von einer irgendwie rationalen Deutung oder Einordnung gesprochen werden kann. Man hat eher den Eindruck, als ob die genannten Ereignisse nur *irgendwie* zusammengewürfelt worden sind.

Eines ist zunächst offenkundig: Um eine Einbettung in den wissenschaftlichen Zusammenhang, in den Dolly gehört, handelt es sich hier nicht.

Das Klonschaf wird eingebettet in einen linear verlaufenden Prozess, so, als handele es sich bei diesem Experiment um einen Teil eines irgendwie planvollen Vorgehens, dessen Ziel letztlich die Manipulation des Menschen sei. Dolly wird gedeutet als vorläufiger Endpunkt eines geradlinigen Fortschreitens auf diesem Weg. Dadurch wird das Ereignis aus seinem eigentlichen wissenschaftlichen Zusammenhang herausgelöst.

Die Kritik richtet sich nicht gegen das Klonen, sondern gegen die ständig wachsende biowissenschaftliche Potenz. Diese Potenz ist besorgniserregend. Deshalb kann das Schaf in eine historische Reihe gestellt werden mit anderen, ebenfalls besorgniserregenden biowissenschaftlichen Ereignissen. Und es ist prinzipiell gleichgültig, ob

---

3 „WAZ" vom 27.02.1997.

zwischen diesen Ereignissen noch ein anderer Zusammenhang besteht oder nicht. Wissenschaftliche Ereignisse, die in einem engeren Zusammenhang stehen, werden mit einer Ausnahme gar nicht genannt.

Die Auswahl der erwähnten Ereignisse folgt keiner wissenschaftlichen Sicht auf das Klonen. Andernfalls hätte man in der historischen Reihung die Klonexperimente von Karl Illmensee mit Mäusen Ende der Siebziger erwartet. Man hätte die Kontroverse erwartet, die Anfang der Achtziger über die Frage entbrannte, ob es überhaupt möglich sei, ausgewachsene Säugetierzellen zu reprogrammieren. Man hätte auf den eher zufälligen Erfolg eines dänischen Tierarztes hinweisen müssen, dem es entgegen der vorherrschenden Meinung erstmals gelungen war, ein Schaf zu klonen...

Es ist keine wissenschaftliche Sicht, die der Auswahl der „WAZ" in diesem Beispiel zu Grunde liegt. Die Auswahl spiegelt stattdessen eine in der Bevölkerung tatsächlich vorhandene oder angenommene Beunruhigung im Angesicht des geklonten Schafes Dolly. Aus wissenschaftlicher Sicht ist die Deutung defizitär, weil sie das wissenschaftliche Kalkül hinter dem Experiment, den wissenschaftlichen Zusammenhang, in den es gehört, nicht aufschließt. Legt man dagegen ein anderes Maß an, dann fällt das Urteil anders aus.

Das Publikum der „WAZ" hat eine begrenzte Aufnahmekapazität für differenzierte Informationen. Es nutzt diese Zeitung etwa 30 Minuten lang überwiegend am Morgen beim Frühstück oder in der S-Bahn auf dem Weg zur Arbeit. Das Publikum der „WAZ", so können wir mutmaßen, erwartet von dieser Zeitung keine differenzierten wissenschaftlichen Erörterungen. Wenn man all das einbezieht in die Urteilsfindung, kann man durchaus zu dem Schluss kommen, dass der Verzicht auf eine wissenschaftliche Deutung des Ereignisses aus Sicht der „WAZ" funktional ist. Die Botschaft – „Dolly ist ein weiterer, Besorgnis erregender Meilenstein auf dem Weg zum manipulierten Menschen" – ist hinreichend knapp, um von einem wissenschaftsfernen Publikum am Frühstückstisch oder in der S-Bahn gelesen und verstanden werden zu können.

Solche Deutungen sind kein Einzelfall. Von einigen Zeitungen ganz ähnlich eingeordnet wurde der gentechnisch manipulierte Rhesusaffe „ANDi", der Anfang 2001 Schlagzeilen machte. ANDi trug ein Quallengen in seinem Erbgut, das einen Stoff erzeugen kann, der unter Bestrahlung fluoresziert. ANDi war der erste genmanipulierte Primat. Allerdings scheint die Manipulation nicht ganz geglückt zu sein. Im Genom des Affen war das Gen zwar vorhanden, es führte aber offenbar nicht dazu, dass auch der Stoff produziert wurde, dessen Produktion das Gen veranlassen sollte.

Die „Welt am Sonntag" stellte ANDi in einen linearen historischen Zusammenhang mit der Maus, auf deren Rücken ein menschliches Ohr heranwuchs.[4] Derselbe ANDi wurde in der „Bunten" ein knappes Jahr später zum historischen Vorläufer des vermeintlich ersten geklonten menschlichen Embryos und kurzerhand selbst zu einem Klon ernannt.[5] ANDi ist, wie Dolly und wie die Maus mit dem menschlichen Ohr auf dem Rücken, ein Exempel für die (hier thematisierte) größer werdende, Besorgnis erregende Gestaltungskraft der Biotechnologie, die geradlinig auf die Manipulation des Menschen zusteuert.

Sind das nun Defizite des Wissenschaftsjournalismus? Defizite zu bestimmen ist diffizil, das machen die Beispiele deutlich. Oft kommen mehrere Faktoren zusammen, die ein sicheres Urteil erschweren. Für die Zuschreibung von Verantwortlichkeiten für Fehler gilt das nicht minder. Dies wird deutlich durch eine interessante Unterscheidung, die Michael Haller in einer Studie über die Tschernobyl-Berichterstattung der überregionalen Tagespresse getroffen hat.[6] Haller unterscheidet Fehler danach, wem sie am ehesten zuzurechnen sind, den Quellen der Berichterstattung oder den Journalisten. Auf Falschaussagen der Quellen gingen 57 der 79 Fehler in seiner Untersuchung der nachrichtlichen Berichterstattung zurück.

Die meisten Fehler beruhten auf falschen Angaben der Quellen. Offenbar sind Unachtsamkeiten oder auch strukturell bedingte unzulässige Vereinfachungen oder Übertreibungen nicht auf die Gruppe der Journalisten beschränkt, sondern kommen durchaus auch auf Seiten der Quellen vor. Eine jüngere, größer angelegte Untersuchung etwa fand heraus, dass zwischen einem Drittel und der Hälfte aller biomedizinischen Pressemitteilungen renommierter britischer Universitäten Übertreibungen enthielten.[7] Als Übertreibungen werteten die Autoren Hand-

---

4 Anon: Nach dem erfolgreichen Experiment mit dem Gen-Affen gibt es nur noch eine Steigerung; Als Nächstes der Mensch? In: Welt am Sonntag, 14.01.2001.
5 Frank Schwebke: Kommt der Klonmensch? In: Bunte vom 06. 12. 2001, S. 86–87.
6 Michael Haller: Wie wissenschaftlich ist Wissenschaftsjournalismus? Zum Problem wissenschaftsbezogener Arbeitsmethoden im tagesaktuellen Journalismus. In: Maximilian Gottschlich; Wolfgang Langenbucher (Hrsg.): Publizistik- und Kommunikationswissenschaft. Ein Textbuch zur Einführung, Wien 1999, S. 202–217. Hier: 206.
7 Sumner, Petroc; Vivian-Griffiths, Solveiga; Boivin, Jacky; Williams, Andy; Venetis, Christos A.; Davies, Aimée et al. (2014): The association between exaggeration in health related science news and academic press releases: retrospective observational study. In: *BMJ* 349.

lungsempfehlungen, die durch die Ergebnisse der Studie gar nicht gedeckt waren. Außerdem Ursache-Wirkungs-Aussagen, deren Basis aber nur Korrelationen waren. Unzulässige Übertragungen von tierexperimentellen Befunden auf den Menschen und das Auslassen von Einschränkungen der Aussagekraft. Diese Fehler wurden vom Journalismus in der Regel nicht erkannt, sondern es wurde das verbreitet, was in den fehlerhaften Pressemitteilungen stand.

Man könnte es sich nun – gestützt auf solche Befunde – einfach machen: Nicht der Journalismus ist in erster Linie schuld an den Fehlern der Berichterstattung, sondern die Quellen, die es eigentlich besser wissen müssten. Doch so einfach ist es nicht. Denn es gehört auch zu den Aufgaben des Journalismus, Botschaften irgendwelcher Quellen sorgfältig daraufhin zu prüfen, ob diese Botschaften auch zutreffend sind. Insbesondere der zuletzt genannte Befund deutet darauf hin, dass dies mindestens im Nachrichtenjournalismus nicht geschieht.

In Wissenschaftsredaktionen wird man vermeintliche „Deutungsfehler" wie beim Klonen oder beim Rhesusaffen ANDi in der Regel nicht finden. Es ist kein Zufall, dass die bisher angeführten Einzelbeispiele sämtlich anderen Ressorts zuzurechnen sind. Wissenschaftsredaktionen zeichnen sich dadurch aus – man könnte auch sagen, sie leiden darunter –, dass sie sich vergleichsweise eng orientieren an der wissenschaftlichen Sicht auf die Welt. Hier werden wissenschaftliche Hintergründe und Einordnungen im Einzelfall sorgfältig ausgeleuchtet.

Demgegenüber ist die Darstellung anderer Ressorts eher orientiert an stereotypen Vorstellungen über Wissenschaft. Im beschriebenen Klon-Beispiel an dem Stereotyp einer quasi allmächtigen Biowissenschaft, die mit Dingen befasst ist, die einem nicht geheuer sind.

Damit ist nicht gesagt, dass in Wissenschaftsressorts keine Defizite ausgemacht werden könnten. Es handelt sich aber im Regelfall nicht um Defizite, die sich zu großer Wissenschaftsferne verdanken. Im Gegenteil: Der Hauptkritikpunkt hier richtet sich eher auf die zu große Nähe zur Wissenschaft – und damit auf die oft anzutreffende Kritiklosigkeit gegenüber der Wissenschaft.

Wissenschaftsjournalismus ist zu unkritisch, prüft nicht sorgfältig genug die Informationen, die er aus der Wissenschaft erhält. Diese Kritik entzündet sich allerdings nicht an einzelnen Fehlern. Vielmehr gilt praktisch die gesamte vorherrschende Selektionsroutine des Journalismus als defizitär. Wesentliche Bereiche der Berichterstattung werden einfach ausgelassen.
Wissenschaft erscheint als Quelle der Weisheit, als Hort überlegenen Wissens, als Motor des Fortschritts. In Dutzenden von Inhaltsanalysen haben Sozialwissen-

schaftler analysiert, dass Wissenschaft in journalistischen Produkten überwiegend in dieser Rolle erscheint.

Dieses Bild von Wissenschaft kommt unter anderem dadurch zustande, dass sich die Auswahl des Journalismus in der Regel auf die mehr oder minder bahnbrechenden Ereignisse beschränkt. Für jemanden, der keinen direkten Zugang hat zur Welt der Wissenschaft, könne deshalb ein verzerrter Eindruck entstehen über das, was Wissenschaft ist. Man stelle sich nur einmal vor, welches Bild von der Wissenschaft entstünde, würde ständig über wissenschaftliche Misserfolge berichtet.

Die Neigung des Journalismus zur Verklärung der Wissenschaft findet ihren markantesten Ausdruck dort, wo Wissenschaft zum Abenteuer, zum Erlebnis, zur Quelle von Faszinationen wird. In vielen Wissenschaftsformaten des *Fernsehens* und in einzelnen populären *Magazinen* erscheint Wissenschaft ausschließlich in dieser Erfolgs- und Abenteuer-Rolle. Ebenfalls verbreitet ist sie in den *Servicestrecken*, in denen Ergebnisse des wissenschaftlichen Suchens immer als Gewissheiten erscheinen.

Auch Wissenschaftsredaktionen großer Zeitungen sind der Wissenschaft sehr gewogen. Diese Haltung drückt sich auch dort aus durch die weitgehende Begrenzung der Auswahl auf erfolgreiche, aussichtsreiche Studien und durch die große Zahl von Berichten, die sich lediglich auf eine Quelle stützen. Und sie zeigt sich im weitgehenden Verzicht auf die Berichterstattung über wissenschaftliche Kontroversen sowie im weitgehenden Verzicht auf Methodisches. Berichte etwa darüber, dass irgendeine Forschungseinrichtung öffentliches Fördergeld verpulvert hätte, gibt es praktisch nicht. Wissenschaftsjournalismus beschäftigt sich mit Missständen innerhalb des wissenschaftlichen Betriebes allenfalls sporadisch.

Zwei Perspektiven auf Defizite im Journalismus lassen sich damit grob unterscheiden. Aus einer Perspektive geraten Faktenfehler, unzulässige Vereinfachungen und Auslassungsfehler in den Blick. Die Defizite beziehen sich auf Berichterstattungsleistungen über konkrete Ereignisse. Es ist die Perspektive des *Fehlerhaften*.

Davon zu unterscheiden ist eine andere Perspektive. Hier geraten nicht einzelne Ereignisse in den Blick, sondern die Routinen des Wissenschaftsjournalismus bei der Auswahl von wissenschaftlichen Ereignissen. In den Blick gerät, was der Journalismus als berichtenswert betrachtet und was nicht. Das ist die Perspektive des *Fehlenden*. Beide Defizit-Perspektiven sind geleitet von streitbaren Annahmen darüber, was denn Journalismus eigentlich leisten soll. Das macht – wie schon gezeigt – die Identifizierung von Defiziten schwierig.

Die Klage über das Fehlerhafte ist begleitet von der Annahme, dass punktuell nur besser übersetzt werden müsse, was Wissenschaft hervorbringt. Darüber schwebt die

Vorstellung von der Wissenschaft als einer überlegenen Kraft, die der Gesellschaft Gewissheiten zu bieten hat.

Die Klage über das Fehlende ist begleitet von der Annahme, ein insgesamt kritischer Wissenschaftsjournalismus könne dazu beitragen, dass dem Publikum ein realistischeres Bild geboten werde über das, was Wissenschaft ist: eine gesellschaftliche Kraft mit immenser Deutungsmacht. Ein kritischerer Wissenschaftsjournalismus könnte sichtbar machen, wie das Agieren der Wissenschaft in politische oder ökonomische Zusammenhänge eingebettet ist.

Beide Perspektiven sind orientiert an einem bestimmten Bild von dem, was Wissenschaft ist. Sie haben auch ein bestimmtes Bild vom Publikum und den Aufgaben des Journalismus. Aus der ersten Perspektive wird Wissenschaft idealisiert als Quelle von Wahrheit gesehen. Aus der anderen Perspektive ist die tendenziell politisierte Wissenschaft eine kritisierbare Deutungsmacht.

Das Publikum ist im ersten Fall am ehesten ein Schüler, dem man die wissenschaftliche Welt nur richtig erklären muss. Die andere Sicht auf die Defizite ist eher orientiert am Ideal des aufgeklärten Bürgers, dem ein realistischeres Bild gezeigt werden sollte über das, was die Wissenschaft mit öffentlichem Geld so treibt.

Autoren

ASTRID DÄHN, Jahrgang 1970; seit 2014 stellvertretende Chefredakteurin des Wissenschaftsmagazins „neue energie"; Studium der Physik und Mathematik, anschließend Zusatzstudium Wissenschaftsjournalismus in Berlin; Berufseinstieg 1999 im Wissenschaftsressort der „Berliner Zeitung"; von 2001 bis 2002 Redakteurin bei der „Woche"; danach Geschäftsführende Redakteurin von „Technology Review"; freie Autorin u. a. für die „Zeit", „Geolino" und den „Tagesspiegel"; 2001 Georg von Holtzbrinck-Preis für Wissenschaftsjournalismus.

WINFRIED GÖPFERT, Jahrgang 1943, seit 2006 freier Wissenschaftsjournalist und Buchautor. Von 1990 bis 2006 Professor für Wissenschaftsjournalismus an der Freien Universität Berlin. Er war der erste Professor für dieses Fach und lange Zeit auch der einzige. Über viele Jahre leitete er den Zusatzstudiengang Wissenschaftsjournalismus an der FU Berlin. Studium der Nachrichtentechnik an der Universität Karlsruhe (Dipl.-Ing.); ab 1970 Redakteur und Leiter der Wissenschaftsabteilung beim Sender Freies Berlin (Hörfunk und Fernsehen), Moderator von Wissenschafts- und Medizinsendungen, insbesondere ARD-Ratgeber-Gesundheit.

FRANK GROTELÜSCHEN, Jahrgang 1962, arbeitet seit 1993 in Hamburg als freiberuflicher Journalist für verschiedene ARD-Hörfunkanstalten (DLF, WDR, BR, SWR) sowie diverse Printmedien (bild der wissenschaft, Berliner Zeitung). Er studierte Physik in Mainz und Hamburg und absolvierte ein wissenschaftsjournalistisches Volontariat im Deutschlandfunk. Er erhielt unter anderem den Kurt-Magnus-Preis der ARD sowie den Georg von Holtzbrinck-Preis für Wissenschaftsjournalismus in der Kategorie elektronische Medien.

Dr. ARLENA JUNG, Jahrgang 1972; Systemische Organisationsberaterin, Trainerin, Führungscoach und Bereichsleiterin bei SignumBerlin Institut für systemische Beratung, Fort- und Weiterbildung. Schwerpunkte: Organisations- und Strategieentwicklung, Change Management, Teamentwicklung, Konfliktmanagement, interkulturelle Kommunikation, Verhandlungen und lösungsorientierte Gesprächsführung, Präsentationstraining.

MIRJAM KAPLOW, M.A., geb.1971, seit August 2013 Leiterin Corporate Communications bei Fraunhofer FOKUS, Berlin. Von September 2012 bis Juli 2013 Head Communications der United Nations University (UNU), New York City. Davor von Juli 2001 bis September 2012 Leiterin Institutskommunikation Fraunhofer FIRST und von 1999 bis 2001 Pressereferentin der Technischen Universität Berlin. Studium der Germanistik, Philosophie und Kunstgeschichte in Köln, Berlin und Northfield, MN (USA).

SASCHA KARBERG, Jahrgang 1969; seit April 2017 Verantwortlicher Redakteur „Forschen" beim „Tagesspiegel"; Diplom-Biologe, Zusatzstudium Wissenschaftsjournalismus (FU-Berlin); ab 2001 freier Printjournalist für Tageszeitungen und Magazine (u. a. „Tagesspiegel", „Frankfurter Allgemeine Sonntagszeitung", „brand eins", „Technology Review", „bild der wissenschaft") im Journalistenbüro Schnittstelle; 2008/2009 Knight Science Journalism Fellow am Massachusetts Institute of Technology, Cambridge, MA, USA; 2014 bis 2016 Pauschalist beim „Tagesspiegel" im Ressort „Wissen+Forschen"; seit Mai 2016 bis 2017 Chefredakteur des Life Sciences Magazins „|transkript", Heureka-Preis für Wissenschaftsjournalismus 2004, Glaxo-SmithKline-Publizistik-Preis 2005, Doku-Preis des Bayerischen Rundfunks/Telepool 2012, Hofschneider-Recherchepreis 2013.

TANJA KOTLORZ, Jahrgang1966, war von 1996 bis Ende 2010 bei Axel Springer SE in Berlin als fest angestellte Redakteurin tätig und für das Ressort „Medizin, Gesundheit und Verbraucherschutz" in den Berliner Lokalteilen der Tageszeitungen „Berliner Morgenpost", „Die WELT", Welt am Sonntag und „WELT KOMPAKT" zuständig. 2011 ist sie zu den DRK Kliniken Berlin gewechselt als Leiterin der Unternehmenskommunikation und Pressesprecherin. Studiert hat sie Neuere Geschichte, Philosophie und Politikwissenschaften in Bonn (Abschluss M.A.). Während des Studiums arbeitete sie als freie Journalistin bei Medien wie „BILD", „Bonner Rundschau", „RIAS TV", „Pro Sieben" und „PZ/Wir in Europa". Nach dem Volontariat bei der „Katholischen Kirchenzeitung" in Berlin (Institut zur Förderung publizistischen Nachwuchses e. V. in München) wechselte sie zu Axel Springer.

Dr. BÄRBEL-MARIA KURTH, Jahrgang 1954, Leiterin der Abteilung Epidemiologie und Gesundheitsberichterstattung am Robert Koch-Institut, Vertreterin Deutschlands im EU-Network of Competent Authorities for Health Information and Monitoring; Studium der Mathematik, Promotion auf dem Gebiet der Theoretischen Statistik; wiss. Arbeiten im Bereich der epidemiologischen Methoden; Projektleiterin nationaler Gesundheitssurveys, zuletzt des Kinder- und Jugend-Gesundheitssurveys (KIGGS).

VOLKER LANGE, Jahrgang 1953, seit 1988 freier Wissenschaftsjournalist für Print und TV (u. a. „NDR", „HR"), Herausgeber des Onlinemagazins „Morgenwelt", Lehrbeauftragter an der FU Berlin; studierte Geschichte und Germanistik an der TU Berlin; Jugendbuchautor, Pressesprecher; Preise und Auszeichnungen: Auswahlliste Deutscher Jugendliteraturpreis, Deutscher Preis für Denkmalschutz, Alternativer Medienpreis.

Dr. MARKUS LEHMKUHL, Jahrgang 1968, seit 2015 Professor für Wissenschaftskommunikation in digitalen Medien am Karlsruher Institut für Technologie (KIT), davor wissenschaftlicher Mitarbeiter am Arbeitsbereich Wissenschaftsjournalismus der FU-Berlin; Studium der Journalistik und Biologie in Dortmund; Volontariat beim „WDR", Köln.

Dr. KLAUS MEIER, Jahrgang 1968; seit 2011 Professor für Journalistik an der Katholischen Universität Eichstätt-Ingolstadt, davor Professor am Institut für Journalistik der TU Dortmund und an der Hochschule Darmstadt sowie Zeitungs- und Fernsehjournalist. Lehr- und Forschungsgebiete: Journalistik und Journalismusforschung, Ethik und Qualität des Journalismus, crossmediale Entwicklungen und Innovationen des Journalismus, Redaktionsforschung, Journalistenausbildung. Bücher u. a.: Journalistik (4. Auflage 2018); Journalismusforschung (Hrsg. zusammen mit Christoph Neuberger, 2. Auflage 2016); La Roches Einführung in den praktischen Journalismus (zusammen mit Gabriele Hooffacker, 20. Auflage 2017); Ressort, Sparte, Team (2002).

ANAHITA PARASTAR, Jahrgang 1970, seit 2002 Redakteurin in der Programmgruppe Wissenschaft/Fernsehen des „WDR" in Köln. Studium der Biologie (Dipl.-Biol.) sowie Zusatzstudium Wissenschaftsjournalismus an der FU Berlin; freie Wissenschaftsjournalistin für „dpa", Print und Hörfunk; 2000 Volontariat beim „NDR".

Dr. HANS PETER PETERS, Jahrgang 1955; Kommunikationswissenschaftler am Forschungszentrum Jülich und Honorarprofessor am Institut für Publizistik- und Kommunikationswissenschaft der Freien Universität Berlin; Forschung zur öffentlichen Kommunikation über Wissenschaft, Technik und Umwelt, zur Meinungsbildung über technische Innovationen und Umweltrisiken sowie zur Medienrezeption.

GÜNTHER RAGER, Jahrgang 1943, Professor für Journalistik und Prorektor an der Universität Dortmund; Ehrenprofessor der Journalistischen Fakultät an der Lomonossow-Universität Moskau; Gesellschafter des media consulting teams, Dortmund; Veröffentlichungen zu empirischer Leserschafts- und Redaktionsforschung sowie journalistischer Qualität.

BERND WEBER, Jahrgang 1963, Geschäftsführender Gesellschafter des media consulting teams, Dortmund; davor Vorstand und Aufsichtsrat bei mehreren kleineren Aktiengesellschaften sowie sieben Jahre Leiter der Öffentlichkeitsarbeit eines Konzerns; Veröffentlichungen zu redaktionellem Management und Marketing sowie zu Multimedia; Studium der Journalistik sowie Wirtschafts- und Sozialwissenschaften.

RANGA YOGESHWAR, Jahrgang 1959, seit 1987 Wissenschaftsredakteur und Leiter der Programmgruppe Wissenschaft beim Westdeutschen Rundfunk Köln. Redaktion und Moderation von Wissenschaftssendungen wie „Kopfball", „Quarks&-Co", „Lilipuz", „Wissenschaft live", „Globus". Studierte Physik an der Technischen Hochschule Aachen. Nach Forschungsarbeiten ab 1983 journalistische Tätigkeit in Print-Medien, dann in Hörfunk und Fernsehen.

If you have any concerns about our products,
you can contact us on
ProductSafety@springernature.com

In case Publisher is established outside the EU,
the EU authorized representative is:
**Springer Nature Customer Service Center GmbH
Europaplatz 3, 69115 Heidelberg, Germany**

Printed by Libri Plureos GmbH
in Hamburg, Germany